主　　编　曹士兵　国家法官学院副院长
副 主 编　关　毅　国家法官学院科研部主任
　　　　　刘　畅　国家法官学院科研部副主任
主编助理　边疆戈　国家法官学院科研部编辑
　　　　　苏　烽　国家法官学院科研部编辑

《中国法院年度案例》编辑人员（按姓氏笔画）
边疆戈　朱建伟　刘　畅　关　毅　苏　烽
罗胜华　孟　军　赵丽敏　袁登明　徐一楠
唐世银　曹士兵　曹海荣　梁　欣　程　瑛

本书编审人员　梁　欣

中国法院
2018年度案例

国家法官学院案例开发研究中心◎编

刑事案例一
（犯罪、刑罚的具体运用、证据、程序及其他）

中国法制出版社
CHINA LEGAL PUBLISHING HOUSE

《中国法院年度案例》通讯编辑名单

序

法律的生命在于实施，而法律实施的核心在于法律的统一适用。《中国法院年度案例》丛书出版的价值追求，即是公开精品案例，研究案例所体现的裁判方法和理念，提炼裁判规则，为司法统一贡献力量。

《中国法院年度案例》丛书，是国家法官学院于2012年开始编辑出版的一套大型案例丛书，之后每年年初定期出版，由国家法官学院案例开发研究中心具体承担编辑工作。此前，该中心坚持20余年连续不辍编辑出版了《中国审判案例要览》丛书近90卷，分中文版和英文版在海内外发行，颇有口碑，享有赞誉。现在编辑出版的《中国法院年度案例》丛书，旨在探索编辑案例的新方法、新模式，以弥补当前各种案例书的不足。该丛书2012～2017年已连续出版6套，一直受到读者的广泛好评，并迅速售罄。为更加全面地反映我国司法审判的发展进程，顺应审判实践发展的需要，响应读者需求，2014年度新增3个分册：金融纠纷、行政纠纷、刑事案例，2015年度将刑事案例调整为刑法总则案例、刑法分则案例2册，2016年度新增知识产权纠纷分册，2017年度新增执行案例分册。现国家法官学院案例开发研究中心及时编撰推出《中国法院2018年度案例》系列丛书，将刑事案例扩充为4个分册，共23册。

总的说来，当前市面上的案例丛书百花齐放，既有判决书网，可以查询各地、各类的裁判文书，又有各种专门领域的案例汇编书籍，以及各种案例指导、案例参考等读物，十分活跃，也各具特色。而《中国法院年度案例》丛书则试图把案例书籍变得“好读有用”，故在编辑中坚持以下方法：一是高度提炼案例内容，控制案例篇幅，每个案例基本在3000字以内；二是突出争议焦点，剔除无效信息，尽可能在有限的篇幅内为读者提供有效、有益的信息；三是注重对案件裁判文书的再加工，大多数案例由案件的主审法官撰写“法官后语”，高度提炼、总结案例的指导价值。

同时，《中国法院年度案例》丛书还有以下特色：一是信息量大。国家法官学院案例开发研究中心每年从全国各地法院收集到的上一年度审结的典型案例超过10000件，使该丛书有广泛的选编基础，可提供给读者新近发生的全国各地的代表性案例。二是方便检索。为节约读者选取案例的时间，丛书分卷细化，每卷下还将案例主要根据案由分类编排，每个案例用一句话概括裁判规则、裁判思路或焦点问题作为主标题，让读者一目了然，迅速找到需求目标。

中国法制出版社始终全力支持《中国法院年度案例》的出版，给了作者和编辑们巨大的鼓励。2018年新推出数据库增值服务。购买本书，扫描前勒口二维码，即可在本年度免费查阅使用上一年度案例数据库。我们在此谨表谢忱，并希望通过共同努力，逐步完善，做得更好，真正探索出一条编辑案例书籍、挖掘案例价值的新路，更好地服务于学习、研究法律的读者，服务于社会，服务于国家的法治建设。

本丛书既可作为法官、检察官、律师等司法实务工作人员的办案参考和司法人员培训推荐教程，也是社会大众学法用法的极佳指导，亦是教学科研机构案例研究的精品素材。当然，案例作者和编辑在编写过程中也不能一步到位实现最初的编写愿望，可能会存在各种不足，甚至错误，欢迎读者批评指正，我们愿听取建议，并不断改进。

曹士兵

目　录

Contents

一、犯　罪

（一）犯罪与刑事责任

二、刑罚的具体运用

（一）量 刑

四、程序与其他

一、犯　　罪

（一）犯罪与刑事责任

1

从罪质特征把握想象竞合犯的罪名选择

——高某某妨害公务、杨某某包庇案

【案件基本信息】

1. 裁判书字号

上海市闵行区人民法院（2015）闵刑初字第3060号刑事判决书

2. 案由：妨害公务罪、包庇罪

【基本案情】

2015年8月20日23时40分许，闵行公安分局交警五中队民警李某某驾驶牌号为“沪A××××警”的警车与协管员奚某某在上海市闵行区金平路巡逻时，发现被告人高某某驾驶的牌号为“皖P××××2”的黑色轿车形迹可疑。在李某某下车示意高某某停车接受检查后，高某某因担心其无证驾驶被发现，采用突然加速车辆撞击警车以逃避检查。随后，在李某某等人上前对其欲实施抓捕时，被告人高某某再次撞击警车并逃逸。经鉴定，警车物损价值共计人民币6451元。事后，被告人高某某通过他人介绍，以人民币5000元的价格雇用被告人杨某某顶替其前往派出所承担罪责。2015年8月28日，被告人杨某某在明知被告人高某某是犯罪的人的情况下，为使被告人高某某逃避法律制裁，冒充高某某向公安机关“投案”。

2015年9月14日，被告人杨某某在被刑事拘留期间如实供述了上述事实。2015年9月16日，被告人高某某向公安机关主动投案，后如实供述了上述事实。案发后，被告人高某某向公安机关赔偿了涉案警车的物损。

公诉机关认为，高某某故意毁坏财物，数额较大，应当以故意毁坏财物罪追究其刑事责任。被告人杨某某明知高某某是犯罪的人而作假证明包庇，应当以包庇罪追究其刑事责任。高某某在假释考验期内再犯新罪，应当撤销假释，数罪并罚；其还有自首情节，可以从轻处罚。

【案件焦点】

对高某某行为以何罪论处。

【法院裁判要旨】

上海市闵行区人民法院经审理认为：被告人高某某为逃避检查，以驾车撞击警车等方式阻碍民警依法执行职务，并造成警车物损价值人民币6000余元，其行为同时触犯妨害公务罪与故意毁坏财物罪，应择一重罪论处。鉴于被告人高某某的行为所应适用的法定刑在妨害公务罪与故意毁坏财物罪中大致相当，而其行为所侵害的客体兼有正常的社会管理秩序以及合法的财产权益，且被告人高某某主观系以逃避民警查处为目的，故其行为以妨害公务罪论处为宜。被告人杨某某明知被告人高某某是犯罪的人而作假证明包庇，其行为已构成包庇罪。被告人高某某在假释考验期内再犯新罪，依法应当数罪并罚。被告人高某某有自首情节，依法可以从轻处罚。被告人杨某某如实供述自己的罪行，依法可以从轻处罚。据此，依照《中华人民共和国刑法》第二百七十七条第一款、第八十六条第一款、第七十一条、第六十九第一款、第三百一十条第一款、第六十七条第一款及第三款、第六十四条之规定，判决如下：

一、撤销江苏省南京市中级人民法院（2014）宁刑执字第2109号对被告人高某某予以假释的刑事裁定。

二、被告人高某某犯妨害公务罪，判处有期徒刑一年；与前罪尚未执行的刑罚并罚，决定执行有期徒刑一年九个月。

三、被告人杨某某犯包庇罪，判处有期徒刑七个月。

四、违法所得予以追缴。

一审法院作出判决后，二名被告人均未上诉，公诉机关亦未抗诉，判决已生效。

【法官后语】

被告人高某某的行为系想象竞合犯，且两种犯罪属中立关系①，即两个犯罪类型原本不同且相互独立，由于案件事实发生了联系，产生了观念上的竞合。本案的核心问题在于，如何把握高某某行为的罪质特征，即在行为同时触犯妨害公务罪和故意毁坏财物罪的情况下，以何罪论处较为合适。

特定犯罪的罪质特征，一般可以具体解构为罪质与罪量两个基本要素来把握。其中，罪质要素重在揭示危害行为的社会危害性质，主要由犯罪客体来显示；罪量要素主要反映危害行为的社会危害性程度，通常可由法定刑的轻重来说明。②

从罪质分析的角度看，认为高某某犯故意毁坏财物罪，存在罪名与犯罪行为侵害的主要法益明显不符的问题。高某某撞击警车造成警车物损的行为从外观上看符合故意毁坏财物罪的犯罪构成，侵害了该罪所保护的财物占有人对于财物的法益；同时，高某某抗拒警察执法、逃避检查，妨害了正常的社会管理秩序，其行为亦满足妨害公务罪的构成要件该当性。上述两种犯罪客体，抑或受害法益有主从之分，罪名的最终确定应与主要受害法益相符。本案中，一方面，从构成要件的主观方面来看，高某某系以逃避民警查处为目的，而并非以撞击达到毁坏警车为目的，其撞击警车后逃逸也说明了其动机。由于主观目的的缺失，高某某的行为无法符合故意毁坏财物罪的构成要件整体该当性。另一方面，从犯罪对象上看，高某某毁坏的警车并非静止停于路边的车辆，而是正在被警察用于执行公务的车辆。高某某行为同时侵害的两种法益中，正常的社会管理秩序较合法的财产权益而言是主要法益，故其行为与妨害公务罪的主要罪质特征更为契合。

从罪量分析的角度看，将高某某的行为以妨害公务罪论亦能做到罪刑相适。根据《刑法》规定，犯妨害公务罪的，应处三年以下有期徒刑、拘役、管制或者罚金；故意毁坏财物数额较大的，应处3年以下有期徒刑、拘役或者罚金。可见，高

---

① 参见张明楷：《犯罪之间的界限与竞合》，载《中国法学》2008年第4期。

② 黄祥青：《罪质分析法与转换定罪规则的适用》，载《人民司法》2010年第17期。

某某的行为在两个罪名所对应的法定刑基本一致。而根据量刑指导意见的规定，毁坏财物的数额可作为妨害公务罪增加刑罚量的根据。故在本案中，一方面应将高某某的行为定性为妨害公务罪，另一方面可将其撞击警车造成6000余元物损的情节作为酌情从重处罚的考量因素。如此，可实现对犯罪行为的准确、全面评价。

编写人：上海市闵行区人民法院　赵宇翔　叶子

2

故意杀人罪与以危险方法危害公共安全罪想象竞合的认定

——孙宝龙以危险方法危害公共安全案

【案件基本信息】

1. 裁判书字号

吉林省长春市宽城区人民法院吉0103刑初107号刑事判决书

2. 案由：以危险方法危害公共安全罪

【基本案情】

2015年7月21日23时30分许，被告人孙宝龙驾驶出租车在本市宽城区火车站前汉口大街附近，尾随被害人陈某某低速行驶，其在与被害人陈某某搭讪时，被陈某某的丈夫李某甲发现，李某甲感到气愤，遂与李某乙、盛某某共同殴打了孙宝龙。孙宝龙心生恨意，为实施报复，在马路周围有行人及车辆通行的情况下，仍欲驾车撞死陈某某等四人。在第一次没有撞到该四人后，又继续发动汽车，掉转车头向四人撞去，陈某某被撞倒，趴在肇事车辆的引擎盖上，孙宝龙猛转方向盘，将陈某某从肇事车辆引擎盖的右侧甩了下来，肇事车辆的右后轮从陈某某身上碾压过去。接着，孙宝龙又驾车向盛某某驶去，未撞到盛某某后，逃离现场。本次事故致陈某某腰部多处受伤，经鉴定陈某某所受外伤已构成轻微伤。

【案件焦点】

按故意杀人未遂还是以危险方法危害公共安全罪定罪处罚。

【法院裁判要旨】

吉林省长春市宽城区人民法院经审理认为：被告人孙宝龙为报复被害人陈某某等人，在马路周围有行人和车辆通行的情况下，仍不计后果地先后三次驾车冲撞陈某某等人，足以危及不特定人员的生命财产安全，其行为已构成以危险方法危害公安罪，应依法惩处。公诉机关指控罪名成立。孙宝龙到案后如实供述本案的犯罪事实，系坦白，可依法从轻处罚。依照《中华人民共和国刑法》第一百一十四条、第六十七条第三款、第四十七条之规定，作出如下判决：

被告人孙宝龙犯以危险方法危害公共安全罪，判处有期徒刑四年。

【法官后语】

对于本案的定性问题存在以下三种意见。

第一种意见认为，本案不构成故意伤害罪。因为本次事故致被害人陈某某腰部多处受伤，经鉴定陈某某所受外伤仅构成轻微伤。因此，被告孙宝龙不构成犯罪，不予追究刑事责任。

第二种意见认为，本案构成故意杀人罪。理由是被告人孙宝龙驾车加速撞向特定人群，从被告孙宝龙供述中就体现了这一点。被告孙宝龙供述："被他们打了，心里就想着撞死他们，才解恨。"其主观上有希望或放任他人死亡的危害结果发生的犯罪故意，但客观上只是造成被害人轻微伤害。按照主客观相统一原则，应以故意杀人罪（未遂）定罪处罚。

第三种意见认为，本案被告人孙宝龙为报复被害人陈某某等人，在马路周围有行人和车辆通行的情况下，仍不计后果地先后三次驾车冲撞陈某某等人，虽然只实施了一个故意杀人行为，但触犯了故意杀人罪（未遂）与以危险方法危害公共安全罪，按照想象竞合犯的处理原则，应择一重罪处罚，即按照以危险方法危害公共安全罪论处。

笔者同意第三种意见，按照想象竞合犯的处理原则，应择一重罪，按以危险方法危害公共安全罪处罚。

所谓想象竞合犯，是指出于一个犯罪故意或过失，实施一个犯罪行为，触犯数个罪名的情况。对此，我国通行的刑法理论认为，应当按行为人所触犯的数个罪名中法定刑最重的一罪定罪量刑。

想象竞合犯具有以下两个特征：

1. 行为人只实施了一个行为。所谓一个行为，是以法定犯罪构成之客观方面的行为要件为标准判断出行为人的行为是一个行为，而不仅仅是基于自然的观察或社会的一般观念认为是一个行为。在一般情况下，一个行为不等于是一个动作，而是包括一系列的动作。例如，开枪杀人，包括举起枪支、对准目标、扣动扳机等动作。

2. 一个行为必须触犯数个罪名。所谓数个罪名，是指一行为表面上同时符合刑法分则规定的数个犯罪构成，触犯了数个不同的罪名。如果触犯的数个罪名是同种罪名，一般不构成想象竞合犯。

对于以危险方法危害公共安全罪的界定，《刑法》第一百一十四条、第一百一十五条第一款作了规定。何谓危险方法，通说认为是指与放火、决水、爆炸、投毒的危险性相当的，足以危害公共安全的方法。但是在司法实践中，对于如何认定具有“相当性”的其他危险方法，还存在争议。

一是《刑法修正案（三）》虽删除了1997年《刑法》第一百一十四条规定所列举的其他危险方法行为的“对象要素”，但结果要素包括“致人重伤、死亡”，对驾车撞人、私设电网伤人、向人群开枪等方式认定为“其他危险方法”，在司法实践中已不再存在争议。

二是“其他危险方法”既然与放火、爆炸、决水、投毒等行为并列规定，自然应具有与其“相当性”。只要行为在本质上足以危及大多数人的生命健康和公私财产安全，就可以认为具有本质上的“相当性”。本案被告人孙宝龙为报复被害人陈某某等人，在马路周围有行人和车辆通行的情况下，仍不计后果地先后三次驾车冲撞陈某某等人，主观上虽有杀人的故意，但其行为足以危及不特定人员的生命财产安全。

三是犯罪对象的特定与不特定之间可以共存、转化。特定与不特定因素之间可以相互转化，不特定因素会因行为的方法、时间、地点等环境条件的改变而增多，促使特定性向不特定性发展。本案被告人孙宝龙为报复被害人陈某某等人，在马路周围有行人和车辆通行的情况下，仍不计后果地先后三次驾车冲撞陈某某等人，看似犯罪对象是特定的，但是被告人孙宝龙在公共场所采取驾车撞人的行为，所具有的不特定因素因其行为的方法、时间、地点等环境条件的改变而改变，其行为足以危及公共场所其他不特定人员的生命财产安全。故意杀人可能针对少数特定人，危险方法危害公共安全可能针对不特定的多数人，二者比较，后者危害性要更大一些。在定罪量刑上，二者基本上没有什么区别。由于二者量刑幅度基本相同，笔者认为，二者发生想象竞合时，如果被告人主观目的在于杀死某一个或某几个特定的人，但只要其行为在客观上造成或有可能造成公共安全危险的，就应以危险方法危害公共安全定罪量刑。

编写人：吉林省长春市宽城区人民法院　孙基本

3

以放火的方式实现其他犯罪目的的行为属于牵连犯，处理原则是择一重罪论处，但适用该原则应以一行为触犯数个罪名为前提

——周东故意毁坏财物案

【案件基本信息】

1. 裁判书字号

四川省成都市龙泉驿区人民法院（2016）川0112刑初626号刑事判决书

2. 案由：故意毁坏财物罪

【基本案情】

被告人周东因在龙泉驿区找不到工作，心生不满，先后多次放火毁坏他人财物。具体事实如下：

1. 2016年6月17日晚，被告人周东驾驶电动车来到成都市龙泉驿区龙泉街道红豆村12组，点燃事先准备好的绸布、纸巾扔进李启某停在路边的川A1××××

灰色面包车中，造成该车烧毁。经鉴定，该车价值8000元。

2. 2016年6月18日晚，被告人周东驾驶电动车来到成都市龙泉驿区平安红豆村12组一车棚，点燃事先准备好的绸布、纸巾扔进刘继某停放车棚内的川A8××××轿车底盘下，造成该车烧毁。经鉴定，该车价值28000元。

3. 2016年6月19日晚，被告人周东驾驶电动车来到成都市龙泉驿区平安红豆村10组一车棚，点燃事先准备好的绸布、纸巾扔进杨某停放车棚里的川A6××××轿车车头下，造成该车损坏。

4. 2016年6月26日21时许，被告人周东驾驶电动车来到成都市龙泉驿区龙泉街道红豆村10组大成驾校处路边，点燃事先准备好的绸布、纸巾扔进刘盛某停在该处川A0××××轿车点燃，造成该车损坏。经鉴定，该车价值23000元。

2016年7月1日，被告人周东被抓获。

【案件焦点】

以放火的方式实现其他犯罪目的的行为应如何定罪。

【法院裁判要旨】

四川省成都市龙泉驿区人民法院经审理认为：被告人周东实施了放火烧车行为，但烧车的地点均相对孤立，与周围居民居住房屋（均为水泥建筑物）有一定距离，现有证据不足以证明会有危害公共安全的可能性，实际也没有危害公共安全，故其行为不构成放火罪。其因毁坏财物价值超过5万元，其行为构成故意毁坏财物罪，属数额巨大，应依法予以惩处。被告人周东到案后如实供述其犯罪事实，可以从轻处罚。公诉机关指控被告人周东的事实成立，但罪名不当，应予以纠正。

四川省成都市龙泉驿区人民法院依照《中华人民共和国刑法》第二百七十五条、第六十七条第三款规定，作出如下判决：

被告人周东犯故意毁坏财物罪，判处有期徒刑四年。

【法官后语】

毁坏财物的方式多种多样，当然也包括放火的方式。以放火的方式实现其他犯罪目的的行为属于牵连犯，处理原则是择一重罪论处，但适用该原则应以一行为触犯数个罪名为前提，即该行为需同时符合数罪的构成要件。本案中，周东实施放火的行为本身并没有危害公共安全，且在当时放火的地点及放火时周围的具体客观环境下尚不足以产生危害公共安全的结果，故不构成放火罪，只能属于故意毁坏财物的行为，因毁坏财物价值超过5万元，属数额巨大，其行为应构成故意毁坏财物罪。具体理由如下：

1. 从客观方面来看，周东的行为不具有危害公共安全的性质

周东放火的行为在当时特定的客观环境下不可能形成引发危害公共安全的燃烧状态；放火罪的放火行为必须足以引起在时间上和空间上失去控制的燃烧状态，这种引起失去控制的燃烧状态是危害公共安全的体现。就本案而言，考虑当时的客观环境因素，周东的行为根本不足以导致大面积的火灾发生。周东使用的方法是将卫生纸包在雨衣里面，用随身携带的打火机点燃后扔进车里，同时实施放火的行为地点距离居民房屋或其他易燃物品均具有一定距离，客观上只造成了被烧车辆本身的燃烧，范围有限，不足以造成大规模的公共危害。虽然放火的基本方式是焚烧财物，但焚烧财物不一定危害公共安全。放火罪中的放火行为必须具有足以危害公共安全的属性，是否足以危害公共安全、危及不特定多数人的人身、财产安全，是放火罪与其他用放火方法实施犯罪的主要区别。故周东的行为不具有足以危害公共安全的性质，周东以投掷燃烧的纸巾和雨衣最终导致车辆被烧毁的行为，是一种以放火的方式故意毁坏财物的行为，侵犯了他人私有财产权，符合故意毁坏财物罪的构成要件。

2. 从主观方面来看，周东的行为没有危害公共安全的主观故意

放火罪的主观故意要求行为人必须是明知自己的行为会发生一定的危害社会的结果，并且希望或放任这种结果的发生。周东既没有危害公共安全的犯罪动机和犯罪目的，也没有任何证据证明其希望或放任危害公共安全的结果发生。周东实施放火行为没有报复社会、危害不特定多数人的犯罪动机，同时其自始辩解均是因为找不到工作，心情烦躁，才想要把别人的车辆烧了，放火时看到周围没有人，选择的都是停放在路边的车辆，距离民房比较远的地方，也是害怕把别人家给烧着了，从未想过要制造火灾，其不希望也并不放任车辆燃烧引发大规模燃烧进而蔓延到他人房屋，甚至危及他人的生命安全。根据周东所使用助燃物的状况、焚烧对象的性质及所处的客观环境，都能够印证周东关于其行为只是意图通过燃烧他人的车辆以发泄自己内心烦躁的情绪，对此，以故意毁坏财物罪定罪处罚符合刑法的主客观相

一致。

综上所述，周东以纸巾和雨衣作为助燃物，将其点燃后引燃车辆并致使车辆被烧毁的行为，客观上并没有危害公共安全，且在当时放火的地点及放火时周围的具体客观环境下尚不足以产生危害公共安全的结果，主观上无危害公共安全的故意，故不应构成放火罪，只能属于故意毁坏财物的行为，因毁坏财物价值超过5万元，属数额巨大，其行为应当以故意毁坏财物罪定罪处罚。

编写人：四川省成都市龙泉驿区人民法院　杨静松

4

跨区域集团化非法集资类案件中单位犯罪与个人犯罪的界定

——付某、郑宗某非法吸收公众存款案

【案件基本信息】

1. 裁判书字号

四川省成都市中级人民法院（2016）川01刑终399号刑事裁定书

2. 案由：非法吸收公众存款罪

【基本案情】

2012年2月17日，四川鑫昇理财投资信息咨询有限责任公司（以下简称鑫昇理财公司）注册登记成立。2013年6月28日，鑫昇理财公司作为甲方与乙方被告人付某、郑宗某及杨华某、陈玉某、邓永某、任某6名自然人签订合伙协议，约定共同出资200万元注册成立四川鑫昇理财投资信息咨询有限责任公司金堂分公司（以下简称鑫昇金堂分公司），协议确定由甲方对鑫昇金堂分公司的经营与管理负责，乙方负责开拓市场、维护客户资源。2013年7月12日，鑫昇金堂分公司登记成立，被告人付某任负责人，鑫昇金堂分公司日常经营与管理由被告人付某、郑宗某二人负责。

鑫昇理财公司自成立，在没有金融许可的情况下，以月息1.2%、1.5%的高额

利息为诱饵，介绍资金安全——由某信用融资担保有限公司、四川某融资担保有限公司等大型融资担保企业予以保障的前提下，通过媒体、传单等途径对外向不特定人员宣传公司“民间借贷”居间服务。2013 年 7 月 12 日，鑫昇金堂分公司成立后，被告人付某、郑宗某等人，依据鑫昇理财公司发布的投资项目和下达的融资金额，根据鑫昇理财公司提供的担保公司、借款企业信息，借款、担保合同等书面材料，通过开业庆典、租赁铺面“开展业务”等形式对外向不特定人员介绍“民间借贷”居间信息，并以鑫昇理财公司的名义与具有“投资意向”的人员即集资参与人签订《居间理财服务合同》后，居间帮助乐山市甲织布厂、成都乙公司等借款企业，以及丙担保公司、丁担保公司、戊担保有限公司等担保公司与集资参与人签订借款、融资担保等合同，以“民间借贷”的名义，积极促成集资参与人将 10 ~ 400 万元不等的资金出借予甲织布厂、乙公司等企业。之后，鑫昇理财公司按照协议比例向借款企业收取相关居间服务费，并约定按照居间服务费 60% 的标准向鑫昇金堂分公司支付提成费用。2013 年 7 月至 2014 年 7 月，鑫昇金堂分公司以居间介绍的方式向郑超某、钱世某等 28 名社会公众吸收资金，涉案金额 2035 万元，截至案发，尚有共计 1799. 805 万元尚未退还。

另查明，案发后，被告人付某退还非法所得 46459. 82 元、郑宗某退还非法所得 2. 64 万元。

【案件焦点】

鑫昇理财公司为扩大集资范围，作为控股股东，与付某、郑宗某等自然人新设企业鑫昇金堂分公司，鑫昇金堂分公司是否构成单位犯罪，公司实际经营者被告人付某、郑宗某是否构成犯罪。

【法院裁判要旨】

四川省金堂县人民法院经审理认为：被告人付某、郑宗某为获取非法利益，违反国家金融管理法律、法规，为他人向社会公众非法吸收资金提供居间服务，严重扰乱国家金融秩序，其行为均已构成非法吸收公众存款罪。鑫昇理财公司系单位犯罪，故应当按照单位犯罪中的其他直接责任人员追究被告人付某、郑宗某的刑事责任。

四川省金堂县人民法院依照《中华人民共和国刑法》第一百七十六条之规定，

作出判决：

被告人付某、郑宗某均犯非法吸收公众存款罪，判处付某有期徒刑三年，宣告缓刑四年，判处郑宗某有期徒刑二年六个月，宣告缓刑三年，两人均处罚金五万元。

一审宣判后，付某、郑宗某提出上诉。

四川省成都市中级人民法院经审理认为：本案合伙经营协议的性质，实为鑫昇理财公司作为控股股东，与付某、郑宗某等人新设企业。鑫昇金堂分公司系为进行非法吸收公众存款的违法犯罪活动而设立，本案不以单位犯罪论处，应按个人犯罪追究二上诉人的刑事责任。原公诉机关并未在本案中对鑫昇理财公司提出指控，原判超出指控范围认定鑫昇理财公司系单位犯罪不当，不予认定。四川省成都市中级人民法院依照《中华人民共和国刑事诉讼法》第二百二十五条第一款第（一）项之规定，作出裁定：

驳回上诉，维持原判。

【法官后语】

2001年1月21日《全国法院审理金融犯罪案件工作座谈会纪要》提出："以单位的分支机构或者内设机构、部门的名义实施犯罪，违法所得亦归分支机构或者内设机构、部门所有的，应当认定为单位犯罪。"通过纪要内容可知，在刑事案件中判断分支机构是否构成犯罪，主要有两个因素，一是以单位分支机构的名义实施犯罪，二是指违法所得归分支机构。

以单位名义集资是否能真正体现单位意志？笔者认为单位名义只是外在表现形式，单位意志才是内在核心，具体到案件中界定单位犯罪和个人犯罪，我们还应该透过案件的表现，综合分析非法集资的过程、资金的流向以及全案的情况来确定单位真正的意志。

鑫昇金堂分公司由被告人付某、郑宗某负责经营管理，公司成立的目的即进行非法集资，非法集资是以鑫昇理财公司的名义进行，吸收资金最终都流向了鑫昇理财公司指定账户，鑫昇理财公司按照协议比例向借款企业收取相关居间服务费，并按照约定向鑫昇金堂分公司支付居间服务费60%的提成费用。根据1999年《最高人民法院关于审理单位犯罪案件具体应用法律有关问题的解释》第二条"个人为进行违法犯罪活动而设立的公司、企业、事业单位实施犯罪的，或者公司、企业、事业单位设立后，以实施犯罪为主要活动的，不以单位犯罪论处”的规定，鑫昇金堂分公司系为进行非法吸收公众存款的违法犯罪活动而设立，以实施犯罪为主要活动，故鑫昇金堂分公司不以单位犯罪论处，应以个人犯罪追究被告人付某、郑宗某的刑事责任，根据上诉不加刑的原则，法院遂驳回上诉，维持原判。

编写人：四川省成都市中级人民法院　曾执

四川省简阳市人民法院　刘蓉

5

间接正犯与教唆犯的区分

——李鹏诈骗案

【案件基本信息】

1. 裁判书字号

北京市第二中级人民法院（2016）京02刑终78号刑事裁定书

2. 案由：诈骗罪

【基本案情】

被告人李鹏于2011年至2012年，谎称自己具有高官子弟的身份，骗取王某的信任，使王某相信其能够办理北京户口。王某跟冯明某等被害人说认识的高官子弟有办理北京户口的能力，并收取邸俊某、吴某某、郄慧某、冯明某给予的人民币共计100万元，后将部分钱款交给李鹏。被告人李鹏于2014年4月16日被北京市公安局东城分局经济犯罪侦查支队民警抓获，上述赃款均未退还。

公诉机关认为，被告人李鹏的行为构成诈骗罪。

被告人李鹏辩称，其没有虚构部队高官子弟身份，没有为他人办理过北京市户口。被告人李鹏的辩护人认为：除被害人冯明某外，其他被害人均未见过李鹏，被害人的钱款都交给了李鹏之友王某，而王某称将上述钱款交给李鹏之事实，没有书证证实，故公诉机关指控被告人李鹏犯诈骗罪不能成立。

【案件焦点】

李鹏是利用王某骗取被害人钱财成立间接正犯，还是教唆王某实施诈骗行为成立教唆犯。

【法院裁判要旨】

北京市东城区人民法院经审理认为：被告人李鹏曾因犯诈骗罪被刑事处罚，仍不思悔改，虚构事实骗取他人财物，且数额特别巨大，其行为侵犯了合法的财产所有权，已构成诈骗罪，依法应予刑罚处罚。公诉机关提供的证人证言、被害人陈述、书证等证据，相互印证，形成了完整的证据链条，能够证实被告人李鹏虚构自身身份，以能够办理北京市户口之名义，通过王某骗取4名被害人钱款，故北京市东城区人民检察院指控的罪名成立，被告人李鹏的辩解及其辩护人的辩护意见不能成立。被告人李鹏曾因故意犯罪被判处有期徒刑，于刑罚执行完毕后五年内再犯应当判处有期徒刑以上刑罚之罪，系累犯，应从重处罚。

北京市东城区人民法院依照《中华人民共和国刑法》第二百六十六条、第五十二条、第五十三条、第六十四条、第六十五条第一款之规定，作出如下判决：

一、被告人李鹏犯诈骗罪，判处有期徒刑十二年，并处罚金人民币一万二千元。

二、责令被告人李鹏退赔人民币一百万元，分别发还被害人邸俊某人民币十万元，被害人吴某某人民币十万元，被害人郄慧某人民币四十万元，被害人冯明某人民币四十万元。

李鹏不服一审判决，提出上诉。上诉理由是：原判认定的部分犯罪事实及数额有误，证人证言与被害人陈述的内容存在矛盾，与事实不符。李鹏辩护人的辩护意见是：原判事实不清，逻辑存在矛盾，认定事实有误，请求二审法院发回重审。北京市人民检察院第二分院的出庭意见是：一审判决事实清楚、证据确实充分，适用法律正确，量刑适当，李鹏的上诉理由不能成立，建议驳回上诉，维持原判。

北京市第二中级人民法院经审理认为：上诉人（原审被告人）李鹏虚构事实骗取他人财物，且数额特别巨大，其行为已构成诈骗罪，依法应予惩处。李鹏曾因犯诈骗罪被判处有期徒刑，在刑罚执行完毕后五年内再犯应当判处有期徒刑以上刑罚之罪，系累犯，依法应当从重处罚。对于上诉人李鹏的上诉理由及其辩护人的辩护意见，经查，在案证据能够证明李鹏虚构自己具有部队高干子弟的身份，谎称其有部队随军进京户口指标，使王某误认为其有能力为他人办理北京市户口，利用王某骗取被害人邸俊某、冯明某、郄慧某、吴某某的钱财，李鹏的行为符合诈骗罪的构成要件。原判综合证人证言、被害人陈述和聊天记录等在案证据，对证据之间能够相互印证的事实予以认定，逻辑清楚，定罪及认定数额正确，量刑适当，故上诉人的上诉理由及其辩护人的辩护意见不能成立，不予采纳。北京市人民检察院第二分院的出庭意见正确，予以采纳。

北京市第二中级人民法院依照《中华人民共和国刑事诉讼法》第二百二十五条第一款第（一）项之规定，作出如下裁定：

驳回上诉，维持原判。

【法官后语】

间接正犯与教唆犯存在一些共同的特征，都是行为人利用他人间接实施犯罪行为，在司法实践中不易区分。本案被告人李鹏谎称自己具有高官子弟的身份，骗取王某的信任，使王某相信其能够办理北京户口。王某跟冯明某等被害人说认识的高官子弟有办理北京户口的能力，并收取被害人钱款，后将部分钱款交给李鹏。笔者认为，李鹏利用王某骗取被害人钱财，属于典型的间接正犯，具体理由如下：

首先，间接正犯属于正犯，而教唆犯是狭义的共犯。间接正犯与被利用人之间不存在共同的犯罪故意。教唆故意是共犯的故意，以明知被教唆人的行为构成犯罪为前提。王某在主观上并没有虚构事实骗取他人财物，也没有形成非法占有他人财产的目的，与李鹏之间缺乏共同犯罪的故意。王某因受李鹏欺骗和利用，对真相缺乏认识，使李鹏能够利用王某的错误达成犯罪计划。

其次，间接正犯中被利用人不具有可责性。王某在李鹏的诱使下，“骗取”被害人相信，并造成被害人财产损失，应当认为是实行了侵犯刑法所保护法益的行为，其行为具有违法性。但由于王某并没有意识到自己受李鹏蒙骗和利用，主观上没有非法占有他人财物的目的，缺少犯罪的故意和过失，因此，王某的行为不具有可责性，也不构成犯罪。

最后，间接正犯中被利用人没有支配实行行为。王某虽然具有完全刑事责任能力，有能力按照自己的意志支配行为，但因受蒙蔽而没有意识到其所支配行为的社会危害性，不能认为王某实际支配了骗取他人财物的实行行为。

综上来看，被告人李鹏骗取王某的信任，通过王某实施诈骗行为骗取他人财物。因王某受李鹏蒙蔽和利用，并没有实际支配骗取他人财物的实行行为，且在主观上缺乏非法占有他人财物的目的，故王某与李鹏没有共同的诈骗故意，王某的行为因缺少犯罪故意也自然不具有可责性。李鹏构成诈骗罪的间接正犯。本案有典型的间接正犯特征，对间接正犯的理解与适用，以及同教唆犯进行区分具有一定的现实意义。

编写人：北京市第二中级人民法院　丛卓义

6

如何认定伤害行为与特殊体质被害人死亡结果之间的因果关系

——张新故意伤害案

【案件基本信息】

1. 裁判书字号

北京市第一中级人民法院（2016）京01刑终365号刑事裁定书

2. 案由：故意伤害罪

【基本案情】

被害人申振某与孙凯某相识，被告人张新与郭云某、史鹏某（均另案处理）相识。2015年5月31日凌晨3时许，被告人张新与郭云某、史鹏某等人，在北京市石景山区衙门口上街铁道桥下一露天饭馆就餐时，与同在该饭馆就餐的孙凯某等人产生不快，后双方互殴；在互殴过程中，被告人张新持菜刀将被害人申振某头部砍伤。被告人张新等人的伤害行为致申振某头皮脱套伤、颅脑开放性骨折、失血性休克、右手多发肌腱断裂、左肩皮肤挫裂伤等伤情。案发后被告人张新逃离北京市。被害人申振某相继在北京市和其原籍山东省鄄城县医院就诊，后于2015年7月29日死亡。经法医鉴定，申振某因患有再生障碍性贫血，并/继发全身出血、感染，终因颅内弥散性蛛网膜下腔出血伴感染（真菌）、脑水肿死亡；被告人张新等人殴打的伤情导致申振某多量失血，在其最终因再生障碍性贫血病情恶化而死亡的结果中起到促发作用。2015年8月14日，被告人张新在辽宁省沈阳市被抓获。在诉讼过程中，经法院主持调解，被告人张新与被害人申振某的亲属自愿达成调解协议，被告人张新一次性赔偿被害人申振某亲属经济损失人民币7万元整（已执行），被害人申振某亲属表示对其谅解并同意法院对张新依法从轻处罚。

被告人张新对北京市石景山区人民检察院指控其犯故意伤害罪的事实及罪名均未提出异议并表示自愿认罪。被告人张新的辩护人的辩护意见是：1. 张新能够如实供述犯罪事实，积极赔偿死者家属的经济损失；2. 被害人申振某的死亡与被告人张新的伤害行为不具有直接的因果关系，理由是石景山医院病历记载的检查内容已发现被害人申振某血液指标不正常，申振某所受损伤不会导致其死亡，申振某的死亡原因是其自身患病，鉴定意见证明不了张新的行为与申振某的死亡有因果关系。公诉机关认定张新的行为致被害人申振某死亡且适用刑法第二百三十四条第二款不妥，建议法院对张新适用刑法第二百三十四条第一款予以从轻处罚。

【案件焦点】

张新的伤害行为与患有再生障碍性贫血的被害人死亡结果之间是否具有刑法上的因果关系。

【法院裁判要旨】

北京市石景山区人民法院经审理认为：第一，医院病历材料结合尸体解剖分析论证，可以得出被害人申振某患有再生障碍性贫血的事实；第二，法医鉴定意见指出申振某所受损伤为锐器形成，能够与在案其他证据印证张新的行为导致申振某此次受到的外伤；第三，申振某此次所受外伤导致其多量出血，可使其本身就已贫血的程度进一步加重，引起其疾病的急性发作并加速其病情进展；第四，法医鉴定意见明确指出申振某此次外伤导致多量失血在其最终因再生障碍性贫血病情恶化而死亡的结果中起到促发作用。综上，足以说明被害人申振某的死亡并非仅仅因为其自身患病，而与被告人张新等人的砍伤行为存在直接的因果关系。

北京市石景山区人民法院依照《中华人民共和国刑法》第二百三十四条第二款、第六十七条第三款、第五十五条第一款、第五十六条第一款、第六十一条之规定，判决如下：

被告人张新犯故意伤害罪，判处有期徒刑十年，剥夺政治权利二年。

张新不服一审判决，提起上诉称：其伤害行为不是致被害人死亡的主要原因，原判量刑过重。

北京市第一中级人民法院经审理，确认一审法院认定的事实和证据，认为：虽然被害人申振某自身患有再生障碍性贫血，但并不致命，张新等人的行为造成被害人申振某头面部、左上臂、右腕等多处受伤，此外伤导致申振某多量出血在其最终因再生障碍性贫血病情恶化而死亡的结果中起到促发作用。正是由于张新等人的故意伤害行为致使被害人疾病的急性发作并加速其病情进展，造成被害人重型再生障碍性贫血。事发后被害人一直在接受治疗，根据鉴定人的出庭意见可以证实，重型再生障碍性贫血治疗非常困难，死亡率很高。故张新应对被害人的死亡结果承担刑事责任。依照法律规定故意伤害致人死亡的，应在十年以上有期徒刑、无期徒刑或死刑的量刑幅度内确定刑罚，一审法院考虑到张新能如实供述犯罪事实，赔偿被害人家属的损失，取得被害人家属的谅解等情节，对其予以从轻处罚，量刑并无不当，故张新所提上诉理由无事实和法律依据不能成立，本院不予采纳。

北京市第一中级人民法院依照《中华人民共和国刑事诉讼法》第二百二十五条第一款第（一）项的规定，裁定如下：

驳回上诉，维持原判。

【法官后语】

1. 本案的焦点问题是张新的伤害行为与患有再生障碍性贫血的被害人死亡结果之间是否具有刑法上的因果关系。本案中，张新主观上应当认识到用菜刀砍被害人要害部位，可能会造成伤害被害人身体健康的后果，却仍实施了该伤害行为。此时，张新的伤害故意和伤害行为均已成立，并最终造成被害人死亡的结果，其行为符合故意伤害罪的构成要件。但是否构成故意伤害致人死亡，需要考察张新伤害行为与被害人死亡结果之间是否具有刑法上的因果关系。如果有，则张新的行为构成故意伤害致人死亡，应在“十年以上有期徒刑、无期徒刑或者死刑”这一法定量刑幅度内确定刑罚；否则，张新没有承担故意伤害致死这一结果加重犯法定刑的客观根据。

2. 从审理查明的事实及在案证据看，本案核心事实可简化为“伤害行为导致外伤→外伤导致大量失血→失血促发病情恶化→病情恶化导致死亡”。可见，若没有张新的伤害行为就不会导致被害人死亡的结果，因此，张新的伤害行为与被害人死亡结果之间存在一定的因果关系。但是，张新是否构成故意伤害致人死亡，还需要考察两者之间是否具有直接性因果关系，亦即，要么是伤害行为直接造成死亡结果，要么是伤害行为造成了伤害结果，进而由伤害结果引起死亡。另外，故意伤害致死的成立，还要求行为人对死亡具有预见可能性。①

3. 因果关系判断方法：直接性因果关系 + 预见可能性。

首先，张新等人的伤害行为与被害人申振某死亡结果之间存在直接性因果关系。理由是：其一，从在案证据看，虽然被害人申振某自身患有再生障碍性贫血，系特殊体质被害人，但该病并不致命，如果没有受到此次外伤，被害人申振某能像正常人一样生活，不会死亡，因此，被害人患有的再生障碍性贫血这一疾病不是造成被害人死亡结果的直接性因素；其二，张新等人的伤害行为造成被害人大量失血，导致被害人慢性再生障碍性贫血的急性发作，进一步导致重型再生障碍性贫血，依据现有的临床情况，重型再生障碍性贫血治疗非常困难，死亡率很高，由此可见，伤害行为造成被害人大量失血的伤害结果，是造成被害人死亡结果的直接性因素；其三，被害人在案发后的入院治疗过程正常，在案无证据显示有明显其他因素介入，因此可以排除其他可能的致死因素。综上可以判断，张新等人的伤害行为与被害人申振某死亡结果之间存在直接性因果关系。

另外，被告人张新对被害人的死亡具有预见可能性。理由是：从张新的伤害行为来看，其用具有致命杀伤力的犯罪工具（菜刀）击打被害人要害部位（头面部），并造成被害人头皮脱套伤、颅脑开放性骨折、失血性休克的伤害结果，由此可见，张新的伤害行为并不是普通伤害行为，而是包含致死因素的伤害行为。张新作为一名心智正常的成年人，其主观上应当预见到自己的上述行为有可能造成被害

---

① 参见张明楷：《刑法学》（第五版），法律出版社2016年版。

人死亡的结果。另外，从本案的时间、地点、环境（因琐事起争执引发斗殴）和犯罪预谋（事发突然属激情犯罪）来看，张新主观上应该没有杀死被害人的故意。因此可以判断，张新有伤害被害人的故意和致人死亡的过失，所以张新对被害人死亡这一结果有预见可能性。

综上可以判断，张新的伤害行为与患有再生障碍性贫血的被害人申振某死亡结果之间具有刑法上的因果关系，张新的行为构成故意伤害致人死亡。

编写人：北京市石景山区人民法院　侯丽雅

7

如何判断积极责任要素的故意与过失

——张献凤过失致人死亡案

【案件基本信息】

1. 裁判书字号

广东省中山市第二人民法院（2016）粤2072刑初1923号刑事判决书

2. 案由：过失致人死亡罪

【基本案情】

2016年5月20日22时许，被告人张献凤在其夫妇租住的中山市小榄镇某社区201房照顾被害人陈某淇（系其亲生儿子，2013年3月13日出生）的过程中，为制止被害人陈某淇哭闹先后用手及衣架殴打陈某淇的手、脚、屁股及脸等部位，后将陈某淇推倒在地，致使陈某淇的头部着地。当天23时许，被告人张献凤夫妇发现陈某淇躺在地上不动，遂将陈某淇送往小榄人民医院抢救。经诊断，被害人陈某淇的呼吸心跳骤停，全身多脏器官功能衰竭，头颅血肿，全身多处外伤，入院前已经死亡。随后，公安人员接到医护人员的报警赶到医院将被告人张献凤抓获归案。经鉴定，被害人陈某淇系因钝性暴力作用所致外伤致弥漫性蛛网膜下腔出血并脑疝形成而死亡。

公诉机关认为，被告人张献凤无视国家法律，故意伤害他人身体，致一人死亡，其行为已触犯《中华人民共和国刑法》第二百三十四条第二款之规定，应当以故意伤害罪追究其刑事责任。

被告人张献凤辩称为教育被害人陈某淇而打了手、脚和屁股，其主观上没有伤害的故意。

【案件焦点】

在不具有违法阻却事由及结果回避可能性的情况下，如何界定故意与过失之间的关系——本案中被告人张献凤的行为应当认定为故意行为，从而构成故意伤害罪，还是应当认定为过失行为，从而构成过失致人死亡罪。

【法院裁判要旨】

广东省中山市第二人民法院经审理认为：被告人张献凤无视国家法律，过失致人死亡，其行为已构成过失致人死亡罪，应依法惩处。公诉机关指控被告人张献凤犯罪的事实清楚，证据确实、充分。对公诉机关指控被告人张献凤犯故意伤害罪的意见，经查，证人陈某港的证言证实被告人张献凤为教育儿子陈某淇而采取殴打的方式，案发当晚被告人张献凤为制止陈某淇哭闹而殴打陈某淇的手、脚部及脸，后推倒陈某淇致陈某淇的头部着地，察觉陈某淇身体出现异常时立即送往医院抢救；证人朱某兰的证言证实被告人张献凤与其丈夫将陈某淇送到医院急救；证人任某梅、徐某毅的证言证实案发当晚有小孩子哭闹；被告人张献凤一直供述为了教育好儿子，用手及衣架打陈某淇的手、脚部及脸，其间为制止陈某淇哭闹而推倒陈某淇致陈某淇的头部着地，后与陈某港将陈某淇送院抢救；《法医病理鉴定意见书》及照片、门诊病历能证实排除陈某淇因自身疾病导致死亡的可能及确认陈某淇系因外伤致弥漫性蛛网膜下腔出血并脑疝形成而死亡，综合上述证据分析，被告人张献凤主观上没有伤害被害人陈某淇的故意，客观上造成死亡后果是因被告人张献凤推倒被害人陈某淇致陈某淇的头部着地，后引发弥漫性蛛网膜下腔出血并脑疝形成而死亡，被告人张献凤教育子女时应当预见其行为可能会对被害人陈某淇造成一定伤害，由于疏忽大意而没有预见，从主观及客观方面来看，被告人张献凤的行为符合过失致人死亡罪的构成要件，应认定被告人张献凤犯过失致人死亡罪。

广东省中山市第二人民法院依照《中华人民共和国刑法》第二百三十三条之

规定，作出如下判决：

被告人张献凤犯过失致人死亡罪，判处有期徒刑四年。

【法官后语】

行为人责任的认定要综合行为人的实质危险实行行为、危害结果、是否有结果回避义务等因素判断行为人是否存在过失。对于过失致人死亡犯罪，行为人在主观上排除伤害或者杀人的故意，由于疏忽大意或者过于自信造成了客观上被害人死亡的危害结果发生。

从犯罪构成要件上来看：（1）故意伤害和过失致人死亡都具有违法性，违反了我国的法律规定，在本案中，犯罪的主体属于年满18周岁的自然人，具有刑事责任能力；（2）二者都有危害行为，造成了一定的危害结果；（3）犯罪行为与危害结果之间都具有因果关系，犯罪的实害结果归属于行为人。但是二者的区别在于主观要素不同，主要有以下三方面：

1. 故意伤害罪主观上要求是行为人有“故意”，根据《刑法》第十四条第一款的规定，“故意”是指明知自己的行为会发生危害社会的结果，并且希望或者放任这种结果发生的心理态度。本案中，被告人张献凤主观上没有伤害被害人陈某淇的故意，客观上造成死亡后果是因被告人张献凤推倒被害人陈某淇致陈某淇的头部着地，后引发弥漫性蛛网膜下腔出血并脑疝形成而死亡。

2. 过失致人死亡罪的责任要素是“过失”，其中过失分为疏忽大意的过失与过于自信的过失（本案只讨论疏忽大意的过失致人死亡的情况），根据《刑法》第十五条第一款的规定，疏忽大意的过失，是指行为人应当预见自己的行为可能发生危害社会的结果，因为疏忽大意而没有预见，以致发生了危害结果的责任形式，其中，“应当预见”是指行为人有预见的义务。对行为人主观心态上是故意还是过失的判断存有疑问的时候，我们认定行为人“没有预见”，即行为人是没有故意的主观心态的，此时就只能认定行为人成立过失犯罪。结合本案，被告人张献凤教育子女时应当预见其行为可能会对被害人陈某淇造成一定伤害，由于疏忽大意而没有预见，从主观及客观方面来看，被告人张献凤的行为符合过失致人死亡罪的构成要件，应当认定被告人张献凤成立过失致人死亡罪。

3. 如何确定具体行为与具体结果是否属于同一犯罪，取决于因果关系的判断，一是条件说的因果关系，即实行行为与结果之间存在着没有前者就没有后者的联系；二是合法则的因果关系，即实行行为合法则地造成了结果，就应当将结果归属于实行行为。本案为一因一果的情况，被害人陈某淇可以排除因自身疾病导致死亡的可能，被告人张献凤平时“教育”被害人陈某淇的时候就是采用殴打的方式，直到案发的时候，被害人陈某淇已经全身多处外伤，被告人张献凤推倒被害人陈某淇致陈某淇的头部着地，致其颅脑损伤严重，后引发弥漫性蛛网膜下腔出血并脑疝形成而死亡。因此，被告人张献凤的行为与被害人陈某淇的死亡结果之间具有刑法意义上的因果关系。

综上，本案中被告人张献凤推倒被害人陈某淇致陈某淇的头部着地，后引发弥漫性蛛网膜下腔出血并脑疝形成而死亡，被告人张献凤教育子女时应当预见其行为可能会对被害人陈某淇造成一定伤害，由于疏忽大意而没有预见，最终导致被害人陈某淇死亡，应当认定被告人张献凤构成过失致人死亡罪。

编写人：广东省中山市第二人民法院　巫斯霞

8

介入因素下渎职罪因果关系的认定

——李庆某受贿案

【案件基本信息】

1. 裁判书字号

广西壮族自治区柳州市中级人民法院（2015）柳市刑二终字第122号刑事判决书

2. 案由：受贿罪

【基本案情】

2010年5月，甲资产投资经营有限公司（以下简称甲公司）租用柳州市柳南区竹鹅村、太阳村镇山头村116.053亩土地（以下简称出租人、涉案地块），在未取得建设工程规划许可证的情况下在涉案地块上建房、搭钢架棚等。2010年9月至2012年2月，柳南区城市管理行政执法局（以下简称柳南城管局）、柳州市国土资源局柳南分局（以下简称柳南国土分局）先后多次分别对甲公司、柳州乙种养殖有限公司（以下简称乙公司，由甲公司和他人于2011年7月注册成立，并租用涉案地块）立案查处，做出行政处罚，责令限期拆除。甲公司、乙公司均不予执行；后经行政复议、行政诉讼一、二审，均维持了柳南城管局的行政处罚。

甲公司于2010年9月15日以出租人办养殖场的名义依《关于促进规模化畜禽养殖有关用地政策的通知》（国土资发〔2007〕220号）向柳南国土分局申请农业产业结构调整；10月28日，涉案地块所属镇政府、街道办签署同意；11月，时任柳南国土分局地籍股股长的被告人李庆某实地调查后，签署拟同意的意见，但未注明地块上建有建筑物。之后，柳南国土分局、柳南区农林水利局等先后签署了意见；但柳州市国土资源局未审核同意。2011年上半年，甲公司依《关于完善设施农用地管理有关问题的通知》（国土资发〔2010〕155号）向柳南区人民政府申请农业产业结构调整；5月23日，柳南区政府批复同意。

2010年9月26日，柳州市规划局公布《柳州市西鹅南片控制性详细规划》，涉案地块计划作为西鹅铁路货运中心站使用。2012年1月至4月，为推进西鹅铁路货运中心站项目征地工作（未取得合法征地批文，属预征项目），柳南区政府多次与乙公司商谈征地补偿。2013年1月4日，柳州市人民政府《2012年重要项目推进工作会议纪要》（柳政阅〔2013〕1号）对涉乙公司拆迁补偿问题作了明确：地面附着物部分，按照重置价格予以乙公司补偿……若有违章建筑必须依法拆除。1月23日，柳南区政府开会同意由乙公司自行委托评估，完成评估后可预付部分补偿款。经评估，涉案地块上建筑物等造价41386389元；1月31日，柳南区征地办预付乙公司拆迁补偿款700万元。

被告人李庆某于2011年8月收受文秋某送予的5000元；于2012年5月至2013年年初收受柳南区新云村委送予的10万元。（详情略）

【案件焦点】

国家新规定的出台是否属于介入因素，能否阻断渎职罪的因果关系；新旧法律交替期间刑法如何适用。

【法院裁判要旨】

广西壮族自治区柳州市柳南区人民法院经审理认为：因无法判定柳南区征地办预付的700万元中有证和无证部分的补偿数额，无法确定损失数额，指控李庆某犯滥用职权罪证据不足；李庆某构成受贿罪，系自首、全部退赃，对其减轻处罚。

广西壮族自治区柳州市柳南区人民法院依照《中华人民共和国刑法》第三百八十五条第一款、第三百八十六条、第三百八十三条第一款第（一）项、第六十四条、第六十七条第一款之规定，作出如下判决：

一、被告人李庆某犯受贿罪，判处有期徒刑六年；

二、暂扣在柳州市柳南区人民检察院被告人李庆某退出的人民币十万元，其中九万九千九百五十元系被告人李庆某犯罪所得，予以没收，上缴国库；余款人民币五十元发还被告人李庆某。

广西壮族自治区柳州市柳南区人民检察院抗诉认为，李庆某明知甲公司违法用地、建设，且该地块属于控制性规划用地区域，仍违规出具与事实不符的意见，误导后续审核部门决策，致政府批准了甲公司农业产业结构调整；其行为和政府预付700万元拆迁补偿款之间具有直接因果关系，构成滥用职权罪。柳州市人民检察院支持抗诉，建议二审法院结合《中华人民共和国刑法修正案（九）》依法裁判。

李庆某上诉称原判量刑过重，对不构成滥用职权罪无异议。

广西壮族自治区柳州市中级人民法院经审理认为：涉案地块依新规重新申请农业产业结构调整时审批权已不在国土部门，李庆某职务业已调整不具有职权；柳南区征地办预付给乙公司的700万元和李庆某的行为之间不具有刑法上的因果关系，其不构成滥用职权罪。李庆某系自首、全部退赃。鉴于二审期间《中华人民共和国刑法修正案（九）》《最高人民法院、最高人民检察院关于办理贪污贿赂刑事案件适用法律若干问题的解释》颁布实施，对李庆某受贿罪的量刑予以改判。

广西壮族自治区柳州市中级人民法院依照《中华人民共和国刑事诉讼法》第二百二十五条第一款第（二）项，《中华人民共和国刑法》第三百八十五条第一款、第三百八十六条、第三百八十三条第一款第（一）项、第六十七条第一款、第五十二条、第五十三条、第六十一条、第六十四条、第十二条，《最高人民法院、最高人民检察院关于办理贪污贿赂刑事案件适用法律若干问题的解释》第一条第一款、第十三条第一款、第十八条、第十九条，《最高人民法院、最高人民检察院关于适用刑事司法解释时间效力问题的规定》第三条之规定，作出如下判决：

一、维持广西壮族自治区柳州市柳南区人民法院（2014）南刑初字第332号刑事判决第二项；

二、撤销广西壮族自治区柳州市柳南区人民法院（2014）南刑初字第332号刑事判决第一项；

三、上诉人（原审被告人）李庆某犯受贿罪，判处有期徒刑一年十个月，并处罚金人民币十万元。

【法官后语】

本案处理的重点在于介入因素下渎职罪因果关系的认定。通常来说，构成渎职罪需要具备四个要件：行为人具有职责；行为人严重不负责任（滥用职权或者玩忽职守）；存在危害后果（造成重大损失或者情节严重）；严重不负责任和危害后果之间具有因果关系。

具体到本案中，甲公司在第一次申请农业产业结构调整时，依据的是国土资发〔2007〕220号文，审批权在国土部门。此时，被告人李庆某确实具有职责，其实地调查时未如实填写涉案地块地上附着物的情况也是事实。时过半年之后，甲公司依据国土资发〔2010〕155号文再次申请农业产业结构调整。该文将审批权调整到县级人民政府，国土部门不具有审批权。所以，从本案因果关系上判断：其一，李庆某签署意见的涉案地块第一次申请并未获批复同意；其二，新规定下发后，审批权做出改变，李庆某也调任其他岗位，甲公司依新规定再次申请时，相关部门并未组织人员重新实地调查，而是直接使用李庆某半年前做出的调查结论；其三，自2010年9月30日因违建被查处至2013年1月31日柳南区征地办预付乙公司700万元长达两年多的时间，历经行政处罚、行政复议、行政诉讼一审和二审，均确认涉案地块上的地上附着物系违建应予拆除，却一直未予拆除；其四，柳南区人民政府、柳南区征地办明知涉案地块上的建筑物均系违建，依法应予拆除，柳州市人民政府会议纪要对乙养殖场拆迁补偿问题亦明确要求“若有违章建筑必须依法拆除”，却仍预付乙公司部分补偿款。上述多种介入因素完全割裂了李庆某实地调查并签署意见行为和柳南区征地办预付700万元给乙公司之间的因果关系。

综上，李庆某不构成滥用职权罪。

值得注意的是，本案二审审理期间，《刑法修正案（九）》《最高人民法院、最高人民检察院关于办理贪污贿赂刑事案件适用法律若干问题的解释》出台实施，对受贿罪的定罪量刑标准作了重大调整，原判对李庆某的量刑过重，应适用从旧兼从轻原则依法对李庆某的量刑予以改判。

编写人：广西壮族自治区柳州市中级人民法院　孙涛

9

刑法意义上的偶然因果关系对定罪量刑的考量

——陈某某玩忽职守案

【案件基本信息】

1. 裁判书字号

广东省云浮市云安区人民法院（2016）粤5303刑初31号刑事判决书

2. 案由：玩忽职守罪

【基本案情】

云安县甲精雕石材加工厂先后于2013年3月28日、8月8日、12月9日办理了《国有土地使用证》《建设用地规划许可证》和《建设工程规划许可证》，但未取得《建筑工程施工许可证》。该厂于2013年下半年聘请没有工商营业执照，不具备承包焊接和搭棚相关资质的苏某某（已判刑）负责厂房搭建工程，且在规划外违规加建厂房。被告人陈某某作为云安县（现云浮市云安区）城乡规划局规划监察股负责人，负有依法查处规划区范围内违反行政许可要求的违法建设、对规划区范围内工程建设项目实行批后跟踪监督管理的职责，在开展规划监察工作中，没有及时发现及制止云安县甲精雕石材加工厂违反规划建设厂房的行为。2014年7月6日，苏某某雇请的工人正在甲精雕石材加工厂规划厂房外违规加建厂房时，由于未落实安全生产措施，建筑工人陆某某从工地二楼坠落受伤后死亡。2015年10月12日，侦查机关对本案立案侦查。

另查明，被告人陈某某在侦查机关对其立案侦查前已如实交代了自己的犯罪事实。

被告人陈某某及其辩护人辩称：1. 公诉机关指控被告人陈某某犯玩忽职守罪的主要事实不清，证据不足，其行为不构成玩忽职守罪；2. 即使被告人陈某某的行为存在一定过错，但是属于情节显著轻微，且事故发生的原因是多方面的，被告人陈某某持有的执法证处于过期失效状态，且规划监察股仅有被告人陈某某一人，如此人员编制是导致发生该起事故的一个重要原因，精雕石材加工厂并未依法取得《建筑工程施工许可证》，也是导致事故发生的一个重要原因；3. 被告人属于自动投案，如实交代，依法具有自首情节，且一直表现良好，无犯罪前科。

【案件焦点】

被告人玩忽职守行为与造成的重大损失之间是否存在刑法意义上的因果关系，被告人的行为是否构成犯罪。

【法院裁判要旨】

广东省云浮市云安区人民法院经审理认为：被告人陈某某身为云浮市云安区城乡规划局规划监察股负责人，严重不负责任，不认真履行职责，没有及时发现及制止云安县甲精雕石材加工厂违反规划建设厂房，造成一名施工人员在施工期间坠落死亡的严重后果，其行为已构成玩忽职守罪。公诉机关指控被告人犯罪的事实清楚，罪名成立。

关于辩护人认为被告人陈某某行为不构成玩忽职守罪的意见，经查，有证人证言、被告人的供述、云安县甲精雕石材加工厂建设用地规划许可证、建设工程规划许可证及图照、云浮市云安区城乡规划设计室情况说明、云浮市云安区城乡规划局的陈某某工作证明等证据证实被告人陈某某不认真履行职责，没有及时发现及制止云安县甲精雕厂违反规划建设厂房，且被告人陈某某持有的执法证处于过期失效状态与其履行云浮市云安区城乡规划局规划监察股负责人职责并无必然联系，因此，该意见证据不足，本院不予采纳；辩护人认为发生事故之时，规划监察股仅有被告人一人，而事故的调查报告分析说明事故发生的原因是多方面的，甲精雕石材加工厂并未依法取得《建筑工程施工许可证》，也是导致事故发生的一个重要原因及被告人具有自首情节、过去表现良好、无犯罪前科等意见，经查属实，本院予以采纳。

被告人陈某某在侦查机关对其立案侦查前已如实交代了自己的犯罪事实，属自首。对于自首的犯罪分子，可以从轻或者减轻处罚，其中，犯罪较轻的，可以免除处罚，本案中，被告人陈某某的犯罪情节较轻。经广东省云浮市云安区人民法院审判委员会讨论决定，依照《中华人民共和国刑法》第三百九十七条第一款、第六十七条、第三十七条和《最高人民法院、最高人民检察院关于办理渎职刑事案件适用法律若干问题的解释（一）》第一条第一款的规定，作出如下判决：

被告人陈某某犯玩忽职守罪，免予刑事处罚。

【法官后语】

我国《刑法》没有明确关于因果关系的条款，然而在刑事审判中经常会运用因果关系理论去解决实践中遇到的复杂问题。刑法理论上对因果关系存在必然的因果关系与偶然因果关系争论，但是大体上都承认因果关系是一种引起与被引起的关系，必然的因果关系与偶然因果关系都是刑法上的因果关系。偶然因果关系的基本观点认为危害行为本身并不包含着产生危害结果的根据，但是在其发展过程中，偶然介入其他因素，有介入因素合乎规律地引起危害结果时，危害行为与危害结果之间就是偶然因果关系，介入因素与危害结果之间是必然因果关系。

纵观本案，被告人玩忽职守行为与危害后果之间更趋向于偶然因果关系。本案中被告人怠于行使的职权内容是未依法查处及制止规划区范围内违反规划行政许可要求的违法建设，其行为本身没有包含导致施工人员在施工期间坠落死亡的现实危害性。随着违法建设一直未被查处，介入了没有建筑施工资质而承接厂棚的搭建工程的包工头的行为（未能给施工人员提供符合国家规定的安全生产的条件），继而引发重大劳动安全事故。作为介入因素的包工头的行为与施工人员的死亡之间存在必然因果关系，包工头的行为构成了重大劳动安全事故罪。而被告人玩忽职守的行为与施工人员死亡之间则存在偶然因果关系，这种行为在一定的条件下偶合地造成了危害后果，存在一定的引起作用，应具有刑法意义上的因果关系，被告人玩忽职守的行为具有可罚性，构成玩忽职守罪。但是考虑到本案中发生工人坠楼死亡后果是多方面因素造成的，具有偶然性，且被告人怠于行使职权的现实社会危害性不大，遂对其免予刑事处罚。

编写人：广东省云浮市云安区人民法院　黎志银

10

疏忽大意的过失与间接故意的认定

——徐某某故意杀人案

【案件基本信息】

1. 裁判书字号

内蒙古自治区高级人民法院（2015）内刑三终字第0011号刑事裁定书

2. 案由：故意杀人罪

【基本案情】

被告人徐某某与被害人赵某、李某某案发前互不相识。

2014年9月7日15时40分左右，被告人徐某某驾驶蒙G5××××号公交车在路上行驶时，与骑电动车的被害人李某某、赵某发生争执，在李某某和赵某扒在公交车左前侧车窗外与徐某某争吵时，徐某某继续驾车向前行驶，并于途中驶入站点短暂停车后，既未开启车门上下乘客亦未观察确定被害人位置继续向前行驶，最终导致李某某摔伤，赵某被撞击死亡。案发后，被告人徐某某在有人追赶要求停车的情况下亦未停车，驾驶公交车辆行至科尔沁区公安局院内报治安案件。经鉴定：被害人赵某系被巨大外力作用于头部、胸部、背部造成颅脑严重损伤合并双侧血气胸而死亡。

【案件焦点】

被告人徐某某的行为应认定为过失致人死亡罪，还是故意杀人罪。

【法院裁判要旨】

内蒙古自治区通辽市中级人民法院经审理认为：公诉机关指控被告人徐某某故意杀人的事实和罪名成立。被告人徐某某驾驶公交车行驶期间与被害人赵某、李某某发生争执后，双方均未能理智处理，被告人徐某某明知二被害人扒附车窗存在危险的情况下继续前行，并在短暂停车后，未确认二被害人完全脱离车体的情况下继续行驶，致李某某摔倒，后再次停车，在未进行观察的情况下继续行驶时，将被害人赵某碾压死亡，其行为已触犯刑法，构成故意杀人罪；徐某某对被害人的死伤结果持放任态度，既不积极追求，也不采取措施设法避免，该危害结果的发生并不违背其主观意愿，系间接故意。公诉机关请求依照事实和法律对其定罪处罚的意见成立，予以支持。综上，鉴于本案的起因及案发后被告人悔罪并积极赔偿被害人亲属的经济损失，并得到被害人家属的谅解等情节，对被告人可从轻处罚。故依据《中华人民共和国刑法》第二百三十二条之规定，判决如下：

被告人徐某某犯故意杀人罪，判处有期徒刑十年。

宣判后，被告人徐某某以“其行为不构成故意杀人罪，应以过失致人死亡定罪量刑，其具有自首情节，请求从轻处罚”等为由，提出上诉。

内蒙古自治区高级人民法院经审理认为：其上诉理由和辩护意见均不能成立，不予采纳。内蒙古自治区通辽市中级人民法院根据上诉人徐某某的犯罪事实、情节以及后果所作出的判决，认定事实清楚，证据确实、充分，定罪准确，量刑适当，审判程序合法。依照《中华人民共和国刑事诉讼法》第二百二十五条第一款第（一）项之规定，裁定如下：

驳回上诉，维持原判。

【法官后语】

在本案中，可以看到争议的焦点即在于被告人犯罪时的心理状态。那么对于被告人究竟应当定故意杀人罪还是过失致人死亡罪？需要我们对行为背后的法理进行深入的分析，并结合案件的实际，如此才能得出正确的结论。

在传统刑法理念中，罪过分为故意和过失两种。具体而言，故意又可分为直接故意和间接故意，过失又可分为过于自信过失和疏忽大意过失。刑法上的间接故意是指，已经预见到自己的行为可能发生危害社会的结果，却放任不管、听之任之，导致发生了危害结果。而疏忽大意过失是指，行为人应当预见自己的行为可能发生危害社会的后果，因疏忽大意没有预见，导致发生危害结果。二者的区别可以概括为：（1）危害结果方面上是否预见到了危害结果可能发生，间接故意已经预见可能发生危害结果，而疏忽大意过失客观上没有预见。（2）主观方面上对危害结果发生的不同态度，间接故意的意志因素是放任，不希望但也不反对，也即发生与否均无所谓；而疏忽大意过失的意志因素是排斥，也即反对、不希望危害结果的发生。(3)间接故意反映出的是对合法权益的积极蔑视态度，疏忽大意过失反映的是对合法权益的消极未能保护的状态。

从争执过程看，被告人徐某某驾驶公交车在路上行驶时，与骑电动车的被害人李某某、赵某，因差点发生剐蹭而发生争执，李某某和赵某扒在公交车左前侧车窗外与徐某某争吵时，徐某某驾车向前行驶。说明被告人徐某某是在明知二被害人扒附车窗存在危险的情况下，不管不顾继续前行。在主观方面对于二被害人扒附公交车窗行为的危害结果，已经预见；但是，没有理智处理，更没有采取任何的安全措施，而是直接驾驶车辆前行，对二被害人可能发生的危害结果听之任之，采取放任的态度。

从致命情节看，被害人赵某是被碾压死亡的，被告人徐某某明知二被害人扒附车窗存在危险的情况下继续前行，并在短暂停车后，未确认二被害人完全脱离车体的情况下继续行驶，致李某某摔倒，后再次停车，在未进行观察的情况下继续行驶。如此主观目的，说明被告人已经充分认识到了二被害人扒附车窗等行为，可能造成伤亡后果，但其为了追求让对方停止争执的目的，而不计较、不阻止此后果的发生，断然实施继续驾车行驶的行为，从此情节可以推断佐证其主观上“追求让对方停止争执的目的结果而放任对方可能被摔伤碾死的危害结果发生”，故其符合间接故意心态。

从事后救助过程看，被告人徐某某作为一名大型客运车辆的驾驶员，知晓大型车辆的运行规则与物理特征，明知会对被害人的生命造成威胁，却在被害人拖、挂在车上而数次驱动驾驶车辆行进，短暂停车再次行进之时未观察留意二被害人的位置及状态，最终造成二被害人一死一伤的严重后果，徐某某未采取救助措施。在面临被害人随时可能死亡的危急情况下，被告人应努力尝试别的方法，但被告人没能做出任何努力；其间，被告人徐某某虽将公交车开至公安机关，但根据自己的表述是怕挨打，当时亦不知将人致死，系报案而非投案自首，如此也进一步彰显其放任被害人死亡的主观心态。

编写人：内蒙古自治区通辽市中级人民法院　吕东

11

互相斗殴中正当防卫的认定

——孙建某等故意伤害、寻衅滋事案

【案件基本信息】

1. 裁判书字号

江西省安远县人民法院（2016）赣0726刑初4号刑事判决书

2. 案由：故意伤害罪、寻衅滋事罪

【基本案情】

1. 2014年9月26日20时许，被告人孙建某伙同唐观某（另案处理）、外号叫“猪肝”“阿梁”（均在查）的人一起窜至赣州市章贡区水南镇赞贤路某整形医院三楼的一间病房内，找到被害人杜晓某对其进行殴打，被告人孙建某用水果刀将被害人杜晓某捅伤后，四人逃离现场。经鉴定：被害人杜晓某的伤情为轻伤二级。

2. 2015年6月11日21时许，被告人欧阳荣某、李江某、陈龙某、何某（在逃）、郑益某（在逃）等人前往安远县某广场KTV唱歌，在次日凌晨0时许准备结账时，何某看不惯安保人员孙建某，于是与同伙上前对孙建某拳打脚踢，孙建某用匕首将何某捅伤，随后何某被送往安远县人民医院接受治疗。被告人李江某、欧阳荣某一方不服气，由被告人李江某将事先放置在KTV大门口的刀具拿至KTV大厅，被告人李江某、欧阳荣某、郑益某（在逃）手持长刀将被害人孙建某逼至收银台里面，先由李江某、郑益某用砍刀砍孙建某，被告人欧阳荣某用刀砍砸KTV内的电脑、消防系统、验钞机等物品，随后被告人李江某、欧阳荣某、陈龙某、郑益某等人围砍孙建某，将其砍倒在地，并将楼道内的盆景、水表等物品损坏之后逃离现场。经鉴定：何某的伤情为重伤二级，孙建某的伤情为轻伤二级，被损害的物品价值为8933元人民币。另查明，晚上10点左右，同案人郑益某告知李江某今晚可能打架，要其去拿砍刀等，放在某广场一楼的花坛里。孙建某同伙当时手持关公刀站在大厅门口，并未动手。

3. 2015年6月14日15时许，被告人陈家某、陈培某伙同唐某、钟某、陈某、欧阳慧某（均在逃）等人因孙建某被李江某等人砍伤不服气，于是欲找欧阳荣某、郑益某、李江某等人报复。随即被告人陈家某、陈培某、唐某、钟某、陈某、欧阳慧某六人驾驶一辆面包车到车头圩马路旁蹲守，看到李江某坐他人摩托车经过，被告人陈家某、陈培某等人驾驶面包车在车头镇敬老院门口追上李江某的摩托车并将其逼停，车上六人便手持刀具、铁棍将被害人李江某砍伤。经鉴定：李江某的伤情为重伤二级。

公安人员分别将陈家某、李江某、孙建某、陈培某、欧阳荣某抓获。陈龙某在民警规劝下自动投案。

【案件焦点】

互相斗殴中正当防卫的认定。

【法院裁判要旨】

江西省安远县人民法院经审理认为：被告人孙建某故意伤害他人身体，致一人轻伤，一人重伤，陈家某、陈培某故意伤害他人身体，致人重伤，被告人孙建某、陈家某、陈培某的行为均已构成故意伤害罪；被告人李江某、欧阳荣某、陈龙某随意殴打他人、任意损毁他人财物，情节恶劣，其行为均已构成寻衅滋事罪。

江西省安远县人民法院判决：

一、被告人孙建某犯故意伤害罪，判处有期徒刑三年六个月；

二、被告人陈家某犯故意伤害罪，判处有期徒刑三年；

三、被告人陈培某犯故意伤害罪，判处有期徒刑三年；

四、被告人李江某犯寻衅滋事罪，判处有期徒刑一年六个月；

五、被告人欧阳荣某犯寻衅滋事罪，判处有期徒刑一年六个月；

六、被告人陈龙某犯寻衅滋事罪，判处有期徒刑一年四个月；

七、附带民事诉讼原告人杜晓某经济损失271元，由被告人孙建某赔偿50%计人民币135.5元，并于本判决生效后10日内付清；

八、驳回附带民事诉讼原告人杜晓某的其他诉讼请求。

【法官后语】

本案的争议焦点是孙建某在第二起案件中用匕首捅伤何某的行为是否构成正当防卫。对此，有两种不同意见：第一种意见认为，何某与孙建某素有恩怨，碰见孙建某后，与同伙对孙建某拳打脚踢，孙建某出于自卫才用匕首捅伤何某，构成正当防卫。第二种意见认为，被告人孙建某用匕首捅伤何某致其重伤，对其行为的后果有间接上的故意，而且发生在双方具有打架斗殴的具体情境中，不能认定孙建某的反击行为为正当防卫，应认定为故意伤害罪。

本案审理采纳的是第二种意见。具体分析如下：

1. 成立正当防卫的构成要件

正当防卫是大陆法系刑法上的一种概念，是指从国家、公共利益、本人或者他人的人身、财产和其他权利利益出发，在面对正在进行中的不法侵害，采取的制止不法侵害的行为，对不法侵害人造成损害而不负刑事责任的法律概念。我国《刑法》第二十条按学术界的五要件通说对正当防卫作出了较为具体的规定，对正当防卫所针对的对象、发生的起因、主观条件及时间和正当防卫的限度问题作出了相应的限制。(1) 正当防卫的对象条件要求正当防卫针对不法侵害者本人实施。二者也是正当防卫与紧急避险区别的关键点之一。如果对不法侵害以外的第三人进行防卫，不仅不能达到制止不法侵害，保护合法权益的目的，反而可能产生新的不法侵害。(2) 正当防卫发生的起因必须有不法侵害行为发生。不法侵害行为必须是真实存在的，而不是假想的，同时也只有对人的侵害行为才能实施正当防卫。(3) 防卫的时间条件限制。只有当不法侵害行为正在进行才可防卫。“正在进行”指侵害已经开始，尚未结束，即侵害的紧迫性、现实性。(4) 正当防卫的主观条件要求防卫人必须出于防卫意图而实施防卫行为。所谓防卫意图包括防卫认识和防卫目的。对不法侵害的现实性、紧迫性及防卫手段、防卫强度的认识且是为了制止不法侵害行为。(5) 防卫的限度条件。正当防卫的限度条件要求实施正当防卫时不能明显超过必要限度造成重大损害。根据《刑法》第二十条规定，正当防卫明显超过必要限度造成重大损害的，是防卫过当。

孙建某在本案中是否构成正当防卫应具体分析，孙建某在某广场 KTV 当保安，负责 KTV 的安全保卫工作。与其有矛盾的何某等一伙人在该 KTV 唱完歌准备结账时，对孙建某拳打脚踢，孙建某遂用匕首将何某捅伤。孙建某所采取的措施是否符合构成正当防卫的五要素，关键在于孙建某在主观上是否具有防卫意图。何某等人与孙建某是否是意外“相遇”引发矛盾，从本案中李江某的供述中证实，双方人员已意识到今晚会发生打架事件，并为此提前准备了砍刀等工具放在某广场一楼的花坛里。欧阳荣某与陈龙某的供述中证实，孙建某一伙人也都手持关公刀站在大厅门口。充分说明两方人员对当晚的事件早有准备，何某等先动手对孙建某进行殴打与孙建某后动手的反击均是相互斗殴，相互默认他人的殴打行为，双方人员的打斗行为符合“约架”“斗殴”的特征。双方的行为在客观上都不是制止不法侵害、保护法益的行为，孙建某的反击行为在主观上并非为了保护自己的人身权益，而是斗殴中对他人的侵害行为。

2. 互相斗殴中正当防卫的认定情形

互相斗殴与正当防卫在外在上具有相似性，均表现为对不法侵害行为主体的“侵害”，在司法实务中一般偏向于因起因不合法、起因有责、防卫目的缺失或者反击造成他人伤亡的原因，而否定行为的防卫性质。因司法实务对斗殴中的正当防卫难以认定，对有些民事纠纷引发的斗殴行为，特别是在反击一方没有受伤或伤情较轻时，径直认定为故意伤害往往让民众难以接受，甚至引发舆论。那么在互相斗殴中如何认定反击行为才能达到法律效果和社会效果的统一?

第一，对于约定斗殴，原则上不成立正当防卫。因为在约定或者默认斗殴的场合，双方行为人不仅对相互攻击的现实性有明确的认识，且积极参与其中，并试图伤害对方，即有加害的积极意思。即使从某个特定的瞬间来看，二者的行为似乎是有防卫的特性，貌似是防卫的目的，但纵观全局，都只是积极攻击的手段。第二起案件双方虽未明说约定斗殴，但从全局看，双方人员有宿怨，均是有备而来，均准备了刀具，对当晚的冲突是有认知的。客观来说，也难以认定行为人有防卫认识。所以，一般来说，只要是相约斗殴，不论主观上有怎样的认识，也不论事实上是谁先动的手，都不能以防卫来论处。

第二，对于突发斗殴，由于这种类型的斗殴具有临时起意的因素，往往是存在恩怨的双方偶遇之后引发的，双方事前并未约定，在这种情形下能否认定为正当防卫，应根据行为时具体的客观情况来判断。如果双方都有强烈的侵害意思，应和约定斗殴的情况同等对待，而不论哪一方先动手，均不能认定为正当防卫。突发斗殴的关键在于斗殴之前就产生了斗殴心理。只有双方事先产生斗殴意图才可认定相互斗殴。如果在强烈的不法侵害发生的瞬间产生的攻击意思则不能完全排除存在正当防卫的可能性，因为制止“暴力”最快捷的方式是“暴力”。而在第二起案件，双方人员有宿怨，均是有备而来，均提前准备了刀具，双方在冲突的发生之前是有认知的即存在侵害的意思，在主观上难以认定具有防卫意图。客观来说孙建某针对何某等人的拳打脚踢用匕首捅伤何某的行为，是斗殴行为的组成部分，不可割裂开来看待。孙建某同伙均手持刀具在旁边（未动手），足以说明斗殴之前孙建某产生了斗殴的意思。

第三，在互相斗殴中可认定为正当防卫的情形。如果斗殴中一方主动或者被动地放弃了斗殴行为，如有逃跑、求饶等行为，但对方仍然穷追猛打，并不停止自己的攻击行为，那么放弃斗殴的一方就可根据其正面临的不法侵害的现实性、紧迫性，并对这一现状有所认识，此时就具有防卫的可能性。

司法实践中，正当防卫的适用具有严格的要求，尤其是在互相斗殴中，必须符合正当防卫的五个构成要素，同时还应考虑行为发生的具体情景。在主观上，何某等人已决定当晚报复孙建某，而孙建某也意识到何某等仇家可能来寻仇，从双方均备有刀具可推断，无论是何某先动手还是孙建某先动手，均不能认定为防卫，也不影响故意伤害罪的认定。

编写人：江西省安远县人民法院　唐玉梅

12

刑事责任能力的判断

——梅杰灵抢劫案

【案件基本信息】

1. 裁判书字号

北京市高级人民法院（2016）京刑终38号刑事判决书

2. 案由：抢劫罪

【基本案情】

2015年3月16日18时50分许，被告人梅杰灵携带仿真手枪、约束带等作案工具，到北京市东城区王府井某表店，使用仿真手枪胁迫店员肖某，劫取手表11只（价值人民币319.5万元），并用约束带将肖某双手捆绑后逃离表店。在逃跑过程中，梅杰灵欲劫取一辆客车作为逃跑工具未果，但将5只被抢手表遗落在该车上，后梅杰灵丢弃作案时所穿上衣、帽子及作案工具，乘坐出租车继续逃跑。当日19时30分许，梅杰灵在北京市东城区金宝街与东二环辅路交叉路口被设卡民警查获归案，当场起获被抢手表6只。

辩护人提出被告人可能患有“急性短暂性精神障碍”。

【案件焦点】

梅杰灵作案时是否患有“急性短暂性精神障碍”。

【法院裁判要旨】

北京市第二中级人民法院经审理认为：认定梅杰灵有刑事责任能力的鉴定意见程序合法、论证合理、结果客观准确，应予采信，具体理由如下：（1）司法鉴定机构及参与本次鉴定的三名鉴定人员均具备法定资质，鉴定项目及鉴定专业包含法医精神病鉴定；鉴定意见书形式要件完备；鉴定意见明确。另，鉴定资料卷宗中有梅杰灵家属于2015年4月3日提供的梅杰灵父、兄医疗材料。（2）鉴定意见与在案其他证据不矛盾。在案证据证明，梅杰灵提前准备犯罪工具，作案前先行确定表店情况后再次返回作案，作案过程中戴口罩掩饰容貌、言语威胁店员，逃跑过程中丢弃作案时所穿衣帽，这些表现反映梅杰灵在作案时具有清晰的辨认、判断自己行为性质的能力，对自己实施的行为能够自由控制。2015年3月16日，梅杰灵被抓获后，多次向办案民警询问其可能会承担的法律后果，表明梅杰灵明知其行为具有危害社会的结果。（3）梅杰灵在交通违法行政处罚决定书上按手印的情况，2015年3月19日接受讯问的录音录像均不能证明梅杰灵的行为明显异于常人。故辩护人所提梅杰灵行为异常，可能患有“急性短暂性精神障碍”的意见没有合法依据，申请重新鉴定的理由不足。

被告人梅杰灵以暴力、胁迫方法抢劫财物，其行为已构成抢劫罪，依法应予惩处。依照《中华人民共和国刑法》第六条第一款、第二百六十三条第（四）项、第六十七条第三款、第五十二条、第五十三条、第六十一条、第六十四条，《最高人民法院关于审理抢劫案件具体应用法律若干问题的解释》第四条及《最高人民法院、最高人民检察院关于办理盗窃刑事案件适用法律若干问题的解释》第一条第一款、第二款之规定，作出如下判决：

一、被告人梅杰灵犯抢劫罪，判处有期徒刑十二年，并处罚金人民币二万四千元。

二、扣押在北京市公安局东城分局的物品由该机关依法处理。

梅杰灵不服一审判决提出上诉，北京市高级人民法院经审理裁定：

驳回上诉，维持原判。

【法官后语】

目前司法实践中，在鉴定人员作出行为人有责任能力的结论后，且能确定司法鉴定行为完全合法的前提下，法院直接采纳司法鉴定意见，作为定案根据。本案中，合议庭经慎重研究，认为鉴定机构、人员资质、鉴定过程等均符合相关规定，辩护人所提交材料均被鉴定机构所考虑，在证据上已足以认定行为人有责任能力。为提高判决书的说理性和司法公信力，合议庭针对辩护人所提行为人的异常表现，结合其他证据，展示行为人作案的全过程中所表现出的对自己行为性质的辨认和控制能力，以及案发后在被讯问过程中表现出对自己行为法律后果的担心，达到了提高判决书对一般民众说服力的效果。

基本推理模式有演绎和归纳两种，司法的基本推理过程是三段论式的演绎推理，即从法律的大前提、事实的小前提中得出行为人应当承担的法律后果，但事实的得出则主要靠归纳法。如果说对于法律规定的解释、阐发具有一定的学理性和抽象性，那么对于事实的归纳和认定一定需要足够的具体化和生动性，比如本案中对行为人被查获后第一次讯问的录音录像中表现出的语言能力、对自己行为后果的担忧等等细节是具有说服力的。日常生活中的事实是多种多样的，法院通过归纳认定的事实是高度抽象和要素化的，要得到一般民众的认可，需要将归纳推理的过程充分展示在判决书中。

编写人：北京市第二中级人民法院　刘波

（二）犯罪的预备、未遂和中止

13

犯罪预备与犯罪未遂的认定

——张树超生产假药案

【案件基本信息】

1. 裁判书字号

天津市第一中级人民法院（2017）津01刑终83号刑事判决书

2. 案由：生产假药罪

【基本案情】

2016年3月初，被告人张树超租用天津市北辰区某小区6号楼4门52号地下室及该小区11号楼3门30号地下室，将其收购的“波立维”“立普妥”“诺和灵30R笔芯”“诺和锐30笔芯”“博路定”等药品的药板、药盒、说明书进行加工包装，从事假药生产。2016年4月14日公安机关从生产现场将张树超抓获，并当场查获假冒的“波立维（硫酸氢氯吡格雷片）”成品药80盒（每盒1板）、药板8250板、空药盒2100个、说明书1800张，经鉴定“波立维”每板价值120元；“立普妥（阿托伐他汀钙片）”成品药938盒（每盒1板）、药板4100板、空药盒2400个、说明书4500张，经鉴定“立普妥”每板价值61.5元；“诺和灵30R笔芯（精蛋白生物合成人胰岛素注射液）”成品230盒（每盒1支），经鉴定每支价值61.5元；“诺和锐30笔芯（门冬胰岛素30注射液）”成品50盒（每盒1支），经鉴定每支价值85元；“博路定（恩替卡韦片）”成品140盒，经鉴定每板价值240元。综上，从现场查获假药价值共计1361432元。

【案件焦点】

1. 被告人的行为应构成生产假药罪、销售假药罪还是生产、销售假药罪；2. 张树超的行为属于犯罪预备还是犯罪未遂；3. 涉案假药的价值应如何认定。

【法院裁判要旨】

天津市北辰区人民法院经审理认为：被告人张树超为牟取非法利益，违反国家药品管理法规生产假药，具有其他特别严重情节的行为，已构成生产假药罪。公诉机关指控被告人张树超犯生产假药罪，罪名成立，量刑建议适当，本院予以支持。鉴于公安机关查获的大部分药品均未生产完成，系犯罪未遂，被告人张树超当庭自愿认罪，故依法对其从轻处罚。辩护人提出被告人张树超不属于具有其他特别严重情节的辩护意见，经查，根据《最高人民法院、最高人民检察院关于办理危害药品安全刑事案件适用法律若干问题的解释》第四条第（六）项的规定："生产、销售金额五十万元以上的，应当认定为刑法第一百四十一条规定的'其他特别严重情节'"，故对辩护人的该项辩护意见，本院不予采纳。

辩护人提出的其他从轻处罚的辩护意见，符合相关法律规定，本院予以采纳。

天津市北辰区人民法院依照《中华人民共和国刑法》第一百四十一条、第二十三条，《最高人民法院、最高人民检察院关于办理危害药品安全刑事案件适用法律若干问题的解释》第四条第（六）项、第六条第一款第（二）项、第十二条、第十五条之规定，作出如下判决：

被告人张树超犯生产假药罪，判处有期徒刑十年，并处罚金280万元。

张树超不服提起上诉。天津市第一中级人民法院经审理认为：1. 关于上诉人张树超所提其没有生产假药，其是销售假药，属于犯罪预备的上诉理由及其辩护人所提原判认定张树超构成生产假药罪定罪不当的辩护意见。经查，证人证言、天津市北辰区市场和质量监督管理局关于协查涉案药品复函及相关附件、现场勘查笔录、照片以及张树超的供述等证据证实，张树超收购的"波立维""立普妥""诺和灵30R笔芯""诺和锐30笔芯""博路定"均为假药。其购买上述药品的药盒、药板和说明书后，再进行加工包装的行为，属于生产过程中的一个环节，其行为符合生产假药的法律规定，原判定罪准确。鉴于公安机关在张树超租住房屋内查获的假药中，大部分药品尚未包装完成，原判认定张树超的行为属于犯罪未遂，于法有据。故对张树超及辩护人的意见不予采纳。2. 关于上诉人张树超所提原判估价过高的上诉理由以及辩护人所提鉴定部门按照真药的价格鉴定假药的价值没有法律依据的辩护意见。经查，在案证据证实，张树超生产的假药尚未标价，且未售出，不存在实际销售价格，鉴定部门在此情况下对涉案药品作出价格鉴定符合法律规定，原审法院依据鉴定部门出具的鉴定意见认定张树超的犯罪数额亦无不当。

天津市第一中级人民法院依照《中华人民共和国刑事诉讼法》第二百二十五条第一款第（一）项之规定，作出如下裁定：

驳回上诉，维持原判。

【法官后语】

1. 被告人的行为应构成生产假药罪、销售假药罪还是生产、销售假药罪

“生产、销售假药罪”是指生产者、销售者违反国家药品管理法规生产、销售假药，足以危害人体健康的行为。本罪的侵犯客体是复杂客体，既侵犯了国家对药品的管理制度，又侵犯了不特定多数人的身体健康权利。主观方面表现为故意，一般是出于营利的目的，但是否出于营利并不影响本罪的成立，“生产假药”只要行为人有意制造假药，即意识到假药足以危害人体健康而对此持希望或放任的态度；而“销售假药”只要行为人具有明知是假药而售卖的心理状态即可。在客观方面，“生产”是指对物的创造过程，具体到生产假药中的“生产”是指：“（一）合成、精制、提取、储存、加工炮制药品原料的行为；（二）将药品原料、辅料、包装材料制成成品过程中，进行配料、混合、制剂、储存、包装的行为；（三）印制包装材料、标签、说明书的行为。”[①]“销售”则是指有偿提供，将物品出售给他人以换取对价的行为。“生产、销售假药罪”为选择性罪名，行为人触犯《刑法》第一百四十一条，可能构成“生产、销售假药罪”“生产假药罪”“销售假药罪”三个罪名。

本案中，被告人张树超从他处预先购进药板、药盒、说明书，按照一药板、一药盒、一说明书的组合，用热风枪、塑料薄膜封口机等工具进行封装，再将封装好的假药按照一定数量装箱，从而完成成品假药的制作流程。从形式上看，虽然张树超行为的最终目的是用生产完成的假药换取对价，牟得非法利益，看似更符合“销

---

① 《最高人民法院、最高人民检察院关于办理危害药品安全刑事案件适用法律若干问题的解释》第六条。

售”行为，但综合全案案情，张树超的上述行为应更侧重于“生产”。原因在于：

第一，根据《刑法》及相关司法解释的规定，对假药的生产并不仅仅局限于单一的药品制造，对药品等原材料的包装行为同样属于生产过程中的一个重要环节。张树超购进的原材料均为散装，不是一个观念上的药品成品，尚不具备对药品消费者、使用者的欺骗可能性，故亦不具备在市场渠道中的销售可能性。张树超通过自己的包装行为，将假药原材料（包含药板、包装盒、说明书）对应组合，再使用犯罪工具塑封，使“假药”具备了以假乱真的外包装，具备了可销售性，足以误导药品的可能消费者及使用者，产生危害人体健康的后果，假药一旦流入市场，会侵害国家药品的管理秩序，形成社会危害。

第二，公安机关从犯罪现场查获、扣押的大部分物品均为尚未包装完成的原材料，未发现张树超进行药品销售的账簿、对账单等可能印证其销售行为的书证，现有证据仅能证实张树超存在生产行为，是否对外销售、以何种形式销售及销售所获非法利益的数额均无法认定。虽然被告人在侦查阶段的供述及庭审中均辩解称其制作的药品会以略低于市场价值的价格出卖给他人，但鉴于卷内并无相关证据予以佐证，根据《刑事诉讼法》第五十三条规定，只有被告人供述，没有其他证据的，不能认定被告人有罪和处以刑罚。合议庭评议后认为，本着存疑有利于被告人的刑事诉讼精神，本案不符合“生产、销售假药罪”或“销售假药罪”的犯罪构成，应以公诉机关起诉书中认定的生产假药罪进行定罪。

2. 张树超的行为构成犯罪预备还是犯罪未遂

对于侦查机关在犯罪现场查获的假药半成品（药板、药盒、说明书），合议庭在评议其犯罪形态是犯罪预备还是犯罪未遂的问题上，产生了两种观点：第一种观点是认为张树超为生产假药准备原材料，属于为犯罪准备工具、制造条件，应认定为犯罪预备。理由如下：根据侦查卷内的现场勘验、检查笔录，现场照片等证据可以证实，侦查机关当场查获、扣押的药板、药盒、说明书等原材料，均是堆放在室内的角落等地，并没有全部放置在生产假药的设备旁边，不能证明此时被告人已经着手将这些原材料用于实施生产假药的行为，没有对法益（即本罪保护的双重客体）造成现实而紧迫的威胁，应系被告人为生产假药的行为所制造的准备条件。第二种观点是认为张树超已经开始使用相关犯罪工具实施包装假药的行为，属着手实施犯罪，鉴于大部分药品因意志以外的原因尚未包装完成，应认定为犯罪未遂。笔者同意第二种意见，理由如下：

区分犯罪预备与犯罪未遂关键点在于行为人是否已经着手实施犯罪行为。犯罪预备终结于预备阶段，即事实上未能着手实行犯罪，如果已经着手实行了犯罪，就不可能是犯罪预备。① 着手不仅标志着犯罪行为进入实行阶段，而且是划定未遂犯处罚时期的标志，着手即标志着预备阶段已经结束。只有当行为产生了侵害法益的具体危险状态时，才是实行行为的着手。② 张树超为生产假药购入药板、药盒等原材料，仅通过简单的包装行为，即可完成假药成品的制作，药品即能流入市场，其行为已经使侵害法益（国家药品管理秩序）的危险达到了紧迫的程度，应当认定为已经着手实施犯罪行为。

公安机关从现场查获了部分已经包装完成的假药，那么该部分理应认定为既遂部分。既然已经存在既遂部分，从犯罪形态来讲，一个案件事实就不可能同时存在犯罪预备与犯罪既遂，所以对全案认定为犯罪预备显然欠妥。对于尚未包装完成的假药与已经包装完成的假药则应按照未遂部分与既遂部分进行区分。同时参照诈骗犯罪，根据《关于办理诈骗刑事案件具体应用法律若干问题的解释》第六条规定，“诈骗既有既遂，又有未遂，分别达到不同量刑幅度的，依照处罚较重的规定处罚；达到同一量刑幅度的，以诈骗罪既遂处罚。”本案中查获成品药（既遂部分）数量较少，大部分均是未包装完成的半成品（未遂部分），且未遂部分药品价值已达到“具备其他特别严重情节”，未遂部分量刑重于既遂部分，故全案应依据犯罪未遂进行量刑。

3. 涉案假药的价值应如何认定

数额犯，依照刑法学界的通说，是我国刑法中以一定的数额作为犯罪构成要件的一种犯罪形式。③ 我国刑法中的数额犯广泛存在于经济类犯罪和财产类犯罪中，根据《刑法》第一百四十一条及《最高人民法院、最高人民检察院关于办理危害药品安全刑事案件适用法律若干问题的解释》第三条、第四条的规定，生产、销售假药的价值达到一定的金额，对应着本罪所规定的“其他严重情节”“其他特别严重情节”等量刑升格情节。本案中，生产假药的金额或者说所生产假药的价值的认

---

① 张明楷：《刑法学》（第三版），法律出版社2007年版，第280~281页。

② 张明楷：《刑法学》（第三版），法律出版社2007年版，第286页。

③ 陈兴良：《刑法哲学》，中国政法大学出版社2004年版，第605页。

定对于行为人的量刑具有重要影响，即是否能够认定行为人具有法律及司法解释规定的“其他特别严重情节”。

一审庭审时，张树超的辩护人提出公诉机关依据价格鉴定结论书认定药品价值有误，被告人所制造出的假药本身不具备任何使用价值及经济价值，不应比照真药的价格对假药价值进行认定。针对上述辩护意见，合议庭认为，如果依照辩护人观点，假药不具备任何价值，行为人的犯罪数额就应该为零或药盒、药板的成本价格，那么此种生产经营类犯罪的案值则均无法认定，《刑法》设置该条款就显得没有意义，与立法本意明显是不符的。另外，从商品的属性来讲，假药的确不具备使用价值，但张树超在对假药进行包装后，使假药就具备了以假乱真的能力，同时根据张树超供述，其是比照略低于真药的价格进行转卖。根据现行司法解释规定：“生产、销售金额”是指生产、销售假药、劣药所得和可得的全部违法收入。① 假药流入市场，消费者是按照真药价格对假药支付对价，无论从刑法学原理、刑事实务中的操作标准，还是从严肃药品管理秩序、从严打击药品类犯罪的立法精神来看，均应比照真药价格对本案案值进行认定。

编写人：天津市北辰区人民法院　王伟轩

14

非法经营的烟草专卖制品尚未出售是否构成犯罪既遂

——李鹏辉非法经营案

【案件基本信息】

1. 裁判书字号

云南省昆明市中级人民法院（2016）云01刑终173号刑事裁定书

2. 案由：非法经营罪

① 《最高人民法院、最高人民检察院关于办理危害药品安全刑事案件适用法律若干问题的解释》第十五条。

【基本案情】

2015年5月中旬，被告人李鹏辉在无烟草专卖批发企业许可证、特种烟草专卖经营企业许可证、烟草专卖零售许可证及烟草专卖品准运证等特许经营证照的情况下，从深圳订购专供出口的卷烟准备在云南省安宁市销售。同年5月17日下午，被告人李鹏辉到云南省昆明市官渡区珥季路中营大发物流城接货时，被安宁市烟草专卖局工作人员查获，当场查获被告人李鹏辉订购的专供出口的卷烟，经检验，被查获的615条卷烟为真品卷烟；经鉴定，上述卷烟价值人民币155100元。

公诉机关认为被告人李鹏辉违反国家烟草专卖法律的规定，在无证且未经许可的情况下非法经营烟草专卖制品，情节特别严重，其行为已构成非法经营罪，建议对其判处有期徒刑五年至六年，并处罚金。被告人李鹏辉辩称，非法经营的卷烟数量应为被查获的540条，另外75条系自己案发前一天在路边向一位老人家购买；被告人李鹏辉的辩护人认为本案属犯罪未遂。

【案件焦点】

非法经营的烟草专卖制品在运输、存储期间即被查获，尚未出售，是否构成非法经营罪的犯罪既遂。

【法院裁判要旨】

云南省安宁市人民法院经审理认为：非法经营罪是违反国家规定，非法经营、扰乱市场秩序，情节严重的行为。本案被告人李鹏辉违反国家规定，未经许可经营法律、行政法规规定的专营、专卖物品，非法经营数额达人民币155100元，其行为扰乱了市场秩序，情节严重，已构成非法经营罪，应依法惩处。公诉机关指控的第一起犯罪事实清楚，证据确实、充分，罪名成立。对于公诉机关指控的被告人李鹏辉通过微信销售大量专供出口的软珍云烟及其他卷烟给彭某的非法经营行为，公诉机关出示的证据中，仅有彭某的证言及被告人李鹏辉与彭某之间的银行走账款记录，证据未能形成证据锁链，不符合证据确实、充分，结论具有唯一性、排他性的证明标准，故对第二起指控事实，本院不予确认。

对于辩护人所提在第一起犯罪中，被告人李鹏辉的行为属于犯罪未遂的辩护意见，本院认为，认定非法经营烟草专卖品的行为属于何种犯罪形态，应从非法经营罪的犯罪构成来分析。从本罪的客观方面来看，经营行为是一种复合行为，包括了生产环节以及流通环节的收购、储存、运输、包装、批发、零售等一系列活动，行为人只要无相关特许经营证照而实施了上述任一行为，即是对卷烟市场秩序和国家烟草专卖制度的扰乱和侵害，即构成本罪的既遂。本案中，被告人李鹏辉向深圳订购的540条卷烟以及其辩称的向路人购买的75条卷烟，均属于无证订购、运输卷烟，其行为已构成非法经营罪的既遂，至于其销售行为是否完成，只是造成的社会危害程度不同，在量刑时予以适当考虑。故对辩护人的该辩护意见，本院不予采纳；其余辩护意见本院已经注意。

云南省安宁市人民法院依照《中华人民共和国刑法》第二百二十五条第（一）项、第六十一条、第五十二条、第五十三条、第六十四条之规定，判决如下：

一、被告人李鹏辉犯非法经营罪，判处有期徒刑三年，并处罚金人民币30000元。

二、公安机关扣押的615条卷烟依法予以没收。

本案经一审法院审理后，被告人以证据不足为由提出上诉，二审法院经审理后裁定：驳回上诉，维持原判。

【法官后语】

讨论非法经营罪是否存在未遂对被告人在处刑时具有重大影响。在审判实务中，被告人在运输、存储过程中即被查获，其犯罪形态属于犯罪既遂还是犯罪未遂存在争议。第一种意见认为，被告人购进卷烟，在运输过程中即被查获，尚未出售，应当属于犯罪未遂。对于收购、储存、运输、包装、批发、零售等一系列经营活动，其核心行为和最终落脚点都是出售行为，不加以区分则无法体现非法经营行为以谋利为目的的主观特征。同时，本罪的犯罪客体是我国刑法所保护的烟草专卖制度，尚未出售的，相较于已将其谋利目的实现的销售行为，显然要小得多。第二种意见认为，被告人以获取非法利益为目的，违反国家专营、专卖的规定，购买卷烟意图销售，已扰乱了正常的市场秩序，属于犯罪既遂。非法经营罪是行为犯，只要行为人实施了生产、购买、储存、运输、销售中的任一非法经营行为，就构成犯罪既遂。

在裁判过程中，法院认为被告人的行为构成犯罪既遂。

首先，从犯罪构成上来分析。第一，被告人的主观方面具有犯罪的故意，即明知烟草是国家法律规定属于专营、专卖的物品仍然私自购买大量卷烟意图销售，以获取非法利益的目的。第二，从客观方面来看，经营行为不仅包括销售行为，还包括生产、购买、储存、运输行为，是融合生产、购买、储存、运输、销售等一系列行为的集合。离开了生产、购买、储存、运输、销售等行为，非法经营行为便不存在。被告人已实施了无烟草专卖零售许可证而通过物流途径进购卷烟的行为，即使被告人的物流环节尚未结束，还处于接货阶段即被查获，其行为亦应当属于运输环节，应依法惩处。第三，该罪的犯罪主体为一般主体，被告人也符合本罪的犯罪主体要求。第四，非法经营罪侵犯的客体是单一客体，即正常的市场秩序，而非法经营犯罪行为中任何一环节的行为：收购、储存、运输、包装、批发、零售，都是受到国家相关机构的严格管控，被告人实施任一行为均扰乱了正常的市场秩序，至于是否完成销售行为，只是造成社会危害后果的程度不同，应视为量刑情节来考察。

其次，在刑法理论上，将直接故意犯罪的犯罪既遂形态划分为结果犯、危险犯、行为犯和结果加重犯等。所谓行为犯，指以法定的犯罪行为是否完成作为既遂标志的犯罪。分析非法经营罪行为人无论实施购买、运输、销售的任何一个环节的行为，即扰乱了正常的市场秩序，对该罪的犯罪客体造成了侵害，构成犯罪既遂。

最后，被告人非法经营的卷烟尚未售出且属真品卷烟，对此情节，在量刑时可适当考虑并酌情从轻处罚。

编写人：云南省安宁市人民法院　彭惠

15

诱惑侦查的合法性审查及贩卖毒品罪的既、未遂认定

——方振利贩卖毒品案

【案件基本信息】

1. 裁判书字号

广东省高级人民法院（2016）粤刑终 452 号刑事判决书

2. 案由：贩卖毒品罪

【基本案情】

2015 年 4 月 24 日凌晨，黄某某（另案处理）因涉嫌毒品犯罪被抓获后，主动检举方振利从事贩毒活动。当日 22 时许，黄某某在公安人员控制下向方振利电话求购甲基苯丙胺（冰毒）2000 克，二人商定了交易价格、时间和地点。同日 23 时 30 分，方振利携带毒品驾车抵达佛山市禅城区塘头村停车场准备交易时，被公安人员抓获，当场从其所驾驶的汽车内起获甲基苯丙胺 1993.2 克。

【案件焦点】

1. 贩毒分子被抓获后为立功进行检举，主动邀约被告人而产生毒品交易，是否属于犯罪引诱等诱惑侦查情形，如何进行合法性审查；2. 毒品交易在侦查机关掌控之下进行，尚未交付即被抓获，如何认定犯罪既、未遂形态。

【法院裁判要旨】

广东省佛山市中级人民法院经审理认为：方振利构成贩卖、运输毒品罪。方振利携带毒品到达交易地点，已进入交易环节，属既遂；本案交易环节受侦查人员控制，在量刑时酌定考虑。依照《中华人民共和国刑法》第三百四十七条、第三百五十六条之规定，作出如下判决：

方振利犯贩卖、运输毒品罪，判处死刑，缓期二年执行，剥夺政治权利终身，并处没收个人全部财产。

方振利以其被引诱犯罪、系犯罪未遂为由提出上诉。

广东省高级人民法院经审理认为：方振利案发前已具有贩卖毒品犯罪的主观犯意，侦查手段客观上未超出合理限度，本案不构成“犯意引诱”，具有诱惑侦查的合法性。方振利与买家就毒品交易事宜达成合意，并携带毒品到达约定的交易地点，其行为已进入实质交易环节，构成既遂。方振利在贩卖毒品的主观故意支配下，实施了将毒品运送至指定地点进行贩卖的行为，该运输行为因缺乏独立的运输故意，可不必并列运输毒品罪名，方振利依法构成贩卖毒品罪。依照《中华人民共和国刑事诉讼法》第二百二十五条第一款第（二）项之规定，作出如下判决：

一、维持广东省佛山市中级人民法院（2015）佛中法刑一初字第 134 号刑事判决第一项对方振利的量刑部分及第二项判决；撤销第一项对方振利的定罪部分；

二、方振利犯贩卖毒品罪，判处死刑，缓期二年执行，剥夺政治权利终身，并处没收个人全部财产。

【法官后语】

因涉毒犯罪比率呈逐年上升的趋势、隐蔽性及流动性强等犯罪属性带来的侦查方式转变、环节多及抓捕时机等因素对于犯罪形态的影响，进一步加大了毒品案件的细致化审理难度。其中，诱惑侦查的合法性审查及既、未遂犯罪形态的认定，日益成为毒品案件审判实践中的难、热点问题。

对于诱惑侦查合法性的审查，可依据被告人前科经历、犯罪时表现、积极程度及犯罪能力等主观标准，结合诱惑的对象特征、诱惑程度是否超出合理限度范围等客观标准进行综合判断。具体到本案中，主观标准上，方振利系毒品再犯，在对方提出毒品交易邀约时一拍即合，一小时内筹集到2000克冰毒，行动积极、迅速且犯罪渠道通畅，可以认定其在主观上已具有或隐含有毒品交易的意向；客观标准上，侦查机关有一定依据怀疑方振利有毒品犯罪倾向，且通过举报人提出的交易条件非但没有优厚于常规交易条件，反而更为严苛。综上，方振利案发前已具有毒品犯罪的主观犯意，侦查手段客观上未超出合理限度，所提供的犯罪条件严苛于常规，但仍为方振利所欣然接受并积极实施，进一步佐证了方振利主观犯意的原本存在。据此，本案通过举报人对方振利发起毒品交易邀约的行为不构成“犯意引诱”，具有诱惑侦查的合法性。

贩卖毒品，是指以贩卖为目的而非法收买毒品或者明知是毒品而非法销售的行为。结合该罪的两种行为方式，其既遂标准亦相应区分两种情形来认定：1. 对于持贩卖目的而非法收买毒品的，行为人在贩卖意图支配下实施的购买行为，基于其贩卖而非用于合法用途的主观意图，实施购买行为时就已然侵犯到国家对毒品购销的管理制度这一贩卖毒品罪客体，购买行为实施完毕，即构成既遂。2. 明知是毒品而非法出售的，此种情形下，毒品的获得方式可能为无贩卖意图的收买（如为自己吸食）或受赠、偷盗等，毒品的获得行为尚未侵犯到贩卖毒品罪的客体；而当行为人将以上述方式获得的毒品，置于其贩卖意图下并现实地带入交易环节时，始侵犯到贩卖毒品罪的犯罪客体，构成既遂。本案中，尚无充分证据证实方振利所获得毒品的来源，但方振利与买家就毒品交易事宜达成合意，携带毒品到达约定的交易地点，其行为已进入实质的交易环节，侵犯了我国对毒品的管理制度，构成既遂。

编写人：广东省高级人民法院　石春燕

16

结果加重犯情形成立情况下的基本犯未遂的认定

——陈某强奸案

【案件基本信息】

1. 裁判书字号

重庆市第一中级人民法院（2016）渝01刑初50号刑事判决书

2. 案由：强奸罪

【基本案情】

2015年12月8日16时30分许，被告人陈某酒后到其朋友陈某某与被害人彭某合租的重庆市合川区某小区×栋×单元7－2房屋内休息。当日18时许，陈某踹开彭某卧室房门，采用捂压口鼻部和言语威胁的方式欲强行和彭某发生性关系。彭某为避免被陈某性侵害从房间窗户跳下坠落在一楼配电室房顶上，后被送往重庆市合川区人民医院救治。经医院诊断，彭某伤势为高处坠落多发伤、失血性休克。经鉴定，彭某的损伤程度为重伤二级。

2015年12月9日，陈某被公安机关抓获归案。归案后，陈某如实供述了自己的犯罪事实。

【案件焦点】

被告人强奸行为因意志以外的原因未能得逞，但因其强奸行为致被害人跳楼受重伤。结果加重犯情形成立的情况下，应如何评价基本犯的未遂以及量刑时如何考量基本犯未遂情节。

【法院裁判要旨】

重庆市第一中级人民法院经审理认为：被告人陈某违背妇女意志，使用暴力、胁迫手段强奸被害人，导致被害人跳楼而受重伤，其行为构成强奸罪，依法应予惩处。公诉机关指控的事实和罪名成立。陈某在强奸妇女过程中，因意志以外的原因而未能得逞，系犯罪未遂，可依法减轻处罚。陈某在案发后，未自动投案，不成立自首。陈某归案后如实供述自己的罪行，系坦白，可依法从轻处罚。陈某的亲属积极赔偿彭某经济损失，彭某及其亲属对陈某的行为予以谅解，可酌情对陈某从轻处罚。

重庆市第一中级人民法院依照《中华人民共和国刑法》第二百三十六条第三款第（五）项、第二十三条、第六十七条第三款之规定，判决如下：

被告人陈某犯强奸罪，判处有期徒刑八年。

一审判决宣告后，被告人陈某未上诉，检察院亦未抗诉，该判决已生效。

【法官后语】

被告人陈某的强奸行为因意志以外的原因未能得逞，但其强奸行为致使被害人跳楼而受重伤，结果加重犯情形成立的情况下，是否仍应对基本犯的未遂作出单独的评价？在量刑时，可否比照结果加重犯的法定刑对被告人陈某从轻或减轻处罚？该问题在刑法理论和司法实践中均有争议。笔者认为，在强奸罪中，结果加重犯情形成立的情况下，仍应对基本犯的未遂作出评价，在量刑上，可以比照结果加重犯的法定刑从轻或减轻处罚。

1. 基本犯的未遂客观存在

强奸罪的既遂标准，我国刑法以“插入说”为原则，以“接触说”为例外，即在普通强奸中，双方生殖器结合时为既遂，奸淫幼女时，只要求行为人的性器官与幼女的性器官接触即告既遂。本案中，被告人陈某意图强奸彭某，以胁迫方式先对彭某实施了猥亵，然后，要求彭某到另外一个房间与其发生性关系。陈某的强奸行为因意志以外的原因未得逞，基本犯未遂的形态客观存在。

2. 结果加重犯的情形虽成立，基本犯未遂仍应单独评价

因陈某的强奸行为致使彭某重伤，结果加重犯情形成立，仍应对基本犯的未遂作出评价。理由如下：第一，结果加重犯情形虽成立，但基本犯未遂状态是客观存在的，不能以结果加重犯情形成立而否定或忽略被告人强奸行为的未遂形态的成

立，否则，不符合刑法关于犯罪构成的规定。通说认为，“犯罪构成是刑法规定的、决定某行为的社会危害性及其程度而为该行为构成犯罪所必须具备的一切客观要件和主观要件的有机统一”。① 可见，犯罪构成直接反映行为的社会危害性及程度。显然，犯罪既遂在社会危害性程度上相对于犯罪未遂较轻。如果在结果加重犯情形成立的情况下，对基本犯犯罪形态不作评价，那么，基本犯的既遂与否对量刑没有任何影响，这意味着在此情形下，基本犯既遂与否判处的刑罚是一致的。无疑，这对基本犯未遂的被告人是不公平的。为了彰显公平，应当承认结果加重犯情形成立下，基本犯的既遂与否在量刑上应有所区别，那么，就必须对基本犯的犯罪形态予以评价。第二，根据我国《刑法》规定，强奸妇女致人重伤、死亡或者造成其他严重后果的，处十年以上有期徒刑、无期徒刑或者死刑。《刑法》对强奸罪的结果加重犯的法定刑规定了较大的幅度，在法定刑幅度内，刑罚轻重的适用，不仅应考量致人重伤、死亡或者造成其他严重后果这个法定刑升格情节，还应当综合考虑全案情节，而基本犯的未遂作为全案情节之一，是重要的考量因素，应当予以单独评价。第三，对基本犯未遂情节予以评价，符合被害人的利益和预期，也符合国民的预测可能性。被害人彭某跳楼动机有二，一是因恐惧，二是出于捍卫名节的刚烈性情。如果不对强奸未遂形态作出评价，将可能背离被害人采取激烈反抗措施的初衷和预期，难以被被害人接受；且刑法是行为规范，对被告人的所有犯罪情节均作出明确评价，有利于发挥刑法对国民行为的指引作用。

3. 量刑上，可以比照结果加重犯的法定刑从轻或减轻处罚

强奸罪结果加重犯情形成立的情况下基本犯未遂作为对被告人从轻处罚的情节，比照结果加重犯的法定刑从轻处罚，比较容易被人接受。但是，此情形成立的情况下，是否可以比照结果加重犯的法定刑减轻处罚，亦即是否能够突破结果加重犯的法定刑下限？我们认为，司法实践中，可以适用刑法总则关于未遂犯的规定，综合分析全案情节，对于社会危害性程度相对低的案件，可以比照结果加重犯的法定刑从轻或者减轻处罚。因为我国《刑法》对结果加重犯规定的法定刑普遍较重，就强奸罪而言，致人重伤、死亡或者造成其他严重后果的，处十年以上有期徒刑、无期徒刑或者死刑。如果结果加重犯情形成立且基本犯既遂，在结果加重犯的法定

---

① 高铭暄、马克昌主编：《刑法学》，中国法制出版社2007年版，第57页。

刑幅度内判处刑罚符合罪责刑相应适应原则，但是，在结果加重犯情形成立，基本犯未遂的情况下，不能一概要求在结果加重犯的法定刑幅度内量刑，否则，将导致量刑偏重，偏离罪责刑相适应的原则精神。

行为人实施强奸行为时的主观心态是故意，对加重结果的产生则是过失，否则，就是另起犯意实施新罪，应构成数罪。既然如此，实施基本犯的过程中因过失产生了致人重伤或死亡的结果，在量刑上，可以与强奸罪的未遂和过失致人重伤罪的并罚的执行刑期进行大致的对比。过失致人重伤罪的法定刑是三年以下有期徒刑或者拘役，而强奸罪的未遂是三年以上十年以下有期徒刑内从轻或减轻处罚，司法实践中，两罪并罚后，决定执行刑期一般在十年有期徒刑以下。以上对比虽然得不出精确的结论，但可以为结果加重犯情形成立但基本犯未遂的案件提供一个量刑参考的坐标系。如果结果加重犯情形成立但基本犯未遂的案件一律在结果加重犯的法定刑幅度内量刑，则明显重于坐标系内多数案件。

在具体案件中，应综合分析全案情节后，得出妥当处理意见。本案中，陈某对彭某的重伤结果，系过失心态；犯罪后，陈某坦白认罪，其亲属积极赔偿被害人经济损失，取得了被害人及其亲属的谅解；且陈某系初犯，犯罪后悔改之意明显，其主观恶性相对较小，量刑时，将基本犯的未遂予以单独评价，比照结果加重犯的法定刑对其减轻处罚，既做到了罚当其罪，亦能有效实现刑罚的特殊预防之目的。

编写人：重庆市第一中级人民法院　孙红涛

17

转化型抢劫中对于当场及犯罪未遂的认定

——常宗某抢劫案

【案件基本信息】

1. 裁判书字号

安徽省凤阳县人民法院（2016）皖1126刑初102号刑事判决书

2. 案由：抢劫罪

【基本案情】

2015 年 12 月 28 日 9 时 30 分许，被告人常宗某到凤阳县临淮关镇专业户大楼门前将临淮关镇胡府村村民范玉甲停放在此处的电动三轮车盗走。常宗某将被盗电动三轮车推到马路对面的金苹果幼儿园北侧巷内，把车头下面的电线重新接上发动车子后驾驶被盗三轮车行驶至巷口时，被范玉甲发现并将其拦住，常宗某欲逃离现场被范玉甲撕扯不让其离开，常宗某便掏出随身携带的折叠刀对范玉甲进行威胁，迫使范玉甲将手松开。范玉甲妹妹范玉乙和妹夫陈凤乙到场后，常宗某又持刀威胁阻止其离开的陈凤乙，此时范玉甲丈夫胡正某赶到现场与他人合力将常宗某携带的折叠刀夺下，凤阳县公安局民警赶到将常宗某抓获。被盗电动三轮车被当场追回。经凤阳县价格认证中心鉴定，被盗电动三轮车价值人民币 2791 元。经凤阳县公安局治安管理大队认定，被告人常宗某所持折叠刀为管制刀具。

【案件焦点】

1. 被告人在实施盗窃行为后，刚离开现场就被失主发现，为抗拒抓捕当场使用暴力或者以暴力相威胁的，是否应当认定被告人的行为转化为抢劫罪；2. 被告人被失主及警察当场抓获，失主的财物被当场追回，是否应当认定被告人犯罪未遂。

【法院裁判要旨】

安徽省凤阳县人民法院经审理认为：被告人常宗某以非法占有为目的，盗窃他人财物，价值 2791 元，实施盗窃后，为抗拒抓捕当场持管制刀具威胁他人，其行为已构成抢劫罪。公诉机关指控的事实和罪名成立，本院予以确认。对辩护人提出被告人不构成抢劫罪的辩护意见，经查，被告人常宗某实施盗窃后，刚离开现场即被他人发现，为抗拒抓捕当场持管制刀具威胁他人，其行为已转化为抢劫罪，对辩护人的辩护意见不予采纳。被告人常宗某已着手实行犯罪，由于意志以外的原因未得逞，是犯罪未遂，可对被告人常宗某减轻处罚。对辩护人提出被告人常宗某属于犯罪未遂的意见予以采纳。鉴于被告人常宗某能够当庭自愿认罪，可对其从轻处罚。对辩护人提出被告人自愿认罪的辩护意见予以采纳。依照《中华人民共和国刑法》第二百六十九条、第二百六十三条、第二十三条、第六十四条之规定判决：

一、被告人常宗某犯抢劫罪，判处有期徒刑二年八个月，并处罚金3000元；

二、对已扣押的折叠刀一把、钥匙一把予以没收。

【法官后语】

该案例涉及被告人盗窃电瓶车后将车推到马路对面一个巷道里，将电瓶车锁破坏后重新搭线将车子发动后骑至巷口时被失主发现，为抗拒抓捕被告人拿出随身携带的管制刀具威胁失主，后在失主亲友及民警合力下将被告人抓获。

本案第一个关键点就是被告人常宗某为抗拒抓捕使用暴力相威胁是否在“当场”。如果认定为当场以暴力相威胁，被告人就构成转化型抢劫，如果不认定为当场以暴力相威胁，被告人就不构成转化型抢劫。本案中被告人从将车子盗窃后推到马路对面巷道里到被抓获仅有二三十分钟，失主在车子丢失后就一直持续不断地寻找，也有人告诉失主小偷偷过车子后的行走方向，失主顺着指示方向在巷子口发现被告人及被盗电瓶车。如果只是狭义的理解“当场”就是实施盗窃、诈骗、抢夺行为现场，导致转化型抢劫罪的范围过于狭窄，打击面太小，容易放纵犯罪，这与立法本意是相违背的，因此不能机械地认定“当场”为盗窃、诈骗、抢夺同一时间和同一地点，应当包括实施盗窃、诈骗、抢夺等行为的现场，也可以超出这个现场。而如果认定“当场”为与窝藏赃物、抗拒抓捕、毁灭证据有关的地方且没有时间的限制，将导致打击面过广，不利于保护当事人的合法权益，也不是立法本意。在盗窃、诈骗、抢夺的同时、同地实施暴力或者以暴力相威胁可理所当然理解为具有“当场性”。关键在于如何把握“当场性”的适度延展，这在司法实践中很难把握明确标准，自由裁量空间大。“当场”应当包括实施犯罪的现场，也包括现场发现并随之追赶的过程，行为人刚离开犯罪现场，立即被被害人、民警或其他人追捕，行为人基本上始终处于追捕人没有间断的追捕过程中，无论追逐多长距离，行为人为抗拒抓捕当场实施暴力或者以暴力相威胁的，都应当以抢劫罪论处。2016年1月6日最高人民法院颁布实施的《关于审理抢劫刑事案件适用法律若干问题的指导意见》也对“当场”作了进一步解释，是指在盗窃、诈骗、抢夺的现场以及行为人刚离开现场即被他人发现并抓捕的情形。因此结合本案案情，本案被告人常宗某构成转化型抢劫。

本案第二个关键点是被告人是否属于犯罪未遂。从刑法理论上讲，除了过失犯罪外，所有的故意犯罪都存在未遂状态，因此《刑法》第二十三条才规定了犯罪未遂。从立法意图上看，《刑法》规定转化型抢劫罪的目的是强调对人身权利客体的特别保护，凸显的是对侵害人身权利的处罚。转化型抢劫罪首先是抢劫罪，抢劫罪有未遂状态，那么转化型抢劫罪就有未遂状态。转化型抢劫罪有两个阶段，第一个阶段即盗窃、诈骗、抢夺等先期行为转化为抢劫罪的阶段，第二个阶段即按抢劫罪处罚的阶段。即无论第一阶段即盗窃、诈骗、抢夺行为是否既遂、未遂，一旦当场使用暴力转化为抢劫罪后，就应当按照抢劫罪的既、未遂来处理，而不能以先期行为的既、未遂来认定转化后行为的既、未遂。根据《最高人民法院关于审理抢劫、抢夺刑事案件适用法律若干问题的意见》第十条规定，应当以是否实际劫得财物或者造成他人轻伤以上后果作为转化型抢劫既未遂的区分标准。也就是说，只要在转化型抢劫过程中实际劫得财物或者已造成他人轻伤以上伤害的，应当认定为犯罪既遂；相反，既未劫得财物，又未造成他人轻伤以上后果的，应当认定为犯罪未遂。本案中被告人常宗某盗窃的电瓶车被失主当场追回，既未抢劫到财物，又没有造成任何人伤害，故依法应当认定为抢劫未遂。

编写人：安徽省凤阳县人民法院　浦春莲

18

行为人逃脱抓捕后又主动投案的不能认定为犯罪中止

——刘达等贩卖毒品案

【案件基本信息】

1. 裁判书字号

江苏省无锡市中级人民法院（2016）苏02刑终402号刑事裁定书

2. 案由：贩卖毒品罪

【基本案情】

1. 2015年2月至6月，刘达先后5次从湖南省株洲市通过快递方式将甲基苯丙胺共计94克邮寄至江苏省宜兴市，贩卖给张金鑫或陈其丹。其中，20克因公安机关的介入而未完成交易。

2.2015年2月至6月，陈其丹通过张金鑫先后3次共计购买甲基苯丙胺72.88克用于贩卖。其中，63.88克因公安机关的介入而未完成交易。在此期间，上诉人陈其丹将购得毒品中的0.8克贩卖给王志某、周某等人。

3.2015年2月至6月，张金鑫明知陈其丹购买毒品用于贩卖，仍先后3次帮助上诉人陈其丹联系购买甲基苯丙胺共计72.88克。其中，63.88克因公安机关的介入而未完成交易。

【案件焦点】

江苏省陈其丹在公安机关查获其所贩卖毒品并对其抓捕时逃脱抓捕后又主动归案的应否认定为犯罪中止。

【法院裁判要旨】

江苏省宜兴市人民法院经审理认为：被告人刘达明知是毒品而多次进行运输、贩卖，其行为已构成贩卖、运输毒品罪。被告人陈其丹多次贩卖毒品，被告人张金鑫明知被告人陈其丹贩卖毒品而多次帮其购买或者居间介绍，其行为均已构成贩卖毒品罪，且系共同犯罪。根据罪责刑相适应的原则，依照《中华人民共和国刑法》第三百四十七条第一款、第二款第（一）项、第七款，第三百五十六条，第六十五条第一款，第二十五条第一款，第二十六条第一款、第四款，第二十七条，第二十三条，第五十六条第一款之规定，以贩卖、运输毒品罪，判处被告人刘达有期徒刑十五年，剥夺政治权利五年，并处没收财产人民币十万元；以贩卖毒品罪，判处被告人陈其丹有期徒刑十一年，剥夺政治权利三年，并处罚金人民币五万元；判处被告人张金鑫有期徒刑九年，剥夺政治权利二年，并处罚金人民币三万元。

判决后，三被告人均不服原审判决，提出上诉。

刘达提出的上诉理由是：本案现有证据无法证明张金鑫收到的毒品就是其寄出的，且其供述与其他涉案人员的供述并不完全一致。请求二审依法改判。

陈其丹及其辩护人提出的上诉理由和主要辩护意见是：1.2015年5月，陈其丹将购买甲基苯丙胺43.88克的购毒款汇给对方后便产生悔意，主动向民警供述了此次购买毒品的情况，应当认定为犯罪中止。2. 起诉指控陈其丹于2015年6月购买甲基苯丙胺20克的事实不清、证据不足。3. 陈其丹与张金鑫之间系上下线关系，两人之间的量刑应当均衡。请求二审法院依法改判。

张金鑫及其辩护人提出的上诉理由和主要辩护意见是：1. 2015年5月，陈其丹购买甲基苯丙胺43.88克的上线联系方式并不是其提供的。2. 2015年6月，张金鑫在将购毒款打给刘达后，曾通知对方暂时不要发货，该笔犯罪应当认定为犯罪中止。请求二审法院依法改判。

江苏省无锡市中级人民法院经审理认为：上诉人刘达明知是毒品而进行贩卖、运输，涉案毒品数量大，其行为确已构成贩卖、运输毒品罪。上诉人陈其丹、张金鑫明知是毒品而进行贩卖，涉案毒品数量大，其行为确均已构成贩卖毒品罪，且系共同犯罪。

关于上诉人刘达提出的主要上诉理由，二审法院认为：上诉人刘达于2015年2月至6月先后5次通过邮寄方式向上诉人张金鑫或陈其丹贩卖、运输甲基苯丙胺共计94克的事实，既有其在公安机关的多次供述予以证明，又得到上诉人张金鑫的供述笔录、银行卡和支付宝转账记录的印证，事实清楚，证据确实、充分，足以认定。

关于上诉人陈其丹及其辩护人提出的主要上诉理由和辩护意见，二审法院认为：1. 上诉人陈其丹于2015年5月向他人购买甲基苯丙胺43.88克未成的原因系公安机关的及时介入，并非其主观意愿所致，故该笔犯罪不能认定为犯罪中止。2. 上诉人陈其丹于2015年6月购买甲基苯丙胺20克的事实，既有其在公安机关的多次供述予以证明，又得到上诉人张金鑫多次供述的印证，足以认定。3. 原审法院在量刑时根据上诉人陈其丹的犯罪事实，结合其量刑情节，已经对其减轻处罚，所处量刑并无不当。

关于上诉人张金鑫及其辩护人提出的主要上诉理由和辩护意见，二审法院认为：1. 上诉人张金鑫于2015年5月为上诉人陈其丹联系毒品上线购买甲基苯丙胺的事实，既有其在公安机关的多次供述予以证明，又得到上诉人陈其丹的印证，足以认定。2. 上诉人张金鑫于2015年6月帮他人购买甲基苯丙胺20克未成的原因系公安机关的及时介入，并非其主观意愿所致，该笔犯罪不能认定为犯罪中止。

综上，原审判决的审判程序合法，认定上诉人刘达犯贩卖、运输毒品罪，上诉人陈其丹、张金鑫犯贩卖毒品罪的事实清楚，证据确实、充分，适用法律正确，量刑适当。江苏省无锡市人民检察院提出应予维持的意见，本院予以采纳。据此，依照《中华人民共和国刑事诉讼法》第二百二十五条第一款第（一）项之规定，裁定：

驳回上诉，维持原判。

【法官后语】

犯罪中止是指行为人已经开始实施犯罪，在预备阶段或者实行行为尚未终了时自动放弃犯罪，或者实行终了但结果尚未发生时自动有效防止犯罪结果发生的一种故意犯罪的特殊形态。与犯罪预备、犯罪未遂和犯罪既遂等其他犯罪停止形态相比，犯罪中止具有自己独特的时间性和自动性。本案中，行为人在公安机关已经查获其所贩卖毒品并实施抓捕逃脱后，虽然主动到公安机关投案，但已经无法满足犯罪中止的时间性和自动性的要求，不能成立犯罪中止。这是因为：

1. 行为人逃脱抓捕后又主动投案的不满足犯罪中止的时间性要求

根据《刑法》第二十四条第二款的规定："对于中止犯，没有造成损害的，应当免除处罚；造成损害的，应当减轻处罚。"刑法之所以对中止犯的处罚采取如此轻缓的态度，主要是因为中止行为不仅反映了行为人主观上及时幡然悔悟的态度，而且更重要的是中止行为在客观上并没有造成刑法分则所规定行为对法益的实际侵害结果。因此，为了保证中止犯的客观侵害确实小于其他几种犯罪形态，刑事立法及刑法理论均对中止犯的成立时间进行了严格限制，即犯罪中止只能存在于实行行为尚未终了，或者行为终了但犯罪结果尚未发生的时间之前。相反，犯罪预备、犯罪未遂和犯罪既遂作为犯罪的三种终结形式，均昭示着犯罪行为已经呈现出结局状态，与犯罪中止在时间节点上具有明显的区别。因此，犯罪中止、犯罪预备、犯罪未遂和犯罪既遂四者之间是一种非此即彼的排斥关系。本案中，行为人所贩卖的毒品已经事先被公安机关查获，其行为已经实际侵害到了国家对于精神药物予以严格管制的规定，犯罪形态因公安机关的及时介入而已经定格在未遂层面，故不论之后再发生任何事情，行为人的行为均不可能回转至犯罪中止所要求的时间节点中，即犯罪未遂后的任何事项均不可能再改变行为人的犯罪形态。

2. 行为人逃脱抓捕后又主动投案的不满足犯罪中止的自动性要求

刑法具有人权保障和社会保护的双重功能，必须很好地平衡惩罚与预防之间的微妙关系。行为人实施犯罪行为时，已经威胁或者侵害到社会法益，需要承担相应的刑事责任，但惩罚并不是刑法的唯一目的，更不是实现刑法双重功能的最有利手段。刑法通过对诸如犯罪中止等特殊犯罪形态的从轻或者减轻处罚，昭示国家对于此类及时放弃犯罪行为，或者及时有效防止犯罪结果发生的行为予以宽大处罚的立场。犯罪中止尽管对于社会所造成的客观侵害不亚于犯罪预备，但因其能够反映行为人在整个犯罪过程中"由恶转善"的主观心态，故刑事立法对其予以了充分肯定。本案中，行为人在公安机关对其抓捕时予以逃脱，且其之后的主动投案也是因为考虑到公安机关很可能已经掌握了其贩卖毒品的犯罪事实，故此种主动投案实质上带有一种投机性，与典型的因为忏悔等原因真心归案的行为明显不同。因此，本案行为人主动投案的行为并不能真正反映出其中止犯罪的自动性。

综上，行为人逃脱抓捕后又主动投案的行为，不满足犯罪中止的时间性和自动性特征，不能成立犯罪中止。

编写人：江苏省无锡市中级人民法院　王星光

19

如何认定中止犯是否"造成损害"

——孙某、卢某某强奸案

【案件基本信息】

1. 裁判书字号

北京市第一中级人民法院（2016）京01刑终605号刑事裁定书

2. 案由：强奸罪

【基本案情】

2016年1月30日4时许，被告人卢某某在北京市海淀区五道口路边邀请酒后的被害人刘某搭车，后被告人孙某、卢某某将刘某载至北京市海淀区西三旗某酒店。当日5时许，在该酒店406号房间内，孙某使用暴力欲强行与被害人刘某发生性关系，被告人卢某某帮助孙某控制刘某。过程中，二被告人因认为被害人刘某处于生理期而自动放弃了实施侵害行为。当日被告人孙某、卢某某向公安机关自动投案。

【案件焦点】

如何理解和认定中止犯是否“造成损害”。

【法院裁判要旨】

北京市海淀区人民法院经审理后，依照《中华人民共和国刑法》第二百三十六条第一款，第二十五条第一款、第二十四条、第六十七条第一款等规定，判决如下：

一、被告人孙某犯强奸罪，判处有期徒刑一年二个月。

二、被告人卢某某犯强奸罪，判处有期徒刑一年。

案件宣判后，被告人孙某、卢某某提出上诉。

二审审理期间，二上诉人的辩护人均提出：上诉人的行为构成犯罪中止，但根据《中华人民共和国刑法》第二十四条第二款之规定，“对于中止犯，没有造成损害的，应当免除处罚；造成损害的，应当减轻处罚”，本案中二上诉人未对被害人造成人身伤害和经济损失，没有造成损害，故应对二被告人免除刑事处罚。

北京市第一中级人民法院经审理认为：上诉人孙某、卢某某违背妇女意志，强行与被害人发生性关系，其行为均已构成强奸罪，应予惩处。上诉人孙某在共同犯罪中起主要作用，是主犯。上诉人卢某某在孙某实施强奸行为时予以帮助，对实行犯罪起辅助作用，是从犯，应当依法减轻处罚。鉴于上诉人孙某、卢某某在犯罪过程中自动放弃犯罪，系犯罪中止，且二上诉人在犯罪后能够自动投案并如实供述自己的罪行，系自首；故法院对二上诉人依法予以减轻处罚。一审人民法院根据孙某、卢某某犯罪的事实、性质、情节和对于社会的危害程度所作出的判决，定罪、适用法律正确，量刑适当，审判程序合法，应予维持。据此，依照《中华人民共和国刑事诉讼法》第二百二十五条第一款第（一）项的规定，裁定如下：

驳回上诉，维持原判。

【法官后语】

本案事实比较清楚，证据确实充分。被告人供述、被害人陈述、证人证言等在案证据相互印证，能够认定孙某、卢某某违背妇女意志，以按压、言语威胁等方式，欲强行与被害人发生性关系，其行为已构成强奸罪。二上诉人认为刘某处在生理期而放弃犯罪，属于犯罪中止。本案中存在的焦点问题是如何认定中止犯是否对被害人“造成损害”。笔者认为，本案中不能认为上诉人的行为未对被害人“造成损害”，理由如下：

《刑法》规定的“损害”不限于直接的、有形的物质损失，刑法的目的是保护法益，强奸罪条款所要保护的法益是妇女的性的自己决定权。行为人的侵害行为是否构成“损害”，要视其对法益的侵害程度而定，而评价认定侵害程度的标准应该归结于刑法分则所规定的犯罪构成。本案中，在案证据能够证实上诉人孙某、卢某某以身体压制等暴力手段对被害人实施了强行脱衣服、亲吻抚摸胸部等犯罪行为，单纯从客观角度观察，这种行为已经符合强制猥亵妇女罪的犯罪构成的客观方面，属于《刑法》明文禁止的犯罪行为，具有应受处罚性。因上诉人的行为是在强奸的犯意支配下进行的，其中止行为打断了犯罪进程而未构成强奸罪的既遂。但是，上诉人的行为仍具有危害性和应受处罚性，不应认为没有造成损害而免除处罚。如果对类似行为免除处罚，那么任何犯强制猥亵妇女罪的犯罪分子，都能声称自己是欲实施强奸最后中止犯罪了从而免除处罚，这种推论是荒谬而不可接受的。因此，辩护人的该项辩护意见无事实和法律依据。

编写人：北京市第一中级人民法院　袁慧超

（三）共同犯罪

20

同案犯未共同商议而实施的犯罪行为如何认定

——程忠民、刘永刚诈骗案

【案件基本信息】

1. 裁判书字号

新疆维吾尔自治区博尔塔拉蒙古自治州中级人民法院（2016）新27刑终54号刑事判决书

2. 案由：诈骗罪

【基本案情】

1. 2013年5月至2015年8月，被告人程忠民以通过在博乐市公安局当领导的表哥刘某某可以承揽到博乐市青得里乡抗震安居房工程为幌子，从被害人裴云某处骗取了23500元。之后被告人程忠民为进一步取得被害人裴云某的信任，其安排、指使被告人刘永刚多次冒充博乐市公安局领导刘某某接听或者拨打被害人裴云某的电话，被告人程忠民在骗取了被害人裴云某的信任后，分多次以各种理由骗取被害人裴云某现金共计531500元，其中被告人刘永刚听从被告人程忠民的安排接听或拨打被害人裴云某的电话，涉及诈骗行为的金额共计347000元。截至案发前，被告人程忠民从被害人裴云某处共计骗取现金555000元。被告人程忠民将从被害人裴云某处诈骗的现金除了给被告人刘永刚几千元外，剩余现金已被其全部挥霍完毕。2016年4月16日，被告人刘永刚主动向被害人裴云某退赔了现金5000元，并取得了被害人裴云某的谅解。

2. 2015 年 6 月至 2015 年 8 月，被告人程忠民以通过个人关系可以为被害人陈铁某包揽到修路的工程为幌子，从被害人陈铁某处骗取了 20000 元，后为进一步取得被害人陈铁某的信任，继续可以骗取被害人陈铁某的钱财，其安排、指使被告人刘永刚冒充乌鲁木齐市运管处领导周某某跟随自己与被害人陈铁某联系见面，之后被告人程忠民分多次以各种理由骗取被害人陈铁某现金共计 62000 元，其中被告人刘永刚听从被告人程忠民的安排，冒充乌鲁木齐市运管处领导周某某参与诈骗行为涉及犯罪金额共计 45000 元。在二被告人对被害人陈铁某实施诈骗行为的过程中，还骗取被害人陈铁某一部手机，后该手机一直由被告人程忠民使用。2016 年 3 月 15 日，经博乐市价格认证中心估价鉴定，该部手机价值 1500 元。截至案发前，被告人程忠民从被害人陈铁某处共计骗取现金 83500 元，其中被告人刘永刚涉及诈骗行为的犯罪金额共计 46500 元。被告人程忠民将从被害人陈铁某处诈骗的现金除了给被告人刘永刚几千元外，剩余现金已被其全部挥霍完毕。案发后，公安机关将从被告人程忠民处扣押的一部手机发还给被害人陈铁某。

3. 2015 年 8 月上旬的一天，被害人高响某因在小区非法开设家庭宾馆被派出所查封一事找到了被告人程忠民，想请被告人程忠民帮忙找关系解决，被告人程忠民以其在博乐市公安局当领导的哥哥刘某某可以帮忙办理为幌子，指使被告人刘永刚冒充博乐市公安局领导刘某某跟随自己一同与被害人高响某见面，之后二被告人取得被害人高响某的信任后，从被害人高响某处骗取现金 6000 元。案发后，被告人刘永刚主动向被害人高响某退赔了现金 2000 元，并取得了被害人高响某的谅解。

另查，案发后，被告人程忠民的女朋友钟某某主动向公安机关退还了被告人程忠民曾给过其的 3000 元现金。

【案件焦点】

对同案犯未商议而单独实施骗取被害人钱财的行为是否应当认定为共同犯罪。

【法院裁判要旨】

新疆维吾尔自治区博乐市人民法院经审理认为：被告人程忠民、刘永刚构成诈骗罪，依照《中华人民共和国刑法》第二百六十六条、第二十五条第一款、第六十四条、第六十七条第一款之规定，判决：

一、被告人程忠民犯诈骗罪，判处有期徒刑八年十一个月，并处罚金

50000元；

二、被告人刘永刚犯诈骗罪，判处有期徒刑三年七个月，并处罚金20000元；

三、责令被告人程忠民、刘永刚共同退赔被害人裴云某347000元（其中被告人刘永刚已向被害人裴云某退赔5000元）、被告人程忠民退赔被害人裴云某208000元；被告人程忠民、刘永刚共同退赔被害人陈铁某45000元、被告人程忠民退赔被害人陈铁某37000元；被告人程忠民、刘永刚共同退赔被害人高响某6000元（其中被告人刘永刚已向被害人高响某退赔2000元）。

刘永刚提出上诉称，其对原判定性及认定的第三起犯罪事实不持异议，但认为上诉人刘永刚在诈骗被害人裴云某、陈铁某、高响某的过程中仅直接参与12起，其余诈骗行为均是原审被告人程忠明个人实施，不应认定为共同诈骗，应当按照上诉人刘永刚直接参与的犯罪行为认定其诈骗数额为228500元，且上诉人刘永刚具有自首、从犯、当庭自愿认罪、主动部分赔偿被害人经济损失、取得被害人谅解等法定、酌定从轻处罚情节，请求二审法院依法改判对其适用缓刑。

新疆维吾尔自治区博尔塔拉蒙古自治州中级人民法院依照《中华人民共和国刑法》第二百六十六条、第二十五条第一款、第二十六条第一款、第二十七条、第六十四条、第六十七条第一款，《中华人民共和国刑事诉讼法》第二百二十五条第一款第（三）项之规定，判决：

一、维持博乐市人民法院（2016）新2701刑初71号刑事判决的第一、二项；

二、撤销博乐市人民法院（2016）新2701刑初71号刑事判决的第三项；

三、责令原审被告人程忠民、上诉人（原审被告人）刘永刚共同退赔被害人裴云某323000元［其中上诉人（原审被告人）刘永刚已向被害人裴云某退赔5000元］、原审被告人程忠民退赔被害人裴云某214000元；原审被告人程忠民、上诉人（原审被告人）刘永刚共同退赔被害人陈铁某45000元、原审被告人程忠民退赔被害人陈铁某37000元；原审被告人程忠民、上诉人（原审被告人）刘永刚共同退赔被害人高响某6000元［其中上诉人（原审被告人）刘永刚已向被害人高响某退赔2000元］。

【法官后语】

本案的争议焦点在于对程忠民未与刘永刚商议，单独实施的以办理工程需要用钱或者以刘某某、周某某需要用钱、需要帮助等名义从被害人裴云某、陈铁某处骗取钱财的行为是否应当认定为二被告人的共同犯罪数额问题。

就该争议焦点，有两种不同意见，一种意见认为，虽然刘永刚仅直接参与了12起犯罪事实，但其按照程忠民的安排，冒充博乐市公安局领导、自治区运管处领导已经骗取了被害人的信任，正是基于这种信任致使二被害人产生了错误认识，使得程忠民的诈骗行为一次次得逞，因此刘永刚与程忠民的行为应属在共同故意支配下形成的有机整体，该整体与危害结果之间具有因果关系，刘永刚应当对与其虽然没有直接参与但与其冒充行为有关的共同犯罪数额承担刑事责任。另一种意见认为，程忠民单独向几名被害人实施的犯罪行为，未与刘永刚事先沟通，刘永刚对这几起犯罪行为也并不知情，也未参与分赃，二人就该部分事实没有共同的犯罪故意，也没有实施共同的犯罪行为，不符合共同犯罪的构成要件，不应认定为共同犯罪。

笔者同意第一种意见。共同的犯罪故意和共同的犯罪行为是构成共同犯罪的两个必要条件。所谓共同的犯罪故意是指共同犯罪人通过意思联络，认识到他们共同的犯罪行为会发生危害社会的结果，并决议共同实施犯罪，希望或者放任该结果发生的心理态度。所谓共同的犯罪行为，不仅指各共犯人都实施了同一犯罪构成的行为，而且各共犯人的行为在共同故意支配下相互配合、相互协调、相互补充，形成一个整体。“共同行为”意味着各共犯人的行为都是共同犯罪行为这一整体的组成部分；在发生危害结果的情况下，各共犯人的行为作为一个整体与危害结果间具有因果关系。就本案而言，首先，刘永刚与程忠民达成犯罪合意后，对自己直接参与的犯罪行为是在积极追求犯罪结果的发生，对没有直接参与的犯罪行为，对犯罪结果亦持放任态度，刘永刚与程忠民存在共同的犯罪故意。其次，尽管在实施诈骗过程中，刘永刚并非全程参与，其中有十几起诈骗事实只有程忠民一人直接与被害人联络，但是我们不应该将刘永刚与程忠民前期的犯意联络与后续的诈骗行为割裂开来，刘永刚按照程忠民的安排冒充他人共同实施诈骗，给被害人造成假象，使得被害人产生错误认识，致使犯罪结果得以实现，其冒充行为对结果的发生产生了重要的作用，那么就应当对冒充行为产生的后果承担相应的责任，不能简单地以是否是实行行为而予以否定。因此，在认定是否构成共同犯罪时，不能简单机械地认定是否具有共同的犯罪故意和共同的犯罪行为，而应当从整体上考虑共同犯罪人的主观心理状态，并结合具体的犯罪行为与最终的危害结果是否存在因果关系来综合认定。

编写人：新疆维吾尔自治区博尔塔拉蒙古自治州中级人民法院　欧阳翼雯

21

共同犯罪意思联络的判断

——吴远会等强奸案

【案件基本信息】

1. 裁判书字号

浙江省慈溪市人民法院（2016）浙 0282 刑初 403 号刑事判决书

2. 案由：强奸罪

【基本案情】

被告人吴远会与被害人潘某某系微信好友；被告人吴远会与被告人陈辉、王荣金系朋友。

2015 年 12 月 17 日晚 11 时许，被告人吴远会、陈辉、王荣金等人在慈溪市解放中街某 KTV 包厢内娱乐。潘某某联系被告人吴远会后，也赶至上述地点一起饮酒娱乐。其间，被告人吴远会、陈辉、王荣金与潘某某均大量饮酒。至次日凌晨 2 时许，被告人吴远会与潘某某先行离开，至慈溪市环城南路 42 号某酒店入住 8410 房间。潘某某因饮酒过量，在房间内呕吐。凌晨 3 时许，被告人陈辉、王荣金也赶至某酒店 8410 房间，后因故离开。之后，被告人吴远会与潘某某发生了性关系。凌晨 5 时许，被告人王荣金、陈辉再次返回 8410 房间。被告人吴远会开门后，被告人陈辉、王荣金进入，被害人潘某某仍在熟睡。被告人吴远会掀开被子，故意让被告人王荣金、陈辉看到潘某某的裸体，并言语唆使二人与昏睡的潘某某发生性关系。被告人陈辉、王荣金先后趁被害人潘某某熟睡之际与被害人发生了性关系，在被告人王荣金与潘某某发生性关系过程中，潘某某逐渐恢复意识并惊醒，发现与其发生性关系的人并非被告人吴远会，后立即报警。被告人吴远会、陈辉、王荣金明知潘某某报警，仍留在房间内等候处理。

到案后，被告人吴远会、陈辉基本如实供述了上述犯罪事实。

【案件焦点】

被告人之间没有明显的意思表示时，应当如何判断是否具有共同的意思联络。

【法院裁判要旨】

浙江省慈溪市人民法院经审理认为：第一，关于本案是否以轮奸定性及被告人王荣金强奸行为是否实施终了的问题。经审理认为，在被告人吴远会的教唆、煽动下，被告人陈辉、王荣金均产生了与被害人发生性关系的歹念，二人趁被害人潘某某熟睡之际，先后与被害人潘某某发生了性关系。对于被告人王荣金是否将奸淫行为实施终了这一问题，公诉机关向法庭提交了被害人陈述及法庭科学DNA鉴定书等证据用以指控被告人王荣金将奸淫行为实施终了，对此被告人王荣金提出了辩解，认为其因为被害人的反抗，行为未实施终了，辩护人也持相同的辩护意见。本院认为，被告人王荣金的辩解及其辩护人的相关辩护意见有可取之处，但是与本案是否认定为轮奸性质无涉，仅仅在量刑时予以考虑。关于本案是否以轮奸定性问题，从审理查明的事实可以认定，被告人吴远会对被告人陈辉、王荣金当面予以教唆、煽动，甚至被告人陈辉在与被害人发生性关系之前还征得被告人吴远会的同意，被告人吴远会目睹，至少是知道被告人陈辉、王荣金先后违背被害人的意志，与被害人发生性关系。被告人陈辉、王荣金二人同时接受被告人吴远会的教唆、煽动，产生了奸淫被害人的歹念。被告人吴远会在公安侦查阶段的供述还供认到被告人陈辉实施了奸淫行为后与被告人王荣金有过语言上的交流，被告人王荣金继而对被害人实施了奸淫行为，虽然关于这一情节只有被告人吴远会一人的供述，但是本案发生地点为一狭小相对封闭的空间，被告人陈辉与被告人王荣金发生奸淫行为间隔短暂，应当可以认定被告人陈辉、王荣金之间均明知对方的犯罪行为，被告人陈辉、王荣金在事实上形成了轮奸的合意，故被告人吴远会、陈辉、王荣金的相关辩解及所有辩护人的相关辩护意见与事实不符，不予采纳。

第二，关于被告人王荣金的行为是否可以认定为自首的问题。经审理认为，被告人王荣金在被害人报警时未离开现场，但是其到案后未如实供述自己的基本犯罪事实。在庭审中，仍罔顾事实，否认其在明知的前提下，与被告人陈辉先后轮奸了被害人的事实。故被告人王荣金的行为不能认定为有自首情节。辩护人施可群、周红安相关辩护意见不符事实，不予采纳。

第三，关于被告人王荣金是否可以认定为从犯的问题。经审理认为，被告人王荣金是轮奸犯罪的实行犯，在本案中不可或缺，依法不能认定为从犯。辩护人施可群、周红安的相关辩护意见，不符事实，不予采纳。

被告人吴远会教唆被告人陈辉、王荣金趁妇女酒后昏睡而不知反抗，轮奸妇女；被告人陈辉、王荣金受教唆后，明知妇女不知反抗，仍轮流实施了奸淫行为。其行为均已构成了强奸罪。公诉机关指控的罪名成立。被告人吴远会系教唆犯，应当按照其在共同犯罪中所起的作用处罚。被告人吴远会、陈辉有自首情节，且已经取得了被害人的谅解，依法予以减轻处罚。三名辩护人分别请求对被告人吴远会、陈辉减轻处罚的相关合理辩护意见，予以采纳。据此，依照《中华人民共和国》第二百三十六条第三款第（四）项、第二十五条第一款、第二十九条、第六十七条第一款、第五十六条第一款、第五十五条第一款之规定，判决如下：

一、被告人吴远会犯强奸罪，判处有期徒刑八年。

二、被告人陈辉犯强奸罪，判处有期徒刑七年。

三、被告人王荣金犯强奸罪，判处有期徒刑十年，剥夺政治权利一年。

【法官后语】

本案的核心问题在于本案中被告人吴远会、陈辉、王荣金是否具有轮奸情节，有没有轮奸的共同意思联络，这是轮奸的主观必备要件。

轮奸是指两名以上男子在同一时间段内轮流或同时对同一女子实施奸淫的行为。刑法之所以对轮奸加重处罚，不仅因为被害人连续遭受了强奸，而且还因为共同轮奸的行为人，既要对自己的奸淫行为与结果承担责任，也要对他人的奸淫行为与结果承担责任，因此对于轮奸应当从严掌握。在主观上，参与轮奸者存在共同强奸的故意，这种故意可能是有预谋的，也可能是临时起意的，甚至可能在轮奸之前或者过程之中并未存在明示的语言交流，但在心理上存在着相互的默契。意思联络是使共同犯罪人不仅认识到自己在和他人一起犯罪，而且能借以形成共同故意的主观沟通和思想联系。二人以上共同轮奸犯罪中，有时候会出现共同犯罪人之间并未有明显的共谋过程，如何认定轮奸的“共同意思联络”是本案焦点所在，也是刑法理论、实践中的争议之处。对于共同犯罪人的意思联络，要通观全案，具体分析，综合认定。一般而言，可以从以下几个方面来分析判断被告人的行为是否具有共同的意思联络：

1. 意思联络的内容

首先，通过意思联络，共犯人应当认识到不只是自己一个人在实施共同犯罪行为，而是与他人一起共同实施犯罪行为。即“每个参与人知道，除他之外还有其他参与人共同实施犯罪，且后者也有同样的认识”。

本案中，被告人吴远会在被告人陈辉、王荣金第二次返回房间时，故意掀开被子，让其二人看到潘某某的裸体，产生性冲动，并言语唆使二人与昏睡的潘某某发生性关系，询问二人要不要“搞”潘某某，虽然两人均没有说话，但是在这个过程中，三被告人能够认识到不只是自己一个人在实施共同犯罪行为，而是与他人一起共同实施犯罪。

其次，通过意思联络，每个共犯人应当概括地认识到自己行为和其他共犯人行为的性质和结果。共同犯罪人对共同行为的性质和结果的认识不必十分具体，只要概括性地认识到即可。

被告人吴远会和潘某某发生性关系后进入洗手间，被告人陈辉问其能不能和潘某某发生性关系，其并没有反对，且被告人陈辉在和潘某某发生性关系的同时，被告人吴远会和被告人王荣金均可以在洗手间看到，并听到潘某某发出“嗯嗯”的声音。随后被告人王荣金与潘某某一起在被窝里面发生性关系，被告人吴远会和被告人陈辉也是知晓的。

最后，通过意思联络，共同犯罪人应当能够预见到共同犯罪行为与共同犯罪结果之间的因果关系。不过这种预见并不要求其预见因果关系的一切细节，“只要预见到由于共同的行为会产生某种或一定的结果就够了”。三被告人在与潘某某实施性关系时，故意关灯，让房间光线暗下来，减弱自己的辨识度，然后轮番去床上侵犯潘某某，对于潘某某可能会发现的后果是有预期的，而且明知道自己的行为是强奸行为，可能会造成潘某某受到伤害的法律后果。

2. 意思联络的环境要素

首先，时间条件是意思联络的首要环境要素，但是时间条件并不能狭义地理解，而应当是指同一时间段之内。只有两个以上行为人的强奸行为在共同的故意支配下在同一时间段发生，并且具有连续性和关联性，就可以认定为“轮奸”行为。本案中，三被告人虽然不是在事前形成的共同故意，但属于犯罪中形成的共同故意。被告人吴远会和潘某某发生性关系后，被告人陈辉、王荣金紧跟着就依次和潘某某发生了性关系，这三人的行为在时间上是非常紧凑的，同时被告人吴远会引诱另外两个人犯罪，一直是一种默许的态度，所以这个时间段里发生的强奸行为其实都是在共同故意支配下的，符合意思联络的时间条件。

其次，空间条件是意思联络的第二环境要素，共同被告人是否具有共同的意思联络不仅要看他们意思联络的方式，还要考虑案发时的空间条件，客观上是否有存在共同意思联络的可能性。从本案的案发地点来看，三被告人的强奸行为都发生在一个小小的宾馆房间内。陈辉实施奸淫行为时，被告人吴远会、王荣金在洗手间内，而被告人王荣金实施奸淫行为时，被告人吴远会、陈辉也在洗手间内，可见案发空间是非常狭窄的，三被告人对相互之间的奸淫行为不可能完全不知晓，实际上是在心知肚明的情况下，对彼此行为的默许，因此存在共同的意思联络。

编写人：浙江省慈溪市人民法院　叶胜男

22

对向犯与共同犯罪的区分界定、共同犯罪刑事责任的个体性及单位犯罪适用如实供述的可能性

——张某某等假冒注册商标案

【案件基本信息】

1. 裁判书字号

北京市第一中级人民法院（2016）京01刑终112号刑事判决书

2. 案由：假冒注册商标罪

【基本案情】

被告人张某某系被告单位北京伴您行商贸有限公司的员工及实际经营管理者。2015年1月到2月，被告人桑某某明知被告单位北京伴您行商贸有限公司未取得甲牌注册商标所有权人的授权许可，仍向被告人张某某提供样本，并以5万余元的价格预订由被告单位按照其提供的样本生产的甲牌地板500平方米。被告单位北京伴您行商贸有限公司在未取得甲注册商标所有权人许可的情况下，由被告人张某某组织车间员工按照样本加工甲牌地板500平方米出售给被告人桑某某。后被告人桑某某在北京市海淀区田村附近将上述地板以人民币6万元的价格出售给他人。经查，上述地板均系假冒注册商标的商品。2015年2月5日，被告人张某某、桑某某被公安机关抓获，后如实供述了上述犯罪事实。公诉机关指控被告单位及被告人张某某犯假冒注册商标罪，被告人桑某某犯销售假冒注册商标的商品罪。被告单位北京伴您行商贸有限公司的辩护人发表辩护意见认为被告单位系初犯，认罪态度较好，恳请对其免予刑事处罚。

【案件焦点】

1. 被告单位及被告人张某某的行为与被告人桑某某的行为系分别构成假冒注册商标罪与销售假冒注册商标的商品罪的对向犯，还是成立假冒注册商标罪的共犯；2. 被告单位及被告人张某某以5万余元的价格接受被告人桑某某甲牌地板的预订，后被告人桑某某以6万元的价格出售给他人，被告单位及被告人张某某的犯罪数额责任范围与被告人桑某某的犯罪数额责任范围如何确定。

【法院裁判要旨】

北京市海淀区人民法院经审理认为：被告人桑某某伙同被告单位北京伴您行商贸有限公司及其直接负责的主管人员被告人张某某，未经注册商标所有人许可，在同一种商品上使用与其注册商标相同的商标，情节严重，其行为均已构成假冒注册商标罪，应予惩处。北京市海淀区人民检察院指控的事实清楚，证据确实充分，但指控被告人桑某某犯罪的罪名有误，本院依法予以更正。因为，被告人桑某某明知被告单位未经大自然注册商标所有人的授权、许可，依然向后者订购，并要求后者按照其提供的样本制作涉案侵权木地板，可以证明其与被告单位就生产假冒注册商标地板的行为具有共同的犯罪故意，且其行为客观上促进、配合以上地板的生产，因此被告人桑某某与被告单位应属共同犯罪，均构成假冒注册商标罪。

鉴于被告单位的直接负责人员即被告人张某某到案后如实供述了自己及单位的犯罪事实、被告人桑某某到案后如实供述自己的罪行，认罪态度较好，本院依法对被告单位及被告人张某某、桑某某从轻处罚，并对被告人张某某适用缓刑，以观后效；辩护人的部分相关辩护意见，本院酌予采纳。但考虑到被告人桑某某曾经因抢劫罪被判处过刑罚，又犯本罪，本院在量刑时酌予体现从严。综上，法院判决：

一、被告人桑某某犯假冒注册商标罪，判处有期徒刑一年，罚金人民币30000元。

二、被告单位北京伴您行商贸有限公司犯假冒注册商标罪，判处罚金人民币25000元。

三、被告人张某某犯假冒注册商标罪，判处有期徒刑十个月，缓刑一年，罚金人民币5000元。

四、起获扣押的假冒注册商标的地板产品及钢印等作案工具依法予以没收。

宣判后，桑某某不服提起上诉，在二审期间桑某某申请撤回上诉，北京市第一中级人民法院裁定：

准许上诉人桑某某撤回上诉。

【法官后语】

本案处理的焦点问题有二，一是北京伴您行公司及张某某与桑某某属于上下游的经济关系，他们的行为是分别成立假冒注册商标罪与销售假冒注册商标的商品罪，还是成立假冒注册商标的共同犯罪；二是若成立共同犯罪，上、下游各自的犯罪数额如何确定，区分的标准是什么。

1. 依照共同故意及共同行为判断共同犯罪的成立

根据《刑法》第二十五条第一款的规定，共同犯罪是指二人以上共同故意犯罪。由此可知，判断是否成立共同犯罪，需要从主观及客观两方面综合考虑。主观上，各行为人需要具备犯罪的共同故意；客观上，各行为人需要具备共同的犯罪行为。即在心理上或行为上，共同促进了犯罪侵害结果的实现。

本案中，就交易形式来看，北京伴您行公司与桑某某处于交易的上下游，前者为生产方，后者为购买方。然而，就构成犯罪来看，北京伴您行公司及张某某生产假冒注册商标的地板，基于的是桑某某的预订，并且桑某某为张某某提供了生产样本及包装材料，对他的生产行为起到了十分关键的引起、促进作用。虽然桑某某的动机在于销售假冒注册商标的商品以获利，但其行为已经超过了单纯的销售的范畴，其在心理上和行为上均促成了北京伴您行公司及张某某假冒注册商标行为的实行。因此可以认定，桑某某与北京伴您行公司、张某某构成假冒注册商标罪的共同犯罪，公诉人对桑某某指控的罪名有误，应当予以更正。

2. 上下游共同经济犯罪中按照期待可能性的程度分别确定各行为人的犯罪数额

确定共同犯罪参与人各自的责任，通常考虑其在共同犯罪中所起的作用、参与的程度等因素。在一般的共同犯罪中（例如共同贪污），各行为人处于一种横向连接的关系，他们共同配合，形成一种向心的团体性关系，追求同一犯罪结果，各行为人在共同犯罪中所起的作用孰大孰小相对明了，判断起来相对简单。

然而，与一般共同犯罪的行为模式不同，在上下游式的经济犯罪中，各行为人属于纵向连接的交易关系，即使成立共同犯罪，各自仍为独立的交易主体，彼此间结合程度相对较低，且无法控制彼此之后的交易行为，在这种情况下，若依旧用“所起作用”和“参与程度”为标准进行判断，操作性起来难度较大，且存在显失公平的危险。

笔者认为，在上下游共同经济犯罪中，可以通过各行为人的期待可能性的不同，分别确定各自的责任范围。期待可能性是指在具体情况下，行为人有不实施违法行为而实施其他适法行为的可能性，它是刑事责任的例外要素，其目的在于对行为人的人性弱点给予法的救济，当行为人不具备期待可能性时，对其便失去了科以刑事处罚的合理性、正当性。期待可能性不仅存在着有无的问题，还存在程度的问题。

本案中，北京伴您行公司及张某某基于桑某某5万余元的预订，生产假冒他人注册商标的地板，而桑某某以销售获利的目的向前者提供样本、预订生产后，以6万元的价格转售他人。北京伴您行公司及张某某虽与桑某某成立共同犯罪，但因其各自属于独立的交易主体，交易完成后，上游对于下游之后的行为无法控制也无法预见，因此有必要区别认定犯罪数额。从期待可能性的角度来判断，北京伴您行公司及张某某对于桑某某的6万元销售金额没有期待可能性，而只在5万余元的犯罪数额范围内承担刑事责任。对于桑某某，从其预订生产、提供样本、销售获利的一系列行为可以判断，其在行为之初便具有事后销售获利的目的，对于6万元的销售金额具有期待可能性，因此对其应以6万元作为犯罪数额，确定刑事责任。

综上，可以认定犯罪单位及张某某与桑某某在成立假冒注册商标共同犯罪的前提下，前者应在5万余元的犯罪数额范围内承担刑事责任，后者应在6万元的犯罪数额范围内承担刑事责任。

编写人：北京市海淀区人民法院　徐婷

23

对共同运输毒品主、从犯的认定

——文元洪、王年宣运输毒品案

【案件基本信息】

1. 裁判书字号

重庆市彭水苗族土家族自治县（2016）渝0243刑初23号刑事判决书

2. 案由：运输毒品罪

【基本案情】

2015年11月21日，被告人文元洪与上家联系购买200颗甲基苯丙胺片剂（俗称“麻古”）之后，文元洪驾驶其借来的牌号为渝HL××××的轿车搭载被告人王年宣和苏庆某、施茂某从彭水县到重庆。途中，王年宣得知文元洪是去购买毒品后，而让其帮忙购买50颗“麻古”、5克甲基苯丙胺（俗称“冰毒”），文元洪遂联系上家约定购买300颗“麻古”、10克“冰毒”，并让施茂某通过其网上银行给上家转账9000元。同日19时许，文元洪、王年宣等人到达重庆，之后开车到大渡口区花钢路与上家进行毒品交易，由文元洪、王年宣分别支付600元、2700元，上家在文元洪开的轿车里将毒品拿给文元洪后离开。到达界石服务区后，由王年宣开车回彭水。2015年11月22日0时45分许，文元洪、王年宣在彭水高速路西站收费站出口被民警抓获，从车辆后排座位中间与靠背的缝隙处查获10.3克“冰毒”、27.9克“麻古”。经鉴定，从查获的“冰毒”中检出甲基苯丙胺成分，从查获的“麻古”中检出甲基苯丙胺和咖啡因成分。

另查明：被告人王年宣因犯盗窃罪，于2006年9月5日被江苏省常州市天宁区人民法院判处有期徒刑三年三个月，并处罚金人民币 4000 元，2008 年 10 月 16 日刑满释放。因犯聚众斗殴罪，于 2013 年 12 月 17 日被本院判处有期徒刑二年四个月，2015 年 7 月 11 日刑满释放。

【案件焦点】

二被告人是否属于共同犯罪，如属共同犯罪各自起到何种作用。

【法院裁判要旨】

重庆市彭水苗族土家族自治县人民法院经审理认为：被告人文元洪、王年宣违反国家毒品管理法规，共同运输甲基苯丙胺 10.3 克、甲基苯丙胺片剂 27.9 克，其行为已构成运输毒品罪，公诉机关指控的事实及罪名成立。本案系共同犯罪，文元洪起主要作用，系主犯，按其参与的全部犯罪进行处罚，王年宣系从犯，予以减轻处罚。王年宣在原判有期徒刑执行完毕五年以内又犯应当判处有期徒刑以上刑罚之罪，系累犯，予以从重处罚。文元洪、王年宣虽对罪名提出异议，但其到案后如实供述本案基本事实，依法可认定其认罪态度较好，予以从轻处罚。

重庆市彭水苗族土家族自治县人民法院依照《中华人民共和国刑法》第三百四十七条第一款及第三款、第二十五条第一款、第二十六条第四款、第二十七条、第六十五条、第六十七条第三款、第五十二条、第五十三条、第六十四条之规定，判决如下：

一、被告人文元洪犯运输毒品罪，判处有期徒刑九年，并处罚金人民币 10000 元；

二、被告人王年宣犯运输毒品罪，判处有期徒刑六年六个月，并处罚金人民币 8000 元；

三、对扣押的甲基苯丙胺 10.3 克、甲基苯丙胺片剂 27.9 克，予以没收。

案件判决之后，公诉机关未抗诉，二被告人均未上诉，判决已生效。

【法官后语】

本案的焦点在于本案罪名的认定及是否构成共同犯罪。

关于被告人文元洪及其辩护人、被告人王年宣提出二被告人的行为构成非法持有毒品罪的辩解及辩护意见。经查，文元洪、王年宣在重庆市大渡口区花钢路购买甲基苯丙胺 10.3 克、甲基苯丙胺片剂 27.9 克后，驾车携带毒品返回彭水途中被公安机关查获。根据最高人民法院印发的《全国法院毒品犯罪审判工作座谈会纪要》

的规定，吸毒者在购买、存储毒品过程中被查获的，如果没有证据证明其是为了实施贩卖毒品等其他犯罪，数量达到《刑法》第三百四十八条规定的最低数量标准的，以非法持有毒品罪定罪处罚。吸毒者在运输毒品过程中被查获，没有证据证明其是为了实施贩卖毒品等其他犯罪，毒品数量达到较大以上的，以运输毒品罪定罪处罚。本案中文元洪、王年宣购买、运输毒品的数量较大，应当认定为运输毒品罪，故对该辩解及辩护意见，不予采纳。

关于二被告人是否属于共同犯罪及各自的作用问题。经查，被告人王年宣乘坐被告人文元洪所驾驶的车辆到重庆的途中得知文元洪要购买毒品，于是自己也决定购买毒品，虽然二人系各自出资，但二人对对方购买毒品的事实相互明知而实施运输行为，虽无口头共谋，该情形之下二人系默认的共同犯罪，均应对整个查获的毒品38.2克负责；在共同犯罪中，文元洪提供车辆，系蓄意购买并运输毒品，其在本次犯罪中起主要作用，系主犯，王年宣明知文元洪的车辆上有毒品而帮助开车，为本次犯罪提供帮助行为，系从犯。

关于被告人文元洪及其辩护人沈迪、被告人王年宣提出应以二被告人各自所购买的毒品进行处罚量刑的辩解及辩护意见。经查，文元洪、王年宣对对方购买毒品的事实相互明知，继而实施运输行为，故，二人对对方所购买的毒品亦应承担刑事法律责任，故对该辩解及辩护意见，不予采纳。

编写人：重庆市彭水苗族土家族自治县人民法院　王晓波

24

共同实施故意伤害犯罪中是否“不宜区分主从犯”

——江某某等故意伤害案

【案件基本信息】

1. 裁判书字号

河南省三门峡市中级人民法院（2016）豫12刑终233号刑事判决书

2. 罪名：故意伤害罪

【基本案情】

2015年7月1日凌晨1时许，被告人王某、江某某、朱某某、周某某等人在三门峡市文化宫夜市喝酒过程中，王某与旁边的客人张某发生口角，后被人劝开。酒后该四人行至三门峡市黄河路与陕源路交叉口往西公交站牌附近时，见到被害人张某坐在路边，被告人王某、江某某随即返回对被害人张某实施殴打，后被告人朱某某、周某某见朋友王某被打后又对被害人张某实施殴打，致张某头面部软组织受伤、左眼眶下壁骨折。经法医鉴定，张某的伤情为轻伤二级。

另查明：1. 2015年7月1日13时许，被告人王某、江某某主动到三门峡市公安局湖滨分局投案，7月10日，二被告人经公安民警通知后到公安机关，如实供述了上述犯罪事实。2. 案发后，被告人王某、江某某、朱某某、周某某共同赔偿被害人张某7万元，被害人张某对四被告人均表示谅解。

【案件焦点】

四被告人共同实施的故意伤害犯罪，是否应当区分主从犯。

【法院裁判要旨】

河南省三门峡市湖滨区人民法院经审理认为：被告人王某、江某某、朱某某、周某某故意伤害他人身体，致一人轻伤，其行为已构成故意伤害罪。公诉机关指控被告人王某、江某某、朱某某、周某某故意伤害罪名成立，应予支持。在共同犯罪中，四被告人均积极参与，作用相当，不区分主从犯。被告人王某、江某某犯罪后主动投案如实供述犯罪事实，系自首，依法对其均可以从轻处罚。被告人朱某某、周某某到案后，如实供述犯罪事实，系坦白，依法对其均可以从轻处罚。被告人江某某曾因犯罪被判处过刑罚，量刑时酌情予以从重处罚。案发后，四被告人共同赔偿被害人经济损失，取得被害人谅解，可视为四被告人有悔罪表现，对其均可以酌情从宽处罚。综合本案事实、情节，经合议庭评议，报请本院审判委员会讨论决定，依照《中华人民共和国刑法》第二百三十四条第一款、第二十五条第一款、第六十七条第一款及第三款、第七十二条、第七十三条之规定，判决如下：

一、被告人王某犯故意伤害罪，判处拘役五个月，宣告缓刑六个月。

二、被告人江某某犯故意伤害罪，判处有期徒刑六个月。

三、被告人朱某某犯故意伤害罪，判处拘役六个月，宣告缓刑六个月。

四、被告人周某某犯故意伤害罪，判处拘役六个月，宣告缓刑六个月。

宣判后，江某某不服上诉称：其系从犯，有自首情节，且四被告人已共同对被害人赔偿7万元并取得被害人张某的谅解，有悔罪表现，请求对其从轻处罚。

河南省三门峡市中级人民法院经审理认为：上诉人江某某及原审被告人王某、朱某某、周某某故意伤害他人身体，致一人轻伤，其行为已构成故意伤害罪。在共同犯罪中，四被告人均积极参与，作用相当，不宜区分主从犯。上诉人江某某关于其系从犯的上诉理由与查明的事实不符，不予支持。原判根据本案犯罪事实、情节、后果，并对上诉人江某某、原审被告人王某、朱某某、周某某分别具有的自首、坦白情节及四被告人共同赔偿被害人经济损失并取得被害人谅解，有悔罪表现等情节已予以了充分考虑，量刑并无不当。综上，原判认定事实清楚，证据确实、充分，定罪准确，量刑适当，审判程序合法。上诉人的上诉理由不能成立，不予支持。依照《中华人民共和国刑事诉讼法》第二百二十五条第一款第（一）项之规定，作出如下裁定：

驳回上诉，维持原判。

【法官后语】

一般说来，共同犯罪中都会区分为主犯与从犯，我国《刑法》以共同犯罪人在共同犯罪中的作用为主兼顾分工对共同犯罪人进行分类，区分为主犯、从犯、胁从犯和教唆犯。四种共同犯罪人承担的刑事责任也是不同的。区分主犯与从犯是为了体现罪责刑相适应原则，不仅是为了实现刑罚的目的，也是为了体现刑法的谦抑性。本案中合议庭成员合议后裁定四被告在共同犯罪中，均积极参与，作用相当，不宜区分主从犯。其裁判方法和思路对共同犯罪中是否应当区分主从犯问题具有较强的借鉴意义。

具体在认定四被告的地位作用时，承办法官主要综合考虑以下方面的问题：一是从共同犯罪活动中的地位看，主犯在共同犯罪中居于主导支配地位，从犯在共同犯罪中处于从属地位；二是从实际参加犯罪的程度看，主犯大多参加了全部犯罪活动，而从犯在共同犯罪中一般只参与实施一部分犯罪活动；三是从具体罪行的大小看，在主观上，对共同的犯罪故意的形成起主要作用的，罪行较大的是主犯；对主犯的犯罪意图表示赞成、附和、服从，对共同犯罪故意的形成起次要作用的、罪行较小的是从犯；在客观上，参与实施的犯罪行为对于共同犯罪的完成具有关键性作用的、罪行较大的是主犯；否则是从犯；四是从对犯罪结果所起的作用看，那些对犯罪结果所起的作用较大的人，是共同犯罪中的主犯，否则是从犯。

具体到本案中，四被告对被害人张某实施殴打主观上属于临时起意，并不存在谁支配谁，谁从属谁的情形。同时，从实施殴打的行为看，四被告实施的殴打行为具有同一性、一致性和单一性，并不存在分工协作的情形，共同促使了犯罪结果的产生。可以说，在共同犯罪中，四被告人均积极参与，作用相当，因此不宜区分主从犯。

需要说明的是，本案四名被告人虽然在认定上没有区分主从犯，但在共同犯罪中各被告人具体的地位作用、犯罪具体情节、认罪悔罪表现、主观恶性程度等影响量刑的法定酌定情节方面均有区别。具有不同法定酌定量刑情节的，量刑结果必然不一样。因此，在量刑时，根据每名被告人的罪责轻重不同，依法处以轻重不同的刑罚，就是要体现罪责刑相适应的刑罚裁量原则，从量刑细节上真正体现公平、公正。

编写人：河南省三门峡市中级人民法院　赵曜

25

贪污犯罪中从犯的认定

——韩运江等贪污案

【案件基本信息】

1. 裁判书字号

北京市第三中级人民法院（2016）京03刑初147号刑事判决书

2. 案由：贪污罪

【基本案情】

北京市通州区甲种猪场（以下简称甲种猪场）为北京市通州区农业局所属全民所有制企业。2009年1月，甲种猪场出资人民币100万元（以下币种均为人民币）成立了北京乙科技开发有限公司（以下简称乙公司）。

1. 2004年6月，原北京市通州区养殖业服务中心（国有事业单位）党委研究决定，任命被告人韩运江为甲种猪场法定代表人、场长。2008年12月，韩运江随机构改革，转为国家公务员身份。2009年1月，韩运江又兼任乙公司法定代表人、经理。2011年4月至2012年12月，被告人韩运江利用担任乙公司经理的职务便利，伙同被告人李春江、张胜某、谭玉某（另案处理）等人，利用有机肥购肥凭证进行虚假退肥，分别与上述人员共同骗取国家有机肥补贴款7325092.5元。其中李春江参与骗取国家有机肥补贴款2853917.5元，张胜某参与骗取国家有机肥补贴款980100元，杜东升参与骗取国家有机肥补贴款881700元。

2015年9月11日，被告人韩运江、张胜某被北京市通州区人民检察院查获归案。同年12月3日，被告人李春江、杜东升被北京市通州区人民检察院查获归案。在案冻结李春江名下银行账户内钱款74万余元，扣押韩运江现金及利息100万余元。张胜某家属代为退赔980100元。杜东升家属代为退赔10万元。李春江家属代为退赔4万元。

2. 2012年9月间，被告人张胜某利用担任甲种猪场出纳的职务便利，采取截留售猪款不入账的方式，侵吞公款25万元。

法院审理期间，张胜某家属代为退赔25万元。

3. 2015年2月间，被告人韩运江利用担任甲种猪场场长、乙公司经理的职务便利，在明知上述单位年终绩效奖金均已发放完毕的情况下，个人决定向单位少数人分发单位资金，侵吞公款30万元。其中，韩运江本人实得12万元。

法院审理期间，韩运江家属代为退赔12万元，张胜某家属代为退赔5万元。

【案件焦点】

能否认定李春江、张胜某、杜东升为从犯。

【法院裁判要旨】

北京市第三中级人民法院经审理认为：被告人韩运江身为国家工作人员，明知国家有机肥补贴政策及钱款性质，仍利用其担任乙公司经理的职务便利，分别伙同被告人李春江、张胜某、杜东升共同骗取国家有机肥补贴款；被告人韩运江、张胜某还分别利用担任甲种猪场场长、出纳的职务便利，侵吞本单位公款，其中韩运江贪污数额特别巨大，李春江、张胜某、杜东升贪污数额巨大，四名被告人的行为已构成贪污罪，依法均应予惩处。北京市人民检察院第三分院指控韩运江、李春江、张胜某、杜东升犯贪污罪的事实清楚，证据确实、充分，指控的罪名成立。韩运江与李春江、张胜某、杜东升系分别结伙作案，三被告人均应对其与韩运江共同骗取的公款数额承担责任，且在分别的共同犯罪中，三被告人虽不具备韩运江的身份与职权，但均利用了韩运江的职务便利，积极提供有机肥购肥凭证，大肆骗取国家有机肥补贴从中牟利，不能认定为起次要作用的从犯，李春江、张胜某、杜东升的辩护人所提三人均系从犯的辩护意见不能成立，不予采纳。鉴于李春江、杜东升到案后能如实供述犯罪事实，积极退赔损失，认罪、悔罪态度较好，张胜某在本案中具有自首和立功情节，且积极退赔全部损失，认罪、悔罪态度好，故依法对李春江、杜东升分别予以从轻处罚，对张胜某予以减轻处罚。对李春江、杜东升、张胜某的辩护人所提有关量刑辩护意见中的合理部分予以采纳，但对张胜某的辩护人请求对张胜某适用缓刑的意见不予采纳。韩运江到案后尚能如实供述部分贪污犯罪事实，积极退赔损失，亦酌予从轻处罚，并对韩运江的辩护人所提量刑辩护意见中的合理部分酌予采纳。故判决：

一、被告人韩运江犯贪污罪，判处有期徒刑十二年，并处罚金人民币七十万元。

二、被告人李春江犯贪污罪，判处有期徒刑七年，并处罚金人民币三十万元。

三、被告人杜东升犯贪污罪，判处有期徒刑三年，并处罚金人民币十五万元。

四、被告人张胜某犯贪污罪，判处有期徒刑一年六个月，并处罚金人民币十万元。

五、在案张胜某退赔的人民币三十万元、韩运江退赔的人民币十二万元，发还北京市通州甲种猪场，并责令韩运江继续退赔人民币十三万元发还北京市通州甲种猪场。

六、在案扣押韩运江之现金人民币一百万元及利息、张胜某退赔的人民币九十八万零一百元、杜东升退赔的人民币十万元、李春江退赔的人民币四万元及冻结李春江银行账户内钱款，依法上缴国库；不足部分责令被告人韩运江、李春江、杜东升继续退赔，其中李春江、杜东升对各自参与的犯罪数额承担连带责任，退赔款依法上缴国库。

【法官后语】

本案争议焦点主要在于是否认定李春江、张胜某、杜东升为从犯。对于本案共同犯罪中主从犯的认定，存在两种意见：一种意见认为，在共同贪污过程中，李春江、张胜某、杜东升均是利用韩运江的职务便利，韩运江对于案件的发生、发展起到关键作用，应认定韩运江为主犯，其余三被告人起次要、辅助作用，为从犯；另一种意见认为，李春江、张胜某、杜东升三人分别与韩运江就其共同贪污数额构成共犯，不应将三被告人认定为从犯。笔者同意后一种观点。

在共同犯罪中，一般而言有主犯也有从犯，但实践中也可能存在共同犯罪人都是主犯的情况。在区别主犯与从犯时，对其在共同犯罪中所起作用的判断，需要综合考虑其参与程度、犯罪情节、对造成危害结果产生作用的大小等各方面因素。具体到本案中，韩运江与李春江、张胜某、杜东升分别实施共同犯罪，在每一起共同犯罪中，韩运江系犯罪起意者，具有决定、审批单位钱款支出的职务便利，对于犯罪进行起到关键作用，应认定为主犯；李春江、张胜某、杜东升明知国家补贴款性质，仍四处购买有机肥购肥凭证，并利用韩运江的职务便利，积极参与实施骗取国家补贴款，该三被告人对造成危害后果所发挥作用并不小于韩运江，不应认定为从犯。如果认定为从犯，无法正确评价其所起的作用，不符合客观事实。但在认定犯罪数额时，李春江、张胜某、杜东升仅对其参与的犯罪数额承担责任，而韩运江则应对全案犯罪数额承担责任。此外，在各被告人均系主犯且罪责相当的情形下，还应从多种角度考量主犯之间的罪责大小，进而准确适用刑罚。被告人的具体行为、主观恶性等都是确定罪责的重要依据。如果通过比较各被告人犯罪的具体作用无法准确区分其罪责大小，还应当考察各被告人的自身情况、犯罪前后表现（如是否有自首、立功、认罪悔罪、积极退赔）等因素。

编写人：北京市第三中级人民法院　刘泽　孙森森

二、刑罚的具体运用

（一）量　　刑

26

被害人具有重大过错可能性是否影响死刑立即执行

——张永军故意杀人案

【案件基本信息】

1. 裁判书字号

黑龙江省黑河市中级人民法院（2016）黑11刑初36号刑事判决书

2. 案由：故意杀人罪

【基本案情】

2013年，被害人刘海某（男，殁年46岁）在黑河市罕达汽镇甲煤矿南侧露天煤矿采掘原煤，被害人田国某（男，殁年43岁）协助刘海某管理。2013年3月，刘海某开始雇用被告人张永军驾驶“斗山300－7”型挖掘机进行作业。同年6月25日，与张永军一同驾驶该挖掘机的另一名挖掘机司机有事请假，张永军驾驶该挖掘机连续工作。2013年6月28日早晨，刘海某、田国某在指挥张永军挖煤的过程中，与张永军产生矛盾并发生口角，张永军遂产生杀死二人的想法。同日7点30分许，张永军趁刘海某与田国某并排站在挖煤深坑旁边之机，操作挖掘机将铲斗举起，朝刘海某、田国某二人拍下去，将二人拍倒在坑内，后又操纵挖掘机挖土将二人掩埋。随后张永军驾驶刘海某的白色轿车离开案发现场。经法医学尸体检验鉴定：刘海某系被他人用钝器伤及胸、腹部致心、肺、肝、肾、小肠及髂外动脉破裂并大失血死亡；田国某系被他人用钝器打击胸、腹部致肝破裂、肺破裂大失血死亡。2013年6月28日11时许，张永军在黑河市爱辉区被公安干警抓获。

【案件焦点】

张永军是否应当判处死刑立即执行。

【法院裁判要旨】

黑龙江省黑河市中级人民法院经审理认为：被告人张永军在雇佣活动中，因工作问题与雇主被害人刘海某、管理者被害人田国某发生矛盾，用挖掘机铲斗将二被害人打击致死的行为已构成故意杀人罪。公诉机关指控罪名成立，本院予以采信。上述事实不仅有被告人张永军的供述以及证人高洪某、马某某的证言佐证，还有现场勘查笔录及照片、司法鉴定意见以及张永军指认现场的录像予以证实，在卷证据能够形成完成的证据链条，排除其他合理怀疑。关于张永军辩护人所提张永军构成自首的辩护意见，经查，根据《最高人民法院关于处理自首和立功若干具体问题的意见》规定，犯罪嫌疑人在明知他们报案而在现场等待，抓捕时无拒捕行为，供认犯罪事实的，视为其自动投案。本案中，被告人只是预感到高洪某会报警，其在被抓获之前不明知高洪某已经报警，因此张永军在被抓获时虽没有抗拒抓捕等行为，仍不能认定为其自动投案。同时，结合张永军在见儿子之前吃了两瓶药企图自杀的行为也可证实其主观上并不具备自首的意图，故，不能认定张永军构成自首，该辩护意见不予采信。关于张永军辩护人所提张永军系初犯、偶犯、一贯表现良好的辩护意见成立，本院予以采信。张永军致二人死亡的犯罪情节特别恶劣，社会后果特别严重，依法应当严惩，鉴于张永军到案后能够如实供述犯罪过程，审理期间积极与被害人田国某家属达成赔偿协议，并取得田国某家属的谅解，故对张永军从轻处罚，不处以死刑立即执行，但应对其限制减刑。综上，依照《中华人民共和国刑法》第二百三十二条、第五十条第二款、第五十七条第一款、第六十七条第三款的规定，判处如下：

一、被告人张永军犯故意杀人罪，判处死刑，缓期二年执行，剥夺政治权利终身。

二、对被告人张永军限制减刑。

【法官后语】

本案审理的重点在于被告人张永军致二人死亡的严重后果是否能够基于被害人具有严重过错的可能性而不判处死刑立即执行。本案系发回重审的案件，本案在黑河市中级人民法院第一次审理时判处了死刑立即执行，但最高人民法院没有复核通过。因此，本案在重审时，着重调查了被害人在本案中是否存在过错。遗憾的是，补充侦查的证据并没有实质性的意义。那么，面对现有的证据情况下，如何适用死刑立即执行，成为本案着重考虑的关键。

首先，从犯罪结果上看，被告人张永军用挖掘机拍死两个人，较一般的故意杀人犯罪行为都残忍，犯罪后果也比较严重，一次性地剥夺了两个人的生命，应当受到严惩。即使是当下，“慎用死刑”的大背景下，死刑立即执行的判处必然是考虑的首要结果。

其次，从犯罪情节上看，被告人张永军是否具有从轻或减轻的处罚情节呢？本案中，被害人是否存在过错成了最大的关键核心。但案发当时，只有被告人张永军与二被害人在案发现场，如何评判张永军供述的真实性，比较困难。现有的证据可以显示的是，二被害人尿检呈阳性，即说明案发前二被害人吸毒了，且在二被害人的车内也搜到吸毒所用的工具，因此可以断定二被害人吸毒的事实成立。此外，通过证人张某、何金某、张少某、赵凤某、徐家某证言可以证实，二被害人在吸毒后有打骂和体罚工人的情况发生。虽然，上述证据不能直接证实二被害人存在张永军所供述的体罚、打骂、威胁等行为，但可以证明二人的品格问题，以及存在过错的极大可能。

最后，虽然品格证据在审判实践中没有做出明确的规定，但法官的自由裁量权可以依据品格证据做出。本案中，二被害人具有严重过错的可能性下，依旧适用死刑立即执行不符合“慎用死刑”的司法理念，而不适用死刑立即执行的刑罚也更符合“有利于被告人”的审判原则。

编写人：黑龙江省黑河市中级人民法院　梁天元

27

被害人系特异体质的命案如何定罪量刑

——叶燕良故意伤害案

【案件基本信息】

1. 裁判书字号

最高人民法院（2016）最高法刑核57329448号

2. 案由：故意伤害罪

【基本案情】

被告人叶燕良于2014年5月8日20时许，在北京市朝阳区酒仙桥大山子北里×号楼南侧甲菜馆门前，因琐事与被害人石宝某（男，殁年64岁）发生争吵。其间，叶燕良用啤酒瓶击打石宝某头部，石宝某于当日死亡。经鉴定，石宝某符合患冠状动脉粥样硬化性心脏病死亡，外伤、情绪激动、劳累等可成为其诱因。叶燕良作案后于2014年5月10日被民警查获归案。

【案件焦点】

本案被害人系特异体质，被告人致被害人死亡的行为如何定罪量刑。

【法院裁判要旨】

北京市第三中级人民法院经审理认为：被告人叶燕良因琐事故意伤害他人身体，致一人死亡，其行为与被害人死亡结果之间存在刑法意义上的因果关系，其行为已构成故意伤害罪。对于被告人叶燕良所提其行为与被害人死亡诱因无关的辩解，经查，在案证据能够证明叶燕良因琐事故意伤害他人身体，致一人死亡的事实，且叶燕良的行为与被害人死亡结果之间存在刑法意义上的因果关系，叶燕良的行为已构成故意伤害罪。被告人叶燕良曾因犯罪被判处有期徒刑以上刑罚，刑罚执行完毕五年内再犯应当判处有期徒刑以上刑罚之罪，系累犯，应当从重处罚。鉴于被告人叶燕良如实供述自己罪行，叶燕良的行为只是被害人死亡的诱因之一以及本案具体情况，故可对被告人叶燕良在法定刑以下判处刑罚，并报最高人民法院核准。判决如下：

故以被告人叶燕良犯故意伤害罪，判处有期徒刑五年。

叶燕良上诉提出：本案事实不清、证据不足，其行为与被害人的死亡无因果关系；原判量刑过重。

北京市高级人民法院经审理认为：原判根据叶燕良犯罪的事实、犯罪的性质、情节及对于社会的危害程度所作的判决，定罪及适用法律正确，量刑适当，审判程序合法，故裁定驳回叶燕良的上诉，维持原审刑事部分判决，并依法报请最高人民法院核准后生效。

最高人民法院经复核认为，叶燕良因琐事持械行凶，故意非法损害他人身体健康，其行为已构成故意伤害罪。鉴于本案系因民间纠纷引发，且叶燕良的伤害行为系石宝某冠心病发作死亡的诱因之一，根据本案的特殊情况，对叶燕良可以在法定刑以下判处刑罚，故作出裁定予以核准。

【法官后语】

本案的特殊之处在于被害人的身体存在潜在的致命性疾病，系特异体质人群。通常情况下，被告人较轻的殴打行为不会导致被害人死亡，但因特异体质因素的介入，被告人的伤害行为诱发了被害人潜在疾病的暴发，最终导致死亡结果的发生。在这种情况下，被告人的行为是否构成犯罪，构成何罪，如何量刑？这是本案的焦点所在。

被害人存在特异体质的伤害案件应从行为与被害人死亡结果之间是否存在因果关系以及行为人的主观罪过两个方面进行考察。

1. 伤害行为与死亡结果之间因果关系之考察。刑法中的因果关系是指实行行为与结果之间的引起与被引起的关系。我国传统刑法理论主要存在必然因果关系说和偶然因果关系说的争论。必然因果关系说认为：当危害行为中包含着结果产生的根据，并符合规律的产生了危害结果时，两者之间就是必然的因果关系。偶然因果关系说认为：当危害行为本身并不包含产生危害结果的根据，但在其发展过程中，偶然介入其他因素，由介入因素合乎规律地引起危害结果时，危害行为与危害结果之间则是偶然因果关系，介入因素与危害结果之间是必然因果关系。随着时代的发展和科技的进步，必然因果关系说已经无法完全适应日趋复杂的犯罪现象和司法实践，偶然因果关系说在司法实践中不断得以应用。在考察因果关系方面，行为与结果之间存在着没有前者就没有后者的条件关系时，前者就是后者的原因，主要判断行为与结果之间的时序性和客观性。上述案例中，被害人死亡的原因是其隐疾的发作，但该疾病并非是自然发作，被告人的殴打行为本身并不必然产生死亡的危害结果，但该行为导致被害人情绪激动，诱发冠心病发作（介入因素），最终导致被害人死亡，被告人的行为与死亡结果之间属于偶然因果关系。被告人持啤酒瓶击打被害人头部在前，被害人冠心病发作在后，其间没有其他因素介入，冠心病发作与被害人死亡之间是必然因果关系。据此，可以确认被告人的行为与被害人死亡结果之间存在刑法上的因果关系。

2. 被告人主观罪状之考察。考察行为与结果之间的因果关系解决了犯罪客观方面的认定问题，但存在因果关系并不一定导致行为人承担刑事责任，还需要考察被告人的主观方面。本案中，被告人持酒瓶击打被害人头部，尽管没有造成头部严重的伤势，但从其作案工具、击打部位来看，显然具有伤害的故意，具有相当的社会危害性。故意伤害致特异体质人死亡的案件应与一般故意伤害（致死）案件有所区别。因为故意伤害致人死亡案件中的行为人对被害人实施的伤害行为，对身体健康的人是不会造成死亡后果的，这是量刑时应予充分考虑的酌定情节。如果在没有其他法定减轻情节的情况下，根据《刑法》第二百三十四条的规定对行为人处以十年以上有期徒刑，显然不符合罪责刑相适应原则。笔者认为，对故意伤害特异体质人死亡案件的量刑，应当与故意伤害致人重伤案件的量刑幅度一致，即应处三年以上十年以下有期徒刑。鉴于本案没有法定减轻处罚的情节，故一审法院在法定刑以下减刑，判处叶燕良有期徒刑五年，并报最高人民法院核准。宣判后叶燕良上诉，本案依照第二审程序审理。北京市高级人民法院二审维持原判，并报最高人民法院核准，最终最高人民法院裁定核准。当然，如果被告人虽然对被害人有厮打、推搡等行为，但该行为的暴力程度较轻，及于一个正常人不会产生伤害的结果（我国《刑法》规定故意伤害罪的标准为致伤程度为轻伤以上），被害人死亡的直接原因是自身隐疾的发作，被告人无从知晓被害人的特异体质和所患疾病，不能认定被告人具有刑法意义上故意伤害的主观罪状，则可能构成过失致人死亡罪。

3. 关于本案的量刑。根据《刑法》第二百三十四条第二款的规定，故意伤害他人致人死亡的，应在十年以上有期徒刑、无期徒刑、死刑的法定幅度内量刑。本案被告人叶燕良故意伤害致人死亡，虽不具有法定减轻处罚的情节，而且还具有累犯这一法定从重处罚情节，但被害人的死亡系一果多因，其死亡的直接原因是冠心病发作，被告人的伤害行为只是导致被害人心脏病发作死亡的诱因之一。根据刑法的一般原理，被告人只对自己的行为负责，当其行为与其他人的行为或一定自然现象竞合时，由他人或自然现象造成的结果就不能归则于被告人。本案中，被害人心脏病发作的诱因众多，将这些诱因共同导致被害人心脏病发作死亡的这一后果责任，全部由被告人承担，显然与其罪责不相适应。故一、二审法院依据《刑法》第六十三条第二款的规定，在法定刑以下对叶燕良判处五年有期徒刑，并报最高人民法院核准，这是符合罪刑相适应原则及特别减轻处罚法定核准程序的。

本案系具有特异体质被害人的命案，通过该案的审理对正确认定被告人刑事责任及运用法定以下减刑具有重要的指导意义和参考作用。

编写人：北京市高级人民法院　吴小军

28

盗窃行为受过行政处罚情形下能否认定为“多次盗窃”构成盗窃罪的次数并折抵刑期

——王某盗窃案

【案件基本信息】

1. 裁判书字号

天津市南开区人民法院（2016）津0104刑初673号刑事判决书

2. 案由：盗窃罪

【基本案情】

2016年4月30日16时30分许，被告人王某在天津市南开区某小区4号楼3门门口，盗窃被害人刘世某停放在此处的深蓝色电动车一辆，后将该电动车变卖，所得200元赃款被其挥霍，经鉴定，该电动车价值400元。2016年8月16日，被告人伙同他人（绰号“山东”）在天津市南开区三马路邮局门口盗窃被害人朱一某绿色电动车一辆，该电动车被“山东”推走，下落不明。经鉴定，该电动车价值400元。

另查，被告人王某于2015年1月26日11时许，在天津市河北区某小区36门楼道内盗窃被害人卢宪某电动车一辆，被处行政拘留十五日，该电动车被被告人王某推至其他小区后丢失，该车系被害人卢宪某花400元购买的二手电动车。2016年9月6日16时许，被告人王某在天津市南开区某楼存车处盗窃被害人张海某灰色自行车时，被被害人当场发现并报警，后被处行政拘留十五日。2016年10月23日，被告人王某被公安机关抓获归案。

案件在审理期间，被告人王某在其家属的配合下，退赔被害人经济损失。

【案件焦点】

1. 因“多次盗窃”构成盗窃罪的，盗窃行为受过行政处罚的，已被行政处罚的盗窃次数能否计入多次盗窃的次数范围；2. 如若列入次数范围，在量刑时是否将因行政处罚羁押的日期折抵刑期。

【法院裁判要旨】

天津市南开区人民法院经审理认为：被告人王某以非法占有为目的，盗窃公民财物，两年内实施盗窃四起，系多次盗窃，其行为依法已构成盗窃罪，应判处三年以下有期徒刑、拘役或者管制，并处或者单处罚金。天津市南开区人民检察院指控被告人王某犯盗窃罪，事实清楚，证据确实、充分，罪名成立，依法应予以支持，并对所提量刑建议酌情予以考虑。被告人王某在归案后能如实供述自己罪行，并且当庭自愿认罪，系坦白，依法可以从轻处罚；被告人王某在家属配合下积极退赔被害人损失，可以酌情从轻处罚。本院综合考虑被告人王某的前科劣迹、归案后的认罪态度以及对被害人退赔情况等情节，依照《中华人民共和国刑法》第二百六十四条、第六十四条、第四十五条、第四十七条、第五十二条、第五十三条及《最高人民法院、最高人民检察院关于办理盗窃刑事案件适用法律若干问题的解释》第三条第一款、第十四条之规定，判决如下：

一、被告人王某犯盗窃罪，判处有期徒刑八个月，并处罚金三千元。

二、本判决生效后，案缴款发还被害人刘世某四百元整，被害人朱一某四百元整，被害人卢宪某四百元整。

【法官后语】

我国《刑法》第二百六十四条规定："盗窃公私财物，数额较大的，或者多次盗窃、入户盗窃、携带凶器盗窃、扒窃的，处三年以下有期徒刑、拘役或者管制，并处或者单处罚金……"。司法实践中，不同法官对于"多次盗窃"构成盗窃罪中所谓的"多次"和"盗窃"理解不一，从而导致在司法审判中存在同案不同判问题。本案例具有一定的代表性和典型性。

《最高人民法院、最高人民检察院关于办理盗窃刑事案件适用法律若干问题的解释》第三条第一款规定："二年内盗窃三次以上的，应当认定为'多次盗窃'"。司法解释虽然对"多次"的次数作出了明确的说明，但是，对于所谓多次盗窃的样态没有作进一步说明。在司法实务中，有人认为曾经受过行政处罚的盗窃行为不应该算作多次盗窃中的次数，故而也就不存在将行政处罚的羁押期间进行折抵的问题；也有人认为，不管盗窃行为本身受没受过行政处罚，只要在两年内实施三次或三次以上的盗窃行为，且未被刑法评价过，就应该认定为刑法上的"多次盗窃"的次数。根据盗窃罪立法原意，将盗窃按次数入罪是为了弥补按照数额入罪的不足，从而扩大盗窃罪的处罚范围，将盗窃数额未达追诉标准的惯犯列入刑法打击范围。基于此，对于多次盗窃入罪不应作过于严苛的限制。盗窃行为受过行政处罚，是一种行政法上的评价，行政法上强调"一事不再罚"，但是，这并非必然不再对其进行刑法上的评价。对于按照盗窃罪评价的盗窃行为，如果已受过行政处罚，仍可作为多次盗窃的次数进行评价，其行政处罚的羁押期间可在刑事判决的刑期中予以折抵，因此，该种做法也并未违反"禁止重复评价"原则，不属于对其行为的重复评价（盗窃行为发生在年满十八周岁之前的除外）。

编写人：天津市南开区人民法院　王凯

29

认识错误对定罪和量刑的影响

——豆某某盗窃案

【案件基本信息】

1. 裁判书字号

北京市朝阳区人民法院2016京0105刑初1862号刑事判决书

2. 案由：盗窃罪

【基本案情】

2016年5月8日18时许，被告人豆某某在北京首都机场2号航站楼停机坪装卸CZ3139航班货物时，趁人不备，从旅客的高尔夫球包内窃得李光某的腕表1块（价值人民币126000元）。被告人豆某某被查获归案后，所盗腕表已起获并发还被害人。

公诉机关认为被告人豆某某的行为已构成盗窃罪，且数额巨大，建议法院依照《中华人民共和国刑法》第二百六十四条之规定，对被告人豆某某定罪处罚。

被告人豆某某对起诉书中指控的内容没有提出异议。

【案件焦点】

1. 占有关系的认定；2. 认识错误对定罪和量刑的影响。

【法院裁判要旨】

北京市朝阳区人民法院经审理认为：被告人豆某某以非法占有为目的，秘密窃取公民的财物，数额巨大，其行为触犯了刑律，已构成盗窃罪，应予惩处。北京市朝阳区人民检察院指控被告人豆某某犯盗窃罪的罪名成立。鉴于被告人豆某某能如实供述所犯罪行，故依法对其所犯盗窃罪予以从轻处罚。综上，本院依照《中华人民共和国刑法》第二百六十四条、第六十七条第三款、第五十二条、第五十三条、第六十一条以及《最高人民法院、最高人民检察院关于办理盗窃刑事案件适用法律若干问题的解释》第一条第一款及第二款、第十四条之规定，判决如下：

被告人豆某某犯盗窃罪，判处有期徒刑三年，罚金人民币三千元。

【法官后语】

1. 关于占有关系的认定问题

本案的第一个特殊性在于乘机人与托运物品的分离状态。一般情况下在机场办理完托运手续后托运人与其行李已经不在同一空间。在飞机起飞时托运人是在机舱，托运的行李是在密封的货运舱，飞机降落时托运人已经离开飞机，而托运的行李尚在货运舱等待卸货。本案中盗窃发生时被害人已经离开了机舱，前往了机场大厅去取托运的行李。被告人是机场停机坪的搬卸工，此时被告人进入货运舱开始卸载行李。被告人供述，当时是他一个人在货运舱内搬运行李，舱门口有同事接货。舱门外还有人监管着他和接货的同事。被告人就是在他一个人在货运舱内搬货时从被害人的包内拿出的手表。

在这种情况下是被害人还占有着自己的行李，还是场所管理者或者被告人及其一起卸货的同事占有着被害人的行李。要看此时被告人是否属于基于委托关系而占有的他人财物，如果是则不能成立盗窃罪（可以成为普通的侵占罪）。张明楷教授认为："在封闭的特定空间，只要所有权人、占有人在场，原则上应该认定为所有权人、占有人占有，而不是由场所管理者占有。"[①] 那么在封闭的空间所有权人不在场，是否就是场所管理者占有其物？本案中的焦点即是被害人是否占有其托运的行李。

笔者认为在乘机人办理托运手续将行李放在航空公司托运到最后取出行李这段时间，行李是由场所管理人占有。因为乘机人在购买机票时航空公司都会规定每个乘机人能够免费托运几件行李，如果超出数量则每件行李需要另付多少钱。如果行李丢失或者损坏航空公司会做出相应的赔偿。所以笔者认为托运人与航空公司成立的是有偿的保管合同关系，即本案中被害人的行李实际上是由场所管理者占有。被告人是机场停机坪的卸货员，且被告人当庭陈述在他们卸货的过程中会有监管人监管他们。所以笔者认为本案中的被告人辅助场所管理人占有被害人的财物，是占有辅助者。辅助占有者是不占有财物的，实际上就是帮助上位占有者占有的"工具"。所以被告人只是辅助场所管理者看管托运人的行李，这是因为托运的行李并没有完全脱离场所管理者，但场所管理者需要其他辅助占有人帮助占有。但不能认为辅助占有人完全占有财物，辅助占有者将其辅助占有的财物转移为自己所有，仍然成立

---

① 张明楷：《刑法学》（第五版），法律出版社2016年，第947页。

盗窃。所以笔者认为本案中被告人在这一点上构成盗窃罪。

2. 关于认识错误的问题

本案中另一特殊性是被告人盗窃所得为一块腕表，价值126000元。那么本案的被告人在盗窃手表时是否知道这块手表价值十几万元，或者说被告人是否有盗窃数额巨大的故意，即被告人是否知道一旦他拿了这块手表就构成盗窃罪且盗窃数额巨大。如果被告人并不知道他盗窃的手表价值126000元，那么本案的被告人就存在着具体事实认识错误。所谓的具体的事实认识错误，是指行为人认识的事实与实际发生的事实虽然不一致，但没有超出同一犯罪构成范围。即行为人只是在某个犯罪构成的范围内发生了对事实的认识错误，因而也被称为同一犯罪构成内的错误。具体的事实错误主要包括对象错误、打击错误与因果关系的错误。对待事实认识错误一般有两种观点即具体符合说与法定符合说的争论。前者认为，行为人所认识的事实与实际发生的事实具体地相一致时，才成立故意的既遂犯；后者认为，行为人所认识的事实与实际发生的事实，只要在犯罪构成范围内是一致的，就成立故意犯罪的既遂。如果本案被告人没有认识到他拿的手表价值126000元，那么本案中存在的就是对象错误。具体的事实错误中的对象错误，是指行为人误把甲对象当作乙对象加以侵害，而甲对象与乙对象处于同一犯罪构成内，行为人的认识内容与客观事实仍属同一犯罪构成的情况。对待事实认识错误，实践中采用的都是法定符合说，即如果存在对象错误，只要是同一犯罪构成就成立此罪的既遂。根据法定符合说本案被告人构成盗窃罪。

法定符合说解决了盗窃罪的构成问题，笔者认为在量刑方面法定符合说却不能给出答案。如果本案被告人主观上只认识的财物数额达到了较大的标准，然而该腕表的实际数额却达到了巨大。那么究竟该按照数额较大量刑还是按照数额巨大量刑？张明楷教授提到："行为人虽然客观上窃取了数额巨大或者特别巨大的财物，但是仅认识到财务的数额较大的，根据责任注意原理，只能适用数额较大的法定刑。"① 故笔者认为这种情况的量刑需要引入在主客观相统一原则，主客观相统一原则的主要是指：对行为人进行定罪量刑，需要存在主观以及客观两个方面的条件，不仅要求在主观上行为人有实行某行为的故意或者过失，而且在客观要求上，行为人应实施了危害社会、为刑法所评价的行为。即行为人的人身危险性、主观恶

① 张明楷：《刑法学》（第五版），法律出版社2016年，第965页。

性与行为在客观上对社会所造成的危害这两大方面，共同决定行为的社会危害性，而且主观与客观的内容要有一致性。在解决盗窃数额认识错误的问题时，则需要运用主客观相统一的原则。如果被告人客观上盗窃了数额巨大的财物，可主观认识却认为数额较大，也就是主观上行为人并没有想造成数额巨大的危害性。由于被告人对其所盗窃财物价值存在认识错误，根据主客观相统一原则，被告人对其所不能认识的价值数额不需要承担刑事责任，只需按其盗窃时所能认识到的数额来承担相应的刑事责任即可①。

那么本案被告人是否认识到其盗窃的是数额巨大的财物呢，笔者的观点是被告人认识到了手表价值。在案件的审理过程中被告人没有对其未认识到手表的价值做出辩解，而且被告人是在卸头等舱的行李过程中从一个高尔夫球包里拿出的手表。被告人此时应该意识到从头等舱旅客的高尔夫球包里偷出的这块手表的价值可能比较高。而被告人有放任自己盗窃数额巨大的故意，这一点与“天价葡萄”一案中的被告人按照正常人的思维认识不到葡萄的价值不同。所以根据主客观相一致的原则适用数额巨大的法定刑。即认定被告人行为构成盗窃罪，数额巨大是合理的。

编写人：北京市朝阳区人民法院　孟慧慧

30

涉家庭暴力致人重伤案件如何量刑

——包存某故意伤害案

【案件基本信息】

1. 裁判书字号

新疆生产建设兵团第八师中级人民法院（2016）兵08刑终34号刑事判决书

2. 案由：故意伤害罪

① 刘畅：《盗窃案件中数额认识错误的量刑》，载《法治与社会》2016年6期（下）。

【基本案情】

2015 年 10 月 31 日 20 时许，包存某在其租住的新疆石河子市石河子镇某村家中，因怀疑其妻张立某有外遇，与张立某发生争执后，持水果刀捅向张立某腹部，致张立某开发性腹部损伤（脾脏贯通伤、胰尾部损伤）、失血性休克、左侧创伤性血胸、双侧胸腔积液、食管裂孔疝。经新疆石河子市公安局法医学人体损伤程度鉴定，鉴定意见为：张立某的损伤程度为重伤二级；建议伤后休息 90 日。

案发当日 20 时 30 分许，包存某作案后拨打“120”急救电话，称自己在某村杀人了。“120”电话值班人员即拨打“110”电话报警。之后民警赶到石河子市人民医院，将包存某传唤至石河子镇派出所接受调查讯问，包存某供述了自己的犯罪事实。

【案件焦点】

被告人持刀致其妻重伤，能否对其适用缓刑。

【法院裁判要旨】

新疆维吾尔自治区石河子市人民法院经审理认为：被告人包存某因怀疑其妻有外遇，不能正确处理，持水果刀将其妻捅伤，致其妻重伤，其行为已构成故意伤害罪。其能自愿认罪，依法酌情从轻处罚。

新疆维吾尔自治区石河子市人民法院依照《中华人民共和国刑法》第二百三十四条第二款、第六十四条的规定，作出如下判决：

一、被告人包存某犯故意伤害罪，判处有期徒刑三年；

二、作案工具水果刀一把予以没收。

包存某以“应认定其具有自首情节，且能自愿认罪，已取得被害人谅解，有悔罪表现”为由提起上诉，请求改判缓刑。新疆生产建设兵团第八师中级人民法院经审理认为：上诉人包存某因怀疑其妻被害人张立某有外遇，持刀故意伤害被害人身体，致被害人重伤，其行为已构成故意伤害罪。关于上诉人包存某及其辩护人提出包存某具有自首情节的意见。经查，包存某作案后拨打“120”急救电话，称其杀了人，“120”电话值班人员即拨打“110”电话报警，后包存某将被害人张立某送往医院抢救，在医院被公安人员带至派出所调查，其如实供述了犯罪事实。包存某的行为符合《最高人民法院关于处理自首和立功若干具体问题的意见》第一条、第二条的规定，认定其具有自首情节。关于上诉人包存某及其辩护人提出请求对包存某改判缓刑的意见。经查，本案系婚姻家庭矛盾所引发的案件，包存某能自愿认罪，具有自首情节，积极抢救被害人，有一定悔罪表现，已取得被害人的谅解，根据其犯罪性质、情节综合考虑，符合宣告缓刑的条件。原判认定上诉人包存某犯故意伤害罪的事实清楚，证据充分，但未认定包存某具有自首情节有误，量刑不当，予以纠正。

新疆生产建设兵团第八师中级人民法院依照《中华人民共和国刑事诉讼法》第二百三十四条第二款、第六十七条第一款、第七十二条第一款、第七十三条第二款及第三款，《最高人民法院关于处理自首和立功若干具体问题的意见》第一条、第二条，《中华人民共和国刑事诉讼法》第二百二十五条第一款第一项、第二项的规定，作出如下判决：

一、维持新疆维吾尔自治区石河子市人民法院（2015）石刑初字第523号刑事判决第一项中的定罪部分和第二项；

二、撤销新疆维吾尔自治区石河子市人民法院（2015）石刑初字第523号刑事判决第一项中的量刑部分；

三、上诉人（原审被告人）包存某犯故意伤害罪，判处有期徒刑三年，缓刑三年。

【法官后语】

本案系涉家庭暴力的刑事案件。对家庭暴力犯罪案件要切实贯彻宽严相济的刑事政策，既不能为了惩处家庭暴力犯罪而一律从严，也不能以这类案件源于婚姻、家庭纠纷而一律从宽，应当宽则宽、当严则严、宽严并用，区别对待。

处理涉家庭暴力刑事案件时，应把握以下几点：第一，施暴人屡教不改，主观恶性深，人身危险性大的，应从严惩处。对于实施家庭暴力手段残忍或者造成严重后果的，恶意侵占财产等动机卑劣，因酗酒、吸毒、赌博等恶习而长期或者多次实施家庭暴力的，曾因实施家庭暴力受到刑事处罚、行政处罚或者具有其他恶劣情形的，可酌情从重处罚。第二，实施家庭暴力犯罪情节较轻，或者被告人真诚悔罪并获得被害人谅解，从轻处罚有利于被扶养人的，或者犯罪情节轻微不需要判处刑罚的，可以结合犯罪事实、犯罪情节与后果以及被告人的主观恶性、人身危险性、有无悔改表现等方面综合把握，酌情从轻处罚。第三，对于长期遭受家庭暴力后，在激愤、恐惧状态下为了防止再次遭受家庭暴力，或者为了摆脱家庭暴力而故意杀害、伤害施暴人的，被告人的行为具有防卫因素，施暴人在案件起因上具有明显过错或者直接责任的，可以酌情从宽处罚。第四，在量刑时要审查被害人出具的谅解书是否是真实意愿，是否系胁迫所致，如果仅是出于子女抚养等物质因素考量的，量刑上从轻幅度不宜过大。此外，还要考虑被害人亲属与被告人之间的关系及案发前后对被告人的态度，不宜一味从轻；对同村村民出具请愿书的，则要审查双方婚姻背景，多听取被害一方亲属的意见，不宜偏信一面之词；对于因达成离婚调解协议而判处缓刑的，则要视情形附带禁止令，禁止被告人在缓刑考验期间接触被害人或者进入被害人住所。

在处理本案时，二审法院遵循了上述原则。详细了解了包存某和张立某的婚姻状况，查明两人婚姻基础较好，张立某并没有发生过外遇，两人没有因本案的发生而感情破裂。重点审查了被害人张立某是否对包存某予以谅解。本案发生后，包存某积极筹借治疗费用，对张立某悉心照顾。一审宣判后张立某为包存某聘请了辩护律师，提交了原籍数十位村民的请愿书，表示她确已与包存某和好，强烈请求对包存某改判缓刑。能够确定张立某谅解包存某是出于真实意愿。此外还综合考量了其他因素，包存某之前从未有过家庭暴力行为，张立某受伤后劳动能力受限，二人有两个年幼的孩子需要抚养，家庭经济全靠包存某支撑。基于以上几点，二审法院认为，包存某犯罪后具有自首情节，能真诚悔罪，愿意痛改前非，取得被害人的谅解，夫妇感情尚未破裂，被害人受伤后劳动能力受限，子女年幼需要抚养，根据包存某的犯罪情节、悔罪表现，对其依法改判了缓刑。

编写人：新疆生产建设兵团第八师中级人民法院　张君

31

罪犯保外就医期间下落不明，再犯新罪时的刑期如何计算

——张见某故意伤害案

【案件基本信息】

1. 裁判书字号

新疆生产建设兵团莫索湾垦区人民法院（2016）兵0802刑初17号刑事判决书

2. 案由：故意伤害罪

【基本案情】

2015年9月17日，被告人张见某与被害人蒋永某因琐事发生争执并相互殴打，后被工友拉开。次日7时40分许，张见某到蒋永某住处，两人再次发生争执，张见某拿起房屋内案板上的一把菜刀将蒋永某左侧脸部砍伤。经法医鉴定，蒋永某的损伤程度为轻伤一级。

张见某因犯抢劫罪，2001年7月31日被河北省保定市中级人民法院判处有期徒刑十五年，剥夺政治权利五年，刑期自2000年11月5日起至2015年11月4日，2001年9月13日送入河北省张家口监狱服刑。2006年12月5日河北省张家口市中级人民法院裁定对张见某减刑十个月，剥夺政治权利五年不变。因患精神分裂症，于2007年7月26日被河北省监狱管理局批准保外就医一年，2007年8月6日开始执行。2008年4月张见某经河南省监狱管理局转入河南省豫南监狱管理。2008年7月11日，豫南监狱干警发现张见某去向不明。2008年8月5日暂予监外执行一年期满，张见某未办理继续保外就医，亦未回到河南省豫南监狱继续服刑。

【案件焦点】

1. 被告人被保外就医一年期限将届满时下落不明，是否系脱逃；2. 其刑期应当如何计算。

【法院裁判要旨】

新疆生产建设兵团莫索湾垦区人民法院经审理认为：被告人张见某故意伤害他人身体，致人轻伤，其行为已经触犯《中华人民共和国刑法》第二百三十四条的规定，构成故意伤害罪。公诉机关指控的事实清楚，证据确实充分，罪名成立。案发后，被告人张见某自动投案，且归案后如实供述自己的罪行，系自首，依法可从轻处罚。张见某躁狂发作，伴有精神病性症状，系限制刑事责任能力人，依法可从轻处罚。公诉人提供的“正阳县公安局汝南埠派出所证明”等证据，能够证实2008年7月11日，豫南监狱干警对张见某进行考察收监，发现张见某私自外出，去向不明。但不能证实2008年8月5日，张见某是否回到监狱服刑。本院视为张见某暂予监外执行一年期满。但之后张见某未办理继续保外就医，未按期回监狱服刑，脱离了执行机关的监管，系在暂予监外执行期间脱逃，脱逃的期间不计入执行刑期，故对辩护人关于张见某没有脱逃行为的辩解意见不予采信。张见某犯抢劫罪的刑罚尚未执行完毕，其又犯故意伤害罪，依法应当对抢劫罪没有执行的刑罚和故意伤害罪实行并罚。张见某被裁定减刑后，因又犯新罪而依法进行数罪并罚时，经减刑裁定减去的刑期不计入已经执行的刑期。

新疆生产建设兵团莫索湾垦区人民法院依照《中华人民共和国刑法》第二百三十四条第一款、第六十七条第一款、第十八条第三款、第七十一条、第六十九条第一款，《中华人民共和国刑事诉讼法》第二百五十七条第三款，《最高人民法院关于罪犯因漏罪、新罪数罪并罚时原减刑裁定应如何处理的意见》之规定，作出如下判决：

一、被告人张见某犯故意伤害罪，判处有期徒刑十一个月，与前罪没有执行的刑罚有期徒刑七年二个月零三十日合并执行，决定执行有期徒刑七年零六个月。

二、作案工具菜刀一把予以没收。

【法官后语】

本案涉及的主要问题是张见某的行为是否构成脱逃和刑期的计算。

1. 关于张见某的行为是否构成在暂予监外执行期间脱逃的问题

根据保外就医的相关规定[①]，罪犯张见某需经公安机关批准以后，才能够离开居住区域。张见某擅自离开居住地，未向公安机关报告，拒不报告行踪，去向不明，实际上脱离了执行机关的监管，系在暂予监外执行期间脱逃。

2. 刑期计算问题

根据本案的证据，可以证实：张见某因犯抢劫罪被判处有期徒刑十五年，在服刑期间因患病，2007 年 7 月 26 日被批准保外就医一年，2007 年 8 月 6 日开始执行。2008 年 7 月 11 日，豫南监狱干警发现张见某去向不明。此时，暂予监外执行的一年还没有届满。本案承办人多次向张见某所在服刑机关发函查询关于张见某保外就医的相关材料，得到的现有证据不能明确两个问题：第一，监狱干警发现张见某去向不明以后，相关部门是否做出收监决定[②]。第二，2008 年 8 月 5 日（即暂予监外执行期限届满时），监狱干警是否再去张见某居住地了解张见某的情况或者向其家属了解情况。张见某因精神分裂症被保外就医，不排除存在不能控制自己行为的情况，那么相关部门应当与其家属联系，在期限届满时再去张见某居住地了解情况。从有利于被告人的角度考虑，应当认定暂予监外执行的一年执行期满，视为张见某服刑至 2008 年 8 月 5 日。次日（即 2008 年 8 月 6 日）张见某脱逃[③]，没有执行刑罚为（2008 年 8 月 6 日至 2015 年 11 月 4 日）。

张见某被裁定减刑后，因又犯新罪而依法进行数罪并罚时，经减刑裁定减去的

---

① 《公安机关对被管制、剥夺政治权利、缓刑、假释、保外就医罪犯的监督管理规定》（1995 年 2 月 21 日施行，2016 年 4 月 22 日废止）第二十四条的规定：公安机关应当向被保外就医的罪犯宣布，在保外就医期间必须遵守下列规定：（一）遵守国家法律、法规和公安部制定的有关规定；（二）在指定的医院接受治疗；（三）确因治疗、护理的特殊要求，需要转院或者离开所居住区域的，必须经公安机关批准；（四）进行治疗疾病以外的社会活动必须经公安机关批准；（五）遵守公安机关制定的具体监督管理措施。

② 中央社会治安综合治理委员会办公室、最高人民法院、最高人民检察院、公安部、司法部制定的《关于加强和规范监外执行工作的意见》规定：暂予监外执行罪犯未经批准擅自离开所居住的市、县，经警告拒不改正的，或者拒不报告行踪、下落不明的，或者采取自伤、自残、欺骗、贿赂等手段骗取、拖延暂予监外执行的，或者两次以上无正当理由不按时提交医疗、诊断病历材料的，批准、决定机关应当根据执行地公安机关建议，及时作出对其收监执行的决定。

③ 《中华人民共和国刑事诉讼法》第二百五十七条第三款规定，罪犯在暂予监外执行期间脱逃的，脱逃的期间不计入执行刑期。

刑期不计入已经执行的刑期。①

张见某犯抢劫罪的刑罚尚未执行完毕，其又犯故意伤害罪，依法应当对抢劫罪没有执行的刑罚和故意伤害罪实行并罚，即按照“先减后并”来计算张见某的刑期。

编写人：新疆生产建设兵团莫索湾垦区人民法院　王媛媛

32

剥夺政治权利执行期间又犯新罪如何计算未执行完毕的剥夺政治权利刑期

——蓝洪某贩卖毒品案

【案件基本信息】

1. 裁判书字号

重庆市第一中级人民法院（2016）渝01刑终1048号刑事判决书

2. 案由：贩卖毒品罪

【基本案情】

2016年8月22日上午，靳某与被告人蓝洪某电话联系购买100元的毒品后，蓝洪某在重庆市铜梁区石鱼镇菜市场门口，将约0.1克海洛因卖予靳某吸食，获款100元。同月26日，蓝洪某因吸毒，在重庆市铜梁区石鱼镇十字路口处被民警抓获，到案后如实供述尚未被掌握的前述事实。重庆市铜梁区人民检察院以蓝洪某犯贩卖毒品罪向重庆市铜梁区人民法院提起公诉。

另查明，被告人蓝洪某因犯盗窃罪、抢劫罪，于2005年8月16日被判处有期

---

① 《最高人民法院关于罪犯因漏罪、新罪数罪并罚时原减刑裁定应如何处理的意见》罪犯被裁定减刑后，因被发现漏罪或者又犯新罪而依法进行数罪并罚时，经减刑裁定减去的刑期不计入已经执行的刑期。

徒刑十七年，并处罚金17000元，剥夺政治权利三年，服刑期间减刑七年五个月，缩减剥夺政治权利一年，2014年12月17日刑满释放，其附加刑剥夺政治权利的刑期为2014年12月17日至2016年12月16日。

【案件焦点】

前罪主刑执行完毕后，被告人在剥夺政治权利执行期间又犯新罪的，在数罪并罚时应如何计算前罪尚未执行完毕的剥夺政治权利刑期。

【法院裁判要旨】

重庆市铜梁区人民法院经审理认为：被告人蓝洪某贩卖少量毒品海洛因给他人，其行为构成贩卖毒品罪。蓝洪某曾被判处有期徒刑，刑罚执行完毕后五年内再故意犯应当判处有期徒刑以上刑罚之罪，是累犯，依法从重处罚。蓝洪某因吸毒被抓获，到案后如实供述了尚未被掌握的贩卖毒品的罪行，是自首，依法从轻处罚。蓝洪某在主刑执行完毕后，执行附加刑剥夺政治权利期间又犯新罪，应当对新犯的罪作出判决，与前罪尚未执行完毕的刑罚并罚。依照《中华人民共和国刑法》第三百四十七条第一款及第四款、第六十五条第一款、第六十七条第一款、第五十二条、第五十三条、第六十四条、第七十一条、第六十九条第三款、第五十八条之规定，以被告人蓝洪某犯贩卖毒品罪，判处有期徒刑八个月、并处罚金一千元，其曾犯盗窃罪、抢劫罪被剥夺政治权利二年，决定执行有期徒刑八个月，并处罚金一千元，剥夺政治权利二年；违法所得一百元予以追缴，上交国库。

一审判决后，蓝洪某以原判量刑过重为由提起上诉。

重庆市第一中级人民法院经审理认为：被告人蓝洪某贩卖海洛因约0.1克，其行为构成贩卖毒品罪。蓝洪某曾因犯盗窃罪、抢劫罪被判处有期徒刑，刑罚执行完毕以后，在五年以内再犯应当判处有期徒刑以上刑罚之罪，是累犯，依法从重处罚。蓝洪某因吸毒被抓获，到案后如实供述了尚未被公安机关掌握的贩卖毒品罪行，是自首，依法从轻处罚。一审判决根据蓝洪某的犯罪事实和量刑情节在法定量刑幅度内判处刑罚，量刑适当，蓝洪某提出原判量刑过重的上诉理由不能成立。一审判决鉴于蓝洪某在主刑执行完毕后，附加刑剥夺政治权利执行期间又犯新罪，对新犯的罪作出判决，与前罪没有执行的刑罚并罚并无不当。但依照《最高人民法院关于在执行附加刑剥夺政治权利期间犯新罪应如何处理的批复》的规定，本案的审理期间，蓝洪某前罪所判处的剥夺政治权利并未停止执行。在本院审理过程中，已于2016年12月16日执行完毕，故不再并罚。原判决对蓝洪某犯贩卖毒品罪认定事实和适用法律正确，量刑适当，审判程序合法。鉴于二审审理过程中，蓝洪某因前罪被判处的剥夺政治权利已执行完毕，不再数罪并罚。依照《中华人民共和国刑事诉讼法》第二百二十五条第一款第（一）（二）项，《中华人民共和国刑法》第三百四十七条第四款、第六十五条第一款、第六十七条第二款、第六十四条之规定，判决如下：

一、撤销重庆市铜梁区人民法院（2016）渝0151刑初433号刑事判决第一项中决定执行刑罚部分，即决定执行有期徒刑八个月，并处罚金一千元，剥夺政治权利二年。

二、维持重庆市铜梁区人民法院（2016）渝0151刑初433号刑事判决第一项中贩卖毒品罪的定罪、量刑部分及第二项，即被告人蓝洪某犯贩卖毒品罪，判处有期徒刑八个月，并处罚金一千元；违法所得一百元予以追缴，上交国库。

【法官后语】

本案处理的争议焦点是前罪主刑执行完毕后，被告人在剥夺政治权利执行期间又犯新罪的，在数罪并罚时应如何计算前罪尚未执行完毕的剥夺政治权利刑期。

最高院人民法院《关于在执行附加刑剥夺政治权利期间犯新罪应如何处理的批复》（以下简称《批复》）中规定：“一、对判处有期徒刑并处剥夺政治权利的罪犯，主刑执行完毕，在执行附加刑剥夺政治权利期间又犯新罪，如果所犯新罪无须附加剥夺政治权利的，依照刑法第七十一条的规定数罪并罚。二、前罪尚未执行完毕的附加刑剥夺政治权利的刑期从新罪的主刑有期徒刑执行之日起停止计算，并依照刑法第五十八条规定从新罪的主刑有期徒刑执行完毕之日或者假释之日起继续计算；附加刑剥夺政治权利的效力施用于新罪的主刑执行期间……”。对如何计算前罪尚未执行完毕的附加刑剥夺政治权利的刑期，该《批复》并未作出明确规定，也是本案认识分歧所在。

具体到本案中，被告人蓝洪某曾因犯盗窃罪、抢劫罪被判处有期徒刑，并处剥夺政治权利，在执行前罪剥夺政治权利期间，蓝洪某又犯贩卖毒品罪被判处有期徒刑，此种情况下并不适用《批复》第二条的规定。理由在于：法律规定是刑罚执行中止的原因。按照《刑事诉讼法》的规定，判决和裁定发生法律效力后执行。被告人因犯新罪被刑事拘留至审理终结期间，因新罪判决尚未生效，故无法确定新罪主刑执行之日，因此不能按照《批复》第二条规定停止执行前罪尚未执行完毕的附加刑剥夺政治权利的刑期，即前罪尚未执行完毕的附加刑剥夺政治权利仍在继续执行之中。

需要注意的是，由于被告人因犯新罪被羁押至审判终结期间，前罪附加刑剥夺政治权利的执行并不中止，在新罪判决生效之后，对于剥夺政治权利的并罚会存在两种情况：一是新罪生效判决作出时，前罪的剥夺政治权利已执行完，因此新罪生效判决无须再根据《刑法》第七十一条的规定进行并罚。二是新罪生效判决作出时，如前罪的附加刑剥夺政治权利尚未执行完毕，则根据《批复》的规定，从新罪判决执行之日起停止计算前罪尚未执行完毕的附加刑剥夺政治权利刑期，前罪尚未执行完毕的附加刑剥夺政治权利刑期与新罪判决确定的刑期实行并罚。本案即属于第一种情况，被告人蓝洪某在新罪判决尚未生效之前，前罪附加刑剥夺政治权利刑期已执行完毕，故新罪判决中无须再实行并罚。

按照以上思路，在新罪判决尚未生效之前，对前罪附加刑剥夺政治权利刑期执行完毕与否尚不能确定。因此，一审判决关于附加刑剥夺政治权利刑期的并罚表述就处于不确定的状态。为解决这一问题，可以考虑一审判决在对附加刑剥夺政治权利刑期并罚时，在判决主文中不列明附加刑剥夺政治权利刑期起止的具体时间，在括号中以“前罪尚未执行完毕的附加刑剥夺政治权利的刑期从新罪主刑有期徒刑执行之日起停止计算，从新罪的主刑有期徒刑执行完毕之日或假释之日起继续计算”予以备注说明。

编写人：重庆市第一中级人民法院　陈超　黄晨

33

死刑缓期执行限制减刑制度的法律适用

——摆永庆故意杀人案

【案件基本信息】

1. 裁判书字号

新疆维吾尔自治区哈密市中级人民法院（2016）新22刑初第2号刑事附带民事判决书

2. 案由：故意杀人罪

【基本案情】

摆永庆与被害人刘凯某曾系男女朋友关系。2013年两人分手后，又因故发生争执，摆永庆对此心怀不满。2015年10月24日晚22时许，摆永庆携带匕首驾车前往哈密市某小区216栋附近守候刘凯某，约22时30分许摆永庆在215栋楼后找到刘凯某，即将刘凯某拽倒后压在身下，并用随身携带的匕首连续捅刺刘凯某头面部、颈部、躯干部等身体部位，多达数十刀。后逃离现场，于2015年10月25日14时许主动到哈密市公安局投案，刘凯某经抢救无效死亡。经鉴定，刘凯某系被他人用锐器刺切全身多处导致双肺、肝、肾破裂引起大量失血而死亡。

【案件焦点】

对被告人是否适用限制减刑。

【法院裁判要旨】

新疆维吾尔自治区哈密市中级人民法院经审理认为：被告人摆永庆无视国家法律，动辄持刀杀人，采取捅刺被害人头面部、颈部、躯干部等身体部位，致被害人死亡，其行为已触犯国家刑律，构成故意杀人罪，应依法予以惩处。公诉机关指控被告人摆永庆犯故意杀人罪的事实清楚，证据充分，所出示的证据合法、有效，指控罪名成立，本院依法予以确认。被告人摆永庆仅因一般纠纷即采用捅刺被害人30余刀的极端手段，致被害人死亡，手段极其残忍，犯罪情节极其严重，体现了较大的主观恶性和人身危险性，本应严惩。考虑到摆永庆作案后，主动到哈密市公安局投案，如实供述犯罪事实，有自首情节，其家属积极赔偿附带民事诉讼原告人经济损失，对其判处死刑，可不立即执行，限制减刑更符合罪刑相适应原则，辩护人请求从轻处罚的辩护意见予以采纳。

被告人摆永庆因其犯罪行为给附带民事诉讼原告人造成的经济损失，依法应予赔偿。附带民事诉讼原告人关于赔偿住宿费、交通费的诉讼请求，因未提供相应证据，可酌情考虑；关于赔偿丧葬费的诉讼请求，于法有据，予以支持；关于赔偿死亡赔偿金、被抚养人生活费、精神抚慰金的诉讼请求，因不属于刑事附带民事诉讼的赔偿范围，不予支持。

新疆维吾尔自治区哈密市中级人民法院依照《中华人民共和国刑事诉讼法》第六十四条之规定，作出如下判决：

根据被告人摆永庆犯罪的事实、性质、情节和对社会的危害程度，依照《中华人民共和国刑法》第二百三十二条、第四十八条、第五十条第二款、第五十四条、第五十七条、第六十七条、第三十六条第一款和《最高人民法院关于审理人身损害赔偿案件适用法律若干问题的解释》第二十条、第二十二条、第二十七条之规定，判决如下：

一、被告人摆永庆犯故意杀人罪，判处死刑，缓期二年执行，剥夺政治权利终身。

二、对被告人摆永庆限制减刑。

三、被告人摆永庆赔偿附带民事诉讼原告人陈惠某、刘正某经济损失40000元。

四、作案工具匕首一把予以没收。

【法官后语】

本案处理重点主要是对被告人是否适用限制减刑。从刑法条文本身看，虽然规定对三种情形（简称“1+8”）的死缓犯可以决定限制减刑，但同时规定由人民法院根据犯罪情节等情况决定是否限制减刑，体现了立法对适用限制减刑的慎重。在考虑对被告人限制减刑时，一定要从立法本意出发，慎重作出决定。适用限制减刑应当遵循以下三项基本原则。一是罪刑法定原则。罪刑法定原则是刑事司法工作中要遵循的最重要的基本原则，对判处死刑缓期执行的被告人是否限制减刑也应当遵循该原则。根据《刑法》第五十条第二款的规定，只有对于“1+8”情形的案件，判处被告人死刑缓期执行的，才可以考虑限制减刑，其他情形判处被告人死刑缓期执行的，一律不得限制减刑。对于被告人犯故意伤害罪被判处死刑缓期执行的，如果系累犯，或者系“有组织的暴力性犯罪”的，可以决定限制减刑。对于不符合这两种情形的故意伤害罪，判处被告人死刑缓期执行的，则不应当限制减刑。二是罪刑相适应原则。罪刑相适应原则也是刑法的基本原则，对于司法机关依法公正判刑，尤为重要。《刑法》第五条规定：“刑罚的轻重，应当与犯罪分子所犯罪行和承担的刑事责任相适应。”据此规定的精神，限制减刑应当仅适用于判处死刑立即执行过重，但判处死刑缓期执行不限制减刑又偏轻的案件。从法律规定看，尽管《刑法》第五十条第二款已经限制了对死刑缓期执行罪犯适用限制减刑的范围，即仅适用于“1+8”情形，但由于是否限制减刑要根据“犯罪情节等情况”作出决定，存在一定弹性，故适用范围仍可能较宽。在此情况下，就十分有必要在司法适用中强调严格遵循罪刑相适应原则。即在对判处死刑缓期执行的被告人决定是否限制减刑时，要综合考虑犯罪的性质，犯罪的起因、动机、目的、手段等情节，犯罪的后果，被告人的主观恶性和人身危险性等因素，全面分析量刑情节，严格依法适用，确保法律效果与社会效果的有机统一。对于判处死刑缓期执行无须限制减刑就能做到有效制裁犯罪的案件，自然不应当限制减刑。特别是由于对死刑缓期执行罪犯是否适用限制减刑因案而异，适用标准上有一定弹性，尤其要防止对限制减刑的不当适用。工作中遇到是否须限制减刑把握不准的案件，宜采取保守的做法，不适用限制减刑。三是有利于严格执行死刑政策的原则。这是正确适用限制减刑应当遵循的最重要的一项司法原则。从立法目的看，对死刑缓期执行罪犯限制减刑并不是为了单纯地加重“生刑”，而是为进一步严格执行死刑政策创造法律和制度条件。即通过延长部分死刑缓期执行罪犯的实际执行期，充分发挥死缓刑的严厉性，改变以往“死刑过重、生刑过轻”的刑罚执行不平衡现象。由此，一部分以往因判处死刑缓期执行做不到罚当其罪而判处了死刑立即执行的案件，在《刑法修正案（八）》施行后，可以判处死刑缓期执行并限制减刑。这便可以在确保依法严惩严重犯罪的前提下，进一步严格执行死刑政策。但是，单从刑法条文中难以解读出这种立法目的。因此，在司法适用中必须强调，对死刑缓期执行罪犯限制减刑应当以有利于严格执行死刑政策为前提。只有对于以往本可以判处死刑缓期执行，因死刑缓期执行的惩罚力度不够，进而不得已判处了死刑立即执行的案件，今后由于有了限制减刑制度，能够有效制裁犯罪，才可以考虑在判处死刑缓期执行的同时决定限制减刑。对死刑缓期执行罪犯适用限制减刑，必须围绕这一立法目的展开。

对于具有自首、重大立功、坦白主要罪行情节的被告人，虽然因所犯罪行极其严重被判处死刑缓期执行，但因这些法定从宽情节对量刑影响较大，也能较好说明被告人有悔罪表现，一般可以考虑不限制减刑。但是如本案被告人犯罪手段十分残忍，如捅刺被害人三十余刀，被害人求饶后仍杀人，情节十分恶劣，体现了较大的主观恶性和人身危险性，限制减刑更符合罪刑相适应原则的，可以限制减刑。

编写人：新疆维吾尔自治区哈密市中级人民法院　张军

34

犯罪情节轻微免予刑事处罚的理解与适用

——洪侨某、彭春某故意伤害案

【案件基本信息】

1. 裁判书字号

福建省厦门市翔安区人民法院（2016）闽0213刑初29号刑事判决书

2. 案由：故意伤害罪

【基本案情】

2015年4月9日20时许，被告人彭春某、洪侨某与“张总”“马巷人”等人在厦门市翔安区新店镇彭厝村某海鲜馆吃完饭后，在该餐馆一楼大厅共同与餐馆经营者彭冬某喝茶聊天。彭厝村村民彭南某酒后至该餐馆，见被告人彭春某在场即因琐事与之争吵并互相辱骂。彭冬某见状劝阻并欲将彭南某推离餐馆。彭南某挣脱并上前用手拉拽被告人彭春某的衣领。被告人彭春某即顺手拿起木椅作势欲殴打彭南某，彭南某亦拿起木椅还击。在场的被告人洪侨某及其朋友“张总”等人见状上前拉劝彭南某，随即与彭南某发生肢体冲突。被告人彭春某见状亦上前拉扯，被告人洪侨某及“张总”动手殴打彭南某，其间被告人洪侨某还持一个醋瓶砸打彭南某头部一下，并在彭南某倒地后用脚踢踹其胸部。之后，被告人洪侨某等人离开现场，被告人彭春某滞留现场。被害人彭南某电话报警，后被送至医院治疗。经法医鉴定，被害人彭南某右侧第5、6肋骨骨折，头皮裂伤，左顶区头皮血肿，全身多处软组织挫伤，损伤程度构成轻伤二级。

案发当晚，被告人彭春某在现场被公安机关带回调查。2015年6月29日，被告人洪侨某在厦门市翔安区马巷镇××号其住家门口被公安机关抓获。被告人洪侨某归案后能基本如实供述自己的犯罪行为。被告人彭春某归案后未能如实供述自己的犯罪行为。

2015年8月7日，被告人洪侨某、彭春某与被害人彭南某达成调解，已支付赔偿款人民币85000元并取得谅解。

【案件焦点】

如何理解与适用《刑法》关于“对于犯罪情节轻微不需要判处刑罚的，可以免予刑事处罚”的规定。

【法院裁判要旨】

福建省厦门市翔安区人民法院经审理认为：被告人洪侨某、彭春某共同故意伤害他人身体致一人轻伤二级，其行为已构成故意伤害罪。公诉机关指控的罪名成立。本案系共同犯罪，被告人洪侨某在共同犯罪中起主要作用，是主犯；被告人彭春某在共同犯罪中起次要作用，是从犯，依法应当从轻处罚。被告人洪侨某归案后能如实供述自己的犯罪行为，具有坦白情节，依法可以从轻处罚。二被告人已经赔偿被害人全部经济损失并取得谅解，均可酌情从轻处罚。被害人对案发具有过错，可酌情对二被告人从轻处罚。被告人彭春某事发时未饮酒，且明知被害人已属醉酒状态，言行必然会有不同程度的失当之处和失控之势，其作为清醒之人，本应理智、冷静、克制，但却背道而驰，一时冲动酿成大错，教训实为深刻。鉴于本案是偶发案件，被告人彭春某并未预谋伤害，亦未在现场授意、指使洪侨某等人殴打被害人，其拿椅子作势殴打虽反映主观上具有与被害人发生殴斗的主观意愿，在法理上具有非正当性和违法性，但作为一般人，面对被害人的过错行为所采取的该反击行为，在情理上具有可恕性，较难严厉苛责。其与洪侨某的行为系基于被害人先挑起事端并先动手打人的事态发展而衍生的共同伤害行为，且被害人轻伤后果并非其所直接造成，综合考虑被害人对案发具有过错，其已与被害人达成调解并取得谅解，基于罪责刑相适应的原则考虑，可认定其犯罪情节轻微，依法可以免予刑事处罚。据此，依照《中华人民共和国刑法》第二百三十四条第一款，第二十五条第一款，第二十六条第一款、第四款，第二十七条，第三十七条，第七十二条之规定，判决如下：

一、被告人洪侨某犯故意伤害罪，判处拘役五个月，缓刑六个月。

二、被告人彭春某犯故意伤害罪，免予刑事处罚。

【法官后语】

如何正确理解和适用“犯罪情节轻微免予刑事处罚”为本案核心问题。首先，必须明确“犯罪情节轻微免予刑事处罚”是属于量刑评价，前提是行为已构成犯罪。刑法中定罪是指对于某一行为是否构成犯罪、构成何种犯罪的确认与评判；量刑是指对于已构成犯罪的行为从重、从轻或者免除刑罚的确认与评判。适用“犯罪情节轻微免予刑事处罚”的案件被告人肯定是构成犯罪的，只是在量刑上考虑给予免予刑事处罚。本案中，被告人彭春某之前持木椅作势要殴打被害人，与之后在洪侨某与被害人发生肢体冲突时冲上前所实施的并非劝架行为的拉扯行为，与洪侨某等人的暴力伤害行为，所针对的对象均是被害人一人，可见其主观上与被告人洪侨某等人相互具有共同伤害被害人的概括故意，而最终导致被害人轻伤，被告人彭春某的行为已构成故意伤害罪。

其次，能否对被告人适用“犯罪情节轻微免予刑事处罚”需要综合评价。需要考量行为人所犯罪行的社会危害程度、人身危险性程度和主观恶性大小的各种要素，应当遵循罪责刑相适应的基本原则，采取综合分析平衡的基本方法得出结论，在综合考虑各种情节基础上，还要考虑免予刑事处罚能否对行为人起到应有的教育矫治作用，能否实现一般预防和特殊预防的目的。本案中，在综合全案事实和情节的基础上，通过对从严情节与从宽情节的综合比较，可知本案系偶发犯罪、事出有因，被害人对案发有过错，被告人彭春某拿椅子作势殴打虽反映主观上具有与被害人发生殴斗的主观意愿，在法理上具有非正当性和违法性，但作为一般人，面对被害人的过错行为所采取的该反击行为，在情理上具有可恕性，较难严厉苛责，且被害人轻伤后果并非其所直接造成，事后其已与被害人达成调解并取得谅解，故对被告人彭春某认定为犯罪情节轻微，免予刑事处罚。本案的处理体现出人道主义精神，亦体现宽严相济刑事政策精神，更使涉案当事人在今后生活中更能明白如何理智、冷静应对突发情况。

编写人：福建省厦门市翔安区人民法院 吴梅双

35

偷挖渗井、渗坑处置生产废液的刑事责任

——孙某某等污染环境案

【案件基本信息】

1. 裁判书字号

河北省石家庄市桥西区人民法院（2016）冀0104刑初2号刑事判决书

2. 案由：污染环境罪

【基本案情】

被告人孙某某于2014年4月至10月在位于石家庄市正定县新安镇某村旁开办化工厂。被告人马甲和马乙分别于2014年4月和6月被雇用到该化工厂工作，主要负责烧锅炉。生产过程中，在马甲的帮助下，孙某某在化工厂南北位置共计挖了四个坑，北边两个坑中一个用于排放雨水，另一个坑中埋放一个铁罐用于储存原料；南边的两个坑中一个坑中埋放铁罐用于锅炉循环用水，另一个用于排污。孙某某利用从外地运来的原料通过多次蒸馏的方法生产特戊酸，将生产过程中产生废液放置于水槽中，并指使马甲、马乙将水槽中的废液不经任何处理直接排放到事先挖好的用于排污的渗井中渗入地下。事发后，石家庄市环境检测中心对化工厂的水样

进行了监测分析。经监测，北渗井（即埋在地下用于存放原料的铁罐）约 1000 ml 水样中含铅（5.28mg）、镉（0.80mg）、汞（3.10μg）、砷（41.4μg）、铬（9.19mg）等，南渗井的废水中总砷 0.3μg/L，总铬 0.013mg/L。该监测报告经过河北省环保厅的认可。

2014 年 10 月 17 日石家庄市公安局桥西分局民警在化工厂作业的孙某某、马甲、马乙等人抓获。

该化工厂所占用的土地为集体土地，面积约为 1 亩的荒地，为石鹏某租给孙某某使用。2014 年 10 月，化工厂被石家庄市公安局桥西分局环安支队查获，随后被正定县环保局和新安镇政府联合执法强制取缔。正定县环保局在该工厂在经营过程中未做出过行政处罚。

马甲辩护人辩称：1. 马甲被首次传唤后，公安机关未采取任何强制措施，在 2014 年 12 月 8 日，公安机关再次电话通知马甲接受调查后，马甲主动到的公安机关并做了如实供述，其行为应当认定为自首；2. 检测结果证明只有原料坑中铁罐内的废水重金属超标，但并没有排放。另一渗坑中重金属不超标，故被告人不构成污染环境罪。

【案件焦点】

1. 经传唤到案是否构成自首；2. 偷挖渗井、渗坑处置生产废液的行为如何认定；3. 恢复性司法的运用。

【法院裁判要旨】

河北省石家庄市桥西区人民法院经审理认为：马甲是否构成自首的问题。石家庄市公安局桥西分局于 2014 年 10 月 17 日在孙某某的化工厂将被告人孙某某、马甲、马乙抓获，并于当天进行了讯问，马甲在第一次供述中仅称其看见过直接排污，但并没有供述其参与挖渗井和排污的行为，后公安机关通过孙某某的供述掌握了马甲和马乙参与排污的事实，于 2014 年 12 月 8 日电话传唤马甲，马甲在公安机关做了如实供述。根据相关司法解释规定的适用精神，马甲的行为并没有节省司法资源，故不能认定马甲的行为构成自首。

被告人偷挖渗坑排放废水的行为认定问题。《最高人民法院、最高人民检察院关于办理环境污染刑事案件适用法律若干问题的解释》① 第一条第四项规定："私设暗管或者利用渗井、渗坑、裂隙、溶洞等排放、倾倒、处置有放射性的废物、含传染病病原体的废物、有毒物质的"；第十条规定："下列物质应当认定为有毒物质：……（三）含有铅、汞、镉、铬等重金属物质……"。

本案中，被告人为了排污事先挖好渗坑，在不经任何处理的情况下将含有有毒物质的废水直接排放到渗坑中，尽管废水所含重金属不超标，但是符合上述司法解释的规定，属于情节严重，构成污染环境罪。

经办案法官的解释，被告人将破坏的环境予以修复，对于被告人积极修复环境的行为，合议庭在量刑时予以考虑，酌情对被告人从轻处罚。

河北省石家庄市桥西区人民法院根据《中华人民共和国刑法》第三百三十八条、第六十七条、第二十五条、第二十六条、第二十七条、第四十五条、第四十七条、第五十二条、第五十三条之规定，判决如下：

一、被告人孙某某犯污染环境罪，判处有期徒刑九个月，并处罚金人民币五万元。

二、被告人马甲犯污染环境罪，判处拘役五个月，并处罚金人民币一万元。

三、被告人马乙犯污染环境罪，判处拘役五个月，并处罚金人民币一万元。

本院宣判后，被告人没有上诉，检察机关没有抗诉，现已生效。

【法官后语】

1. 尽管污染环境行为属于严厉打击对象，但是在审理过程中仍应该坚持罪责刑相适应原则。如何在污染环境案件中坚持宽严相济政策，实现罚当其罪是处理这类案件的关键。惩治环境污染行为并不是最终目的，如何最大程度地实现被破坏的环境得到修复、改变原来破坏环境者服刑但污染仍然存在的尴尬局面才是司法的终极目标。本案审理过程，合议庭向被告人讲明了环境污染案件的审理原则、恢复性司法的要求、恢复性行为可作为量刑情节，促使被告人主动承担起应有的责任。被告人在取保候审期间，将原化工厂遗留的设备拆除运走并在原址上平整土地、栽种树苗，这一情节也在量刑时被法院充分考虑，体现了从宽的一面。同时，在处理涉

① 已被《最高人民法院、最高人民检察院关于办理环境污染刑事案件适用法律若干问题的解释》（法释〔2016〕29号）废止。

及环境保护的刑事案件时，坚持一般不予适用缓刑原则，结合本案，被告人的行为导致含重金属、类金属的废水向土壤中渗透，其污染结果是不可逆的，最后合议庭没有对被告人宣告缓刑，体现了从严一面。

2. 实践中，相当多的案件中的被告人并非是现行犯而被刑事拘留或者逮捕。公安机关在侦破案件时，为了防止错抓、错捕，在没有确凿证据下一般采用电话传唤的方式进行讯问。犯罪嫌疑人经传唤到案后应该体现其投案的心理动机或者主动投案态度，但如果传唤到案后供述仅仅是为了证明其他同案犯的犯罪行为，或者投案后没有交代自己或者他人的犯罪行为的不能认定为自动投案。本案中被告人马甲被传唤到案，表面上看符合了传唤后自动到案，但是其并非为了到公安机关讲清自己的犯罪行为，而是仅仅证明了被告人孙某某私挖渗井偷排废水的行为。马甲虽然系电话传唤到案，但是没有体现出自动投案的动机也没有节省司法资源，故其不属于自首。

3. 2011 年施行的《刑法修正案（八）》将原来的“重大环境污染事故罪”修订为“污染环境罪”，入罪门槛也改为“严重污染环境”，同时也由结果犯转变为情节犯。2013 年的《关于办理环境污染刑事案件适用法律若干问题的解释》（以下简称《解释》）对“严重污染环境”“有毒物质”的认定等做出了更加细化的规定。本案中，废水中检出砷，而 2013 年的《解释》中没有直接规定砷为重金属物质，但 2011 年 2 月，国务院《重金属污染综合防治“十二五”规划》将类金属砷（AS）也列为防治对象，故合议庭将砷也认定为有毒物质。2017 年出台的《最高人民法院、最高人民检察院关于办理环境污染刑事案件适用法律若干问题的解释》（法释〔2016〕29 号）扩大了重金属认定范围，将砷、铊、锑等物质列入其中。

编写人：河北省石家庄市桥西区人民法院　王荔

36

有刑事责任能力未必有服刑能力

——王某猥亵儿童案

【案件基本信息】

1. 裁判书字号

北京市朝阳区人民法院（2015）朝少刑初字第1892号刑事判决书

2. 案由：猥亵儿童罪

【基本案情】

2015年3月6日16时许，被告人王某在北京市朝阳区芳草地西街×楼北侧路边，对张某（女，4岁，河南省人）实施猥亵行为。被告人王某于2015年3月11日被查获归案。

本案是一起猥亵事实，过程清晰又简单，被告人对公诉机关指控的事实和罪名也予以认可。合议庭的争议焦点在于对被告人的量刑。本案证据显示，被告人王某曾被诊断为患有“双相情感障碍”的精神疾病，作案时正处于疾病缓解期。但经鉴定，被告人王某在作案时辨认能力和控制能力完全，作案动机现实，评定为完全刑事责任能力人。

对此，合议庭有两种不同的量刑意见：一种意见认为，被告人曾经犯有精神疾病，本案又是在减药期间所犯，处于疾病缓解期，虽然被告人被鉴定为完全刑事责任能力人，但考虑到被告人曾犯有精神疾病的特殊状况，为了更好地矫治犯罪，不宜对其判处实刑，可判处缓刑并进行社区矫正，让社区及家长对其进行监督效果要比送入监狱效果更好。另一种意见认为，虽然被告人曾经患有精神疾病，但被告人经鉴定亦属于完全刑事责任能力人，且被告人所犯猥亵儿童罪系《关于依法惩治性侵害未成年人犯罪的意见》明确规定要严惩的犯罪，被告人应该对其危害行为承担责任，如果判处缓刑则无法避免类似的行为再次发生，因此要判处实刑，以达到特殊预防的目的。

【案件焦点】

对被告人能否判处缓刑。

【法院裁判要旨】

北京市朝阳区人民法院经审理认为：被告人王某无视国法，为满足个人淫欲，猥亵不满十四周岁的儿童，其行为触犯了刑律，已构成猥亵儿童罪，依法应从重处罚。鉴于被告人王某能够如实供述所犯罪行，认罪态度较好，本院对其所犯罪行依法从轻处罚并适用缓刑。

北京市朝阳区人民法院依照《中华人民共和国刑法》第二百三十七条第一款及第三款、第六十七条第三款、第六十一条、第七十二条第一款、第七十三条第二款及第三款之规定，作出如下判决：

被告人王某犯猥亵儿童罪，判处有期徒刑一年六个月，缓刑二年。

宣判后，被告人未上诉，公诉机关亦未抗诉，判决已生效。

【法官后语】

本案案情较为清晰，被告人对定罪也没有异议，本案的重点在于对被告人的量刑问题，即判处实刑还是缓刑。合议庭两种意见针锋相对的根本原因在于对刑事责任能力的理解不同。

在我国学界通说认为，“刑事责任能力，是指行为人构成犯罪和承担刑事责任所必需的，行为人具备的刑法意义上辨认和控制自己行为的能力”。[①] 此观点将刑事责任能力看作构成犯罪的要素以及承担责任的必要条件。张明楷教授亦持类似观点，“刑法上的责任能力，由辨认能力和控制能力组成。辨认能力，是指行为人认识自己特定行为的内容、社会意义与结果的能力，因而也可以称之为认识能力。控制能力，是指行为人支配自己实施或者不实施特定行为的能力”[②]。另外，司法部于2011年3月17日印发的《精神障碍者刑事责任能力评定指南》是当前鉴定机构

---

① 高铭暄、马克昌主编：《刑法学》（第六版），北京大学出版社、高等教育出版社2014年版，第84页。

② 张明楷：《刑法学》（第五版），法律出版社2016年版，第302页。

的参考标准，而其中关于刑事责任能力的定义亦是解释为辨认和控制能力，其对刑事责任能力的定义为："行为人能够正确认识自己行为的性质、意义、作用和后果，并能够根据这种认识而自觉地选择和控制自己的行为，从而到达对自己所实施的刑法所禁止的危害社会行为承担刑事责任的能力，即对刑法所禁止的危害社会行为具有的辨认和控制能力。"

本案中，对于王某的鉴定亦是按照辨认、控制能力的标准进行。根据鉴定意见书，对于王某的鉴定过程如下：王某作案动机现实，以满足个人心理需要为目的。王某知道这是违法行为，具有法律认识能力，故王某有辨认能力。王某对时间、地点、对象等有选择，并能及时躲避风险，说明其控制能力的存在。据《司法精神病学法律能力鉴定指导标准》，应评定为完全刑事责任能力。

可以说，上述鉴定过程从作案动机到作案者的辨认能力再到控制能力，有理有据，完全无可指责。然而，需要指出的是，能够承担责任和能够接受刑罚两者之间并不是画等号的。对犯罪者的处罚包括定罪和科刑两个方面。刑事责任能力是构成犯罪的必要条件，但这只是对确定罪名而言，如果涉及科处刑罚，就不仅要考虑到刑事责任能力，还要考虑到其是否能够实际执行刑罚，刑罚执行的效果如何。只有在执行刑罚对犯罪者有实际意义时，才予以执行。原因何在呢？这就需要引入服刑能力的概念。

"服刑能力，指服刑人员能够合理承受对其剥夺部分权益的惩罚，清楚地辨认自己犯罪行为的性质、后果，合理地理解刑罚的性质、目的和意义，并合理地控制自己言行以有效接受劳动改造的能力。"① 服刑能力与刑事责任能力不同，前者的指向是刑事惩罚，后者的指向是刑事责任。从逻辑上讲，刑事责任能力和服刑能力两者是递进的关系，能够承担刑事责任才有可能接受刑罚，但也存在有刑事责任能力但却并没有服刑能力的情况。从服刑效果上看，有服刑能力的人接受刑事惩罚才有意义，对没有服刑能力的人（如能够建立明确的精神障碍诊断之人）进行刑事惩罚不仅不人道，也是对于诉讼资源的浪费，在当前刑事诉讼中可适用强制医疗程序。

---

① 以上是《精神障碍者服刑能力评定指南》对服刑能力有明确的定义，该指南为司法部于2016年修订印发，起草者与《精神障碍者刑事责任能力评定指南》起草者相同，笔者在此认可此观点。

本案中，虽然公安机关对被告人的刑事责任能力进行了鉴定，但并未对被告人的服刑能力进行鉴定，① 参考《精神障碍者服刑能力评定指南》关于服刑能力的判断，既往患有精神障碍缓解2年以上，目前无精神症状表现的，才可评定为有服刑能力。而在本案中，被告人王某因患“双相情感障碍”而休学接受治疗，因治疗效果良好而在医生建议下减药，在减药期间本案发生。参考该指南，王某应评定为无服刑能力。如果严格按照服刑能力的标准，本案甚至存在定罪免刑的空间，但司法实践与理论分析毕竟不同，② 本案最终的判决结果是对被告人判处缓刑，被告人并未上诉，公诉机关亦未抗诉。本案最终以缓刑生效。

编写人：北京市朝阳区人民法院　孙高鹏

（二）累　　犯

37

恶意透支型信用卡诈骗案件中累犯的认定

——高姗姗信用卡诈骗案

【案件基本信息】

1. 裁判书字号

北京市西城区人民法院（2015）西刑初字第733号刑事判决书

2. 案由：信用卡诈骗罪

---

① 事实上，北京市各精神病司法鉴定机构所依据的《司法精神病学法律能力鉴定指导标准》已将服刑能力的鉴定包含在内，但实践中对服刑能力进行鉴定的还是少数。

② 定罪免刑较之判处缓刑虽然仅是量刑上的差别，但在司法实践中承办法官需要请示、汇报，甚至需要与公诉机关沟通意见，内部程序复杂，又受审限限制，二者相权，以判处缓刑作中庸之道，在刑事审判实践中实属无奈。

【基本案情】

被告人高姗姗自2006年至2010年，先后申办多家银行信用卡并恶意透支，截至案发共计透支本金人民币22万余元，经发卡银行多次催收超过三个月仍未归还。另，被告人高姗姗因犯信用卡诈骗罪，于2013年9月4日被北京市海淀区人民法院判处有期徒刑十个月，并处罚金人民币二万元，2013年10月6日刑满释放。上述事实，有公诉机关提供并经法庭质证的发卡银行的报案材料、信用卡申领材料、账目明细、催收记录、前科材料、到案经过、户籍信息等予以证明，足以认定。

对于被告人高姗姗是否构成累犯，合议庭有两种不同意见。合议庭多数人意见认为起诉书所指控的犯罪事实均发生在被告人高姗姗前次被海淀区警方羁押之前，其被刑满释放后，没有新的犯罪事实发生，不宜认定为累犯。合议庭少数人意见认为，信用卡诈骗罪的犯罪构成比较特殊，需要行为人透支后经两次催收超过三个月才构成犯罪，而被告人高姗姗的部分犯罪是在海淀区人民法院判决执行完毕后才满足经两次催收超过三个月的够罪标准，从这个角度来说，其符合累犯的规定，公诉机关也是基于此种考虑将其认定为累犯。

【案件焦点】

被告人是否构成累犯。

【法院裁判要旨】

北京市西城区人民法院经审理认为：被告人高姗姗以非法占有为目的，利用信用卡超过规定期限恶意透支，数额巨大，其行为侵害了国家金融票证管理制度及他人财产所有权，已构成信用卡诈骗罪，应依法予以惩处。北京市西城区人民检察院指控被告人高姗姗犯信用卡诈骗罪成立。关于辩护人提出的被告人高姗姗不是累犯辩护意见，经查，起诉书所指控的恶意透支行为均发生在被告人高姗姗前次被羁押前，其被刑满释放后，没有新的犯罪事实发生，不宜认定为累犯，公诉机关指控被告人高姗姗系累犯不当，辩护人的上述辩护意见本院予以采纳。据此，法院依照《中华人民共和国刑法》的有关规定，判决被告人高姗姗犯信用卡诈骗罪，判处有期徒刑五年六个月，并处罚金人民币六万元，并责令其进行退赔。

【法官后语】

累犯制度作为刑罚适用的一个重要制度，旨在对于再次犯罪予以严厉打击。恶意透支型信用卡诈骗案件由于犯罪构成要件中存在法律拟制，即行为人在满足非法占有目的的情况下，需经发卡行两次催收超过三个月才构成犯罪，故该类犯罪中犯罪时间的认定不同于一般犯罪，导致行为人是否属于在有期徒刑刑罚执行完毕后五年内再犯新罪出现分歧，即累犯的认定在实践中出现分歧。那么对于恶意透支行为犯罪时间的认定，是从申领信用卡之时、开始透支时，还是经银行两次催收超过三个月之时认定呢？本案中，如果将犯罪时间认定为两次催收超过三个月之时，则被告人属于在前次刑罚执行完毕后五年内再犯新罪，构成累犯；如果将犯罪时间认定为申领信用卡或开始透支之时，本次指控的犯罪则属于漏罪，被告人不构成累犯。传统理论认为，犯罪是违法且有责的行为，行为与责任应当同时存在，那么信用卡诈骗罪的“非法占有为目的”作为主观构成要件要素，应当产生于信用卡诈骗行为之时。但是，由于“恶意透支”的不作为本质及法律拟制的特点，犯罪开始的时间是一个特殊问题。在一般的财产型犯罪中，行为人窃取、骗取、转移财产而制造条件的是犯罪预备，开始窃取、骗取、转移财产即可认定为着手，将财产至于本人或者第三人的控制之下便是既遂。然而，在恶意透支信用卡诈骗案件中，行为人在还款期结束后拒不还款，首先触犯的是金融管理法规，其信用记录将出现污点，而只有当银行两次催收超过三个月仍不归还的，其行为才构成犯罪，法律也才开始对于其主观善意或者恶意进行认定。这种认定往往也并非基于行为人透支时的表现，故某些观点认为应在行为人满足经两次催收超过三个月时来认定犯罪时间。但是，当行为人透支后无法归还，司法机关先行起诉了部分犯罪事实的情况下，如果还按照满足两次催收超过三个月来认定犯罪时间，起诉在后的事实，犯罪和开始的时间就被“拉长”了，也就是说，行为人再无任何新的透支事实的情况下，也可能在法律上存在新的犯罪事实。这样，恶意透支型信用卡诈骗罪的犯罪时间就被不合理地“拉长”了，这对于被告人是极为不利的。笔者认为，犯罪的开始时间应当与非法占有目的同时存在，故应以着手实施犯罪的时间而不是经两次催收超过三个月来认定再犯时间。本案中，被告人高姗姗所有的恶意透支行为均发生在2012年其被羁押之前，在法院判决后其没有新的恶意透支行为，证明其主观上没有再次非法占有银行财产的故意，故不宜将其按照法律拟制的在刑满释放后才满足经两次催收超过三个月来认定其构成再犯，故其不构成累犯。

编写人：北京市西城区人民法院　张岩

38

累犯在连续犯中之认定

——郑伯某盗窃案

【案件基本信息】

1. 裁判书字号

四川省自贡市贡井区人民法院（2016）川0303刑初38号刑事判决书

2. 案由：盗窃罪

【基本案情】

2015年1月16日4时许，被告人郑伯某撬门进入四川省荣县旭阳镇某街××号×栋1单元6楼2号被害人董某某的住处，盗得现金人民币60余元、银行卡和证件等。

2015年7月4日4时许，被告人郑伯某撬门进入自贡市贡井区某路××号×栋2单元6楼3号被害人冯某、陈某的住处，盗得现金人民币1450元。

2015年10月11日凌晨，被告人郑伯某撬门进入自贡市自流井区尚义路某路××号2单元附24号被害人魏某某的家中，盗得一台笔记本电脑、一块手表、一台平板电脑和现金人民币3700元。

2015年12月6日4时许，被告人郑伯某撬门进入四川省富顺县富世镇被害人宋某某的家中，盗得一部甲牌手机。在离开被害人宋某某的住处后，被告人郑伯某又撬门进入四川省富顺县富世镇×号楼2单元5号房被害人白某某的住处欲实施盗窃，被发现后逃离现场，在逃离时将盗得的上述手机遗落在现场。该手机已发还失主。

2016年1月16日2时许，被告人郑伯某采用技术性开锁的方式进入自贡市贡井区某路××栋4楼附11号被害人杨某的家中，盗得乙牌笔记本电脑二台和现金人民币1000元。

综上所述，被告人郑伯某共盗得现金人民币6210元、手表一块、手机一部、笔记本电脑三台、平板电脑一台及银行卡、证件等物品。经鉴定，被盗手表价格为人民币3056元，被盗甲牌手机价格为人民币2925元。

辩护人提出，被告人盗窃行为具有连续或继续状态，符合连续犯的相关形态，对连续犯的追诉时效应从犯罪行为终了之日起计算，据此，被告人的行为终了之日已不在五年的累犯期内，因而不构成累犯。

【案件焦点】

本案的争议焦点在于对连续犯认定累犯的时间认定。

【法院裁判要旨】

四川省自贡市贡井区人民法院经审理认为：被告人郑伯某实施入户盗窃被害人白某某家的犯罪，因未窃得财物属犯罪未遂，对这次犯罪可以比照既遂犯从轻或减轻处罚；被告人郑伯某曾因故意犯罪被判处有期徒刑以上刑罚，刑罚执行完毕以后在五年以内再犯应当判处有期徒刑以上刑罚之罪，系累犯，依法应当从重处罚；辩护人提出被告人不属于累犯的辩护意见法庭不予采纳；被告人郑伯某在归案后能如实供述自己的罪行，依法可以从轻处罚。据此，法院为保护公民的财产权利不受侵犯，对被告人郑伯某依照《中华人民共和国刑法》相关规定，作出如下判决：

一、被告人郑伯某犯盗窃罪，判处有期徒刑一年九个月，并处罚金人民币5000元。罚金限于本判决生效之日起十日内缴纳；

二、责令被告人郑伯某将违法所得退赔被害人。

【法官后语】

本案的争议焦点在于对连续犯中累犯的时间认定。理论中有三种观点：一是以连续犯数个犯罪行为的终点来认定累犯的时间条件；二是严格以五年为界限，五年以内的以累犯论处，超过五年的不以累犯论处；三是以连续犯数个犯罪行为中第一个行为的时间作为判断基点。笔者赞成第三种观点。

按第一种观点，本案第一次盗窃发生在刑罚执行完毕五年内，但案发前的最后一次盗窃已超过五年，因此不能认定为累犯，只能适用连续犯以盗窃罪从重处罚。显然这不符合累犯制度设立的目的。

按第二种观点，看似很合理，也遵循了累犯的规定，但这实际是对连续犯进行了拆分，会出现两个刑罚，即一部分符合累犯而从重处罚，另一部分不符合累犯而不能从重处罚，这显然违背了连续犯按一罪从重处罚的原则。此外，还可能会出现这种情况：如果行为人盗窃了两次，时间分别在刑罚执行完毕或假释之日起五年内和五年外，两次数额单独都不能入罪，但累计数额已达到入罪标准，但因为时间上进行了拆分，是否就认定为不构罪呢？可见，第二种观点也是不合理的。

按第三种观点，本案的被告人再犯罪行为发生在五年内，可以表明过去的刑罚并没有在他身上起到明显的效果，主观恶性较大，不思悔改，所以，以再犯罪的当日为基点，认定其整个连续盗窃均成立累犯。显然，这更能体现累犯的本质特点。此外，这种观点也能便于司法工作者实践中操作和适用，一定程度上避免了相似案件不同处理，维护法律的严肃性与权威性。

编写人：四川省自贡市贡井区人民法院　林柳英

（三）自首与立功

39

自首中如实供述时间节点的认定

——覃光洪以危险方法危害公共安全案

【案件基本信息】

1. 裁判书字号

北京市丰台区人民法院（2016）京0106刑初1139号刑事判决书

2. 案由：以危险方法危害公共安全罪

【基本案情】

2016 年 4 月 26 日 23 时 30 分许，被告人覃光洪酒后驾驶车牌号为京 N3××××的轿车在北京市丰台区马家楼桥西向南匝道处，遇有北京市公安局公安交通管理局丰台交通支队方庄大队民警夜查酒驾，被告人覃光洪不配合民警执法，驾车强行闯卡，后又掉头逆向行驶，过程中碰撞、刮蹭多辆汽车，后因撞击其他车辆，导致其他车辆位移又发生交通事故。之后被告人覃光洪驾驶车辆逆向行驶至南四环逃逸。经调查核实，被告人覃光洪驾驶车辆共造成道路上正常行驶或停车等待检查的 9 辆车不同程度毁损。

【案件焦点】

被告人在经传唤到案后的第二次讯问中如实供述了自己主要犯罪事实的行为能否构成自首。

【法院裁判要旨】

北京市丰台区人民法院经审理认为：被告人覃光洪无视国家法律，使用危险方法危害公共安全，尚未造成严重后果，其行为已构成以危险方法危害公共安全罪，依法应予处罚。北京市丰台区人民检察院指控被告人覃光洪犯以危险方法危害公共安全罪的主要事实清楚，证据确实、充分，指控罪名成立。辩护人提出被告人覃光洪具有自首情节，经查，被告人覃光洪到案后并未及时交代自己的主要犯罪事实，在民警掌握其主要犯罪事实之后才供述了其驾车闯卡的犯罪事实，不能认定其如实供述自己的罪行，故其不构成自首，辩护人的该辩护意见本院不予采纳；其他辩护意见，本院酌予考虑。鉴于被告人覃光洪当庭自愿认罪，在其亲友帮助下赔偿本案多名被害人的经济损失，并取得相关被害人的谅解，故本院对其酌情予以从轻处罚。

北京市丰台区人民法院依照《中华人民共和国刑法》第一百一十四条、第六十一条以及第六十四条之规定，判决如下：

一、被告人覃光洪犯以危险方法危害公共安全罪，判处有期徒刑四年六个月。

二、已扣押的涉案轿车（车牌号为京 N3××××）发还车辆所有人罗某。

【法官后语】

本案的争议焦点在于被告人覃光洪在经传唤到案后的第二次讯问中如实供述了

自己主要犯罪事实的行为能否构成自首。这一问题涉及如实供述时间节点的把握。

根据《刑法》第六十七条的规定:“犯罪以后自动投案,如实供述自己的罪行的,是自首……”。可见,成立一般自首需具备两个条件:一是自动投案,二是如实供述自己的罪行。根据1998年4月6日发布的《最高人民法院关于处理自首和立功具体应用法律若干问题的解释》第一条的规定:“……自动投案,是指犯罪事实或者犯罪嫌疑人未被司法机关发觉,或者虽被发觉,但犯罪嫌疑人尚未受到讯问、未被采取强制措施时,主动、直接向公安机关、人民检察院或者人民法院投案……”,该条文还列举了七种自动投案的具体情形。本案中,丰台交通支队大红门大队于2016年4月27日14时将涉嫌逃逸的覃光洪传唤至大红门大队进行讯问,覃光洪在接到传唤后主动到案,并且之后未有脱逃行为,被告人覃光洪投案的时间属于“犯罪嫌疑人尚未受到讯问、未被采取强制措施”之前,应当认定为《刑法》第六十七条中的“自动投案”。

被告人覃光洪自动投案后,在2016年4月27日下午第一次在丰台交通支队大红门大队接受讯问时,供述称肇事车辆案发当天是由朋友陈某驾驶,并未如实供述自己的犯罪事实。在当日第二次讯问及之后的供述中均承认自己驾驶肇事车辆的经过,其行为能否认定为一般自首中的“如实供述”?2010年12月22日最高人民法院印发的《关于处理自首和立功若干具体问题的意见》规定,“犯罪嫌疑人自动投案时虽然没有交代自己的主要犯罪事实,但在司法机关掌握其主要犯罪事实之前主动交代的,应认定为如实供述自己的罪行”。可见,若想成立一般自首,如实供述必不可少,并且并非没有时间限制。其法理基础在于,国家设立自首制度的目的,一是在于鼓励犯罪嫌疑人、被告人悔过自新,二是在于分化瓦解犯罪分子,降低办案成本,提高刑事诉讼效率,二者具备其一即可。如果犯罪嫌疑人、被告人主动投案后却不如实供述自己的主要犯罪事实,则表明其悔罪缺乏诚意,但即使这样,如果其能够在司法机关掌握主要犯罪事实前如实供述,还可以在一定程度上节约司法资源,避免耗费更多司法成本去查明案情,基于此,还是可以认定自首,对其从轻处罚。但如果犯罪嫌疑人、被告人虽自动投案,却不如实供述自己的主要犯罪事实,而在司法机关掌握了其主要犯罪事实后才如实供述,那么既无法展现其悔过自新的态度,也无法节约司法资源,那么必然就没有了认定自首的基础和根据。

因此,正确认定自首中的“如实供述”,必须准确把握时间节点,分情况认定:

第一，如果被告人、犯罪嫌疑人到案前，司法机关尚未掌握其主要犯罪事实，被告人、犯罪嫌疑人一般情况下应当在自动投案时如实供述自己的主要犯罪事实，如果没有，如实供述的时间节点可以宽限到司法机关掌握其主要犯罪事实之前；第二，如果犯罪嫌疑人、被告人到案前，司法机关已经掌握了其主要犯罪事实，那么其如实供述的时间节点就仅限于第一次供述。

本案中，由于被告人覃光洪在案发第二天下午被传唤到案后，第一次供述中并未如实供述自己的主要犯罪事实，而是在当日第二次讯问时才如实供述；而案发当日民警执法过程中已锁定了肇事车辆，第二天传唤被告人覃光洪，则说明司法机关已查明肇事车辆的所有人，并锁定了案发时肇事车辆的使用人，另外，被告人覃光洪被传唤当天，司法机关已掌握了被害人的陈述和部分证人证言，因此被告人覃光洪的如实供述时间节点应属于司法机关已掌握其主要犯罪事实之后，在此情形下，当且仅当其第一次供述时如实供述自己的主要犯罪事实，才能够成立自首。因此，不能认定被告人覃光洪的行为构成自首。

编写人：北京市丰台区人民法院　耿郁泉

40

讯问后未采取强制措施，后主动投案能否认定为自首

——杨某某危险驾驶案

【案件基本信息】

1. 裁判书字号

北京市第一中级人民法院（2017）京01刑终225号刑事裁定书

2. 案由：危险驾驶罪

【基本案情】

2017年1月20日21时许，被告人杨某某酒后驾驶一辆小型轿车由北向南行驶至北京市石景山区八角东街建西苑北门附近时，与被害人王某、魏某、刘某停放在

路边的车辆发生交通事故，杨某某在事故中负全部责任。被告人杨某某被交通民警当场抓获，经检测杨某某的血液中酒精含量为236.1mg/100ml。

后杨某某于2017年1月21日22时许被释放；2017年1月22日8时许杨某某又自动投案，后如实供述了上述事实。2017年1月22日杨某某赔偿了被害人王某、魏某的损失，2017年1月23日杨某某的家属代为赔偿了刘某的损失，并取得上述三名被害人的谅解。

【案件焦点】

被告人在案发后即接受讯问后，但未被采取强制措施，释放后被告人又自动投案，后如实供述了事实，是否能构成自首。

【法院裁判要旨】

北京市石景山区人民法院经审理认为：被告人杨某某无视法律规定，醉酒后在道路上驾驶机动车，其行为已构成危险驾驶罪，依法应予惩处。北京市石景山区人民检察院指控被告人杨某某犯危险驾驶罪的事实清楚，证据确实、充分，指控的罪名成立。因被告人杨某某在危险驾驶过程中造成事故且负事故的全部责任，血液酒精含量达到200mg/100ml以上，应对其依法从重处罚；鉴于其自动到案，到案后能够如实供述自己的罪行，系自首；已积极赔偿被害人经济损失，得到被害人谅解，可以对其依法从轻处罚。据此，根据相关法律规定，判处杨某某拘役三个月，并处罚金人民币二千元。

一审判决作出后，杨某某以量刑过重为由提起上诉。在本案二审审理期间，杨某某申请撤回上诉。

北京市第一中级人民法院认为：一审法院根据上诉人杨某某犯危险驾驶罪的事实、犯罪的性质、情节及对于社会的危害程度所作出的判决认定事实清楚，证据确实、充分，定罪及适用法律正确，量刑适当，审判程序合法，应予维持。杨某某撤回上诉的申请符合法律规定，本院依法准许，因此裁定准许上诉人杨某某撤回上诉。

【法官后语】

本案中，被告人杨某某在案发后即接受讯问后，但于2017年1月21日22时许被释放；2017年1月22日8时许杨某某又自动投案，后如实供述了上述事实。因此，本案主要的争议焦点在于杨某某是否构成自首。

第一种意见认为，杨某某的行为构成自首，理由是《刑法》第六十七条第一款规定："犯罪以后自动投案，如实供述自己的罪行的，是自首……"。杨某某的行为符合该条规定，构成自首。

第二种意见认为，杨某某的行为不构成自首，理由是根据《最高人民法院关于处理自首和立功具体应用法律若干问题的解释》第一条规定："……自动投案，是指犯罪事实或者犯罪嫌疑人未被司法机关发觉，或者虽被发觉，但犯罪嫌疑人尚未受到讯问、未被采取强制措施时，主动、直接向公安机关、人民检察院或者人民法院投案……"。根据上述规定，自动投案的时间节点是"未受到讯问、未被采取强制措施"，而杨某某已经受到了讯问，即便后来因未被采取强制措施而释放，释放后又主动到公安机关，但不符合自动投案的时间要件，不构成自首。

笔者同意第一种意见。

法律规定自首制度的目的在于鼓励犯罪分子投案自首，悔过自新，主动接受司法机关的处罚，从而减小对社会的危害性，有利于分化瓦解犯罪分子，加强对犯罪分子打击的有效性，提高司法效率，节约司法成本。本案中，杨某某的行为符合自首的立法本意。

首先，公安机关虽然对杨某某进行了讯问，但当时并未确定是否立案，也就是没有确定其是否构成犯罪，讯问后，也没有对其采取任何强制措施，杨某某在释放的第二天即主动至公安机关投案，并如实供述自己的罪行，说明杨某某有自愿接受司法机关处罚的主观意思表示，同时也节约了司法成本，使案件得到及时的审判，符合设立自首制度的立法本意。

其次，《最高人民法院关于处理自首和立功具体应用法律若干问题的解释》第一条规定的自动投案的时间节点是未受到讯问、未被采取强制措施时，从实践中理解，该节点主要应该是强调未被采取强制措施，因为在实践中，被采取强制措施的均已接受过讯问，而接受讯问不一定采取强制措施。本案中杨某某的行为是在未被采取强制措施之前，应认定为自动投案。虽被告人杨某某第一次是被动到案，此时若侦查机关及时对其采取强制措施，杨某某则不具有自首情节，但因为侦查机关的行为不当，没有对其采取强制措施，侦查机关的不当作为不应由杨某某承担不利后果，应认定为杨某某系自动投案。

最后，自首制度的本质是行为人在“犯罪后”主动、自愿将自己交付给国家司法机关追诉，接受司法机关处理，达到节约司法资源的效果。除了符合法律和司法解释列举的自首和视为自首的情形外，只要符合自首制度的本质特征的应当认定为自首。只要体现归案的主动性和自愿性的，都应当认定为“自动投案”。法律规定是抽象的、原则的，而社会现象纷繁复杂，世间事物千姿百态、千变万化，没有两个完全相同的案件，法律并不能包罗万象，自首的情形复杂多变，而由于成文法（法律、司法解释）的高度概括性和立法的滞后性，以及最高人民法院指导案例的个别性，必然会给法律的适用带来一定的困难，以至于法律、司法解释对自首和自动投案的规定不可能面面俱到。因此，要回归到法律规范设定时的立法原点和精神，特别是本质特征予以认定。认定自首，既符合自首的本质要求，又有利于实现自首的目的，也符合宽严相济的刑事政策及刑法谦抑性原则，以最大限度实现法律效果同社会效果的统一。

编写人：北京市石景山区人民法院　刘昌昌

41

环境资源领域职务犯罪中“自首”与“坦白”的区别和认定

——李汭霏受贿案

【案件基本信息】

1. 裁判书字号

四川省珙县人民法院（2016）1526刑初106号刑事判决书

2. 案由：受贿罪

【基本案情】

2011年12月至2016年3月，被告人李汭霏利用其担任四川省珙县林业局孝儿林业站站长职务之便，非法收受周某某等8人现金共计43.8万元，并为周某某等人在办理林木采伐许可证等方面提供帮助，破坏环境资源管理秩序。珙县人民检察院反贪贿赂局了解到李汭霏涉嫌受贿的相关信息后，2016年3月1日电话通知李汭霏到检察院接受调查，李汭霏到案后如实供述自己利用职务上的便利多次收取他人现金，为他人提供便利，谋取利益的事实和经过，并对自己的犯罪行为供认不讳。其辩护人认为被告人李汭霏具有自首情节，应当从轻处罚，以及被告人李汭霏是初犯、认罪态度好，可以从轻处罚。

【案件焦点】

被告人如实供述罪行是否构成自首，自首和坦白如何区别。

【法院裁判要旨】

四川省珙县人民法院经审理认为：被告人李汭霏身为国家工作人员，利用职务上的便利，非法收受他人贿赂43.8万元，并为他人谋取利益，数额巨大，其行为触犯了《中华人民共和国刑法》第三百八十五条第一款、第三百八十六条、第三百八十三条第一款第（二）项，构成受贿罪，公诉机关指控罪名成立。珙县人民检察院在相关材料中已发现被告人李汭霏的受贿线索，电话通知其到案，李汭霏如实供述自己的罪行，属坦白，可以从轻处罚。辩护人关于李汭霏具有自首情节的辩护意见与审理查明的事实及相关法律不符，本院不予以采纳。辩护人的其他辩护意见合理部分本院予以采纳。据此，依照《中华人民共和国刑法》第三百八十五条第一款、第三百八十六条、第三百八十三条第一款第（二）项及第二款、第六十七条第三款、第六十四条的规定，判决如下：

一、被告人李汭霏犯受贿罪，判处有期徒刑三年六个月，并处罚金20万元；

二、被告人李汭霏受贿所得赃款43.8万元继续予以追缴。

一审宣判后，在法定期限内被告人未上诉、检察院未抗诉，一审判决已经发生法律效力。

【法官后语】

本案的处理重点有两个。一是被告人受贿罪的认定。根据《刑法》第三百八十五条关于受贿罪的规定，其构成要件有：行为主体应当是国家工作人员；行为方式是利用职务上的便利索取他人钱财，或者非法收受他人钱财的；同时还要求行为人具有主观故意，主观上具有接受贿赂，即将他人提供的财物作为自己所有物的意思，如果行为人根本不知道自己收受了贿赂，或者只是暂时收下，准备交给有关部门处理或者退还给行贿人，不成立受贿罪。二是对于行为人到案后如实供述自己的罪行的情节属于自首还是坦白的认定。根据《刑法》第六十七条的规定，自首是行为人犯罪后自动投案，如实供述自己的罪行，自动投案的时间须发生在尚未归案之前，即犯罪事实未被司法机关发觉以前、犯罪人尚未被查获以前或者司法机关尚未对犯罪分子进行讯问或者采取强制措施以前；而坦白是指犯罪嫌疑人虽不具备自首情节，但是如实供述自己罪行的情形，与一般自首的区别在于，一般自首是主动投案，坦白是被动投案。

结合到本案中，主体资格上李汭霏身为四川省珙县林业局孝儿林业站站长国家机关工作人员；行为上其利用该职务上的便利，非法收受他人贿赂43.8万元，为他人办理林木采伐许可证等提供便利，谋取利益，数额巨大，且具有主观故意，其行为符合受贿罪构成要件。同时李汭霏是到案之后如实供述自己的犯罪事实的，并非自动投案，因此，其辩护人关于李汭霏具有自首情节的辩护意见不能成立，李汭霏不具有自首情节，其如实供述自己的罪行，仅属于坦白，可以从轻处罚，遂法院作出上述判决。

值得关注的是，本案属于环境资源领域内的职务犯罪，近年来，这类犯罪呈上升趋势，一些国家工作人员滥用职权、执法不严、监管不力，甚至有的国家工作人员利用职权大肆进行“权钱交易”，不仅侵犯了国家工作人员公务行为的廉洁性，还破坏了环境资源管理秩序，加剧了环境资源领域的违法犯罪。加强环境资源领域惩治和预防职务犯罪，是当前反腐倡廉工作面临的一个紧迫任务。本案被告人自担任林业站站长伊始，便利用审批林木采伐许可证的权力，多次收受他人贿赂，犯罪行为时间跨度长达5年多，其行为已构成受贿罪。本案提醒环境资源领域的国家工作人员要认真履行职责，严格、依法、廉洁、公正行使审批、监管、行政处罚的职权，否则，将受到法律的严惩。

编写人：四川省宜宾市中级人民法院　赵良剑　李小莉

42

交通肇事离开现场后自首的认定

——王华某交通肇事案

【案件基本信息】

1. 通知书字号

河北省衡水市阜城县人民法院（2017）冀1128刑申1号驳回申诉通知书

2. 案由：交通肇事罪

【基本案情】

2015年12月4日17时20分，被告人王华某驾驶京E8××××的小型轿车，沿霞码路由南向北行驶至霞口镇霍庄村村西向左转弯掉头时，与沿霞码公路由南向北行驶的由被害人肖焕某驾驶的轻便二轮摩托车相挂，致肖焕某受伤，被告人王华某本人离开现场，让其妻子在现场，自己亲戚跟随救护车一起和伤者赶去县医院，后受害人肖焕某经医院抢救无效死亡，经阜城县交警队认定，被告人王华某负事故的主要责任，被害人肖焕某负事故的次要责任。

【案件焦点】

被告人是否属于交通肇事后逃逸，能否认定为自首。

【法院裁判要旨】

河北省阜城县人民法院经审理认为：被告人王华某目无国法，违反交通运输管理法规，发生重大交通事故，至一人死亡，且负事故的主要责任，犯罪事实清楚，证据确实充分，其行为构成交通肇事罪。公诉机关指控罪名成立。被告人王华某离开现场后，自动投案如实供述自己罪行，符合自首的构成要件，酌情考虑从宽幅度。依照《中华人民共和国刑法》第一百三十三条第一款、第六十七条之规定，判决如下：

被告人王华某犯交通肇事罪，判处有期徒刑一年六个月。

受害人家属于 2017 年 2 月 23 日向阜城县人民法院以被告人王华某属交通肇事后逃逸且不能认定自首为由提出申诉。

河北省阜城县人民法院经审理认为：本案中被告人王华某违反交通运输管理法规致一人死亡，负事故的主要责任，其行为构成交通肇事罪。在发生交通事故后，被告人王华某没有为了逃避法律追究而逃跑，而是让其妻子在现场，自己亲戚跟随救护车一起和伤者赶去县医院，故其行为不能认定为交通肇事后逃逸。司法机关未确定犯罪嫌疑人，尚在一般性排查询问时自动到公安机关如实供述自己的罪行，应认定为自首。其行为应以三年以下法定刑为基准刑，原判决认定事实和适用法律正确、量刑适当。故该案的申诉理由不能成立，申诉不符合《中华人民共和国刑事诉讼法》第二百四十二条规定的再审条件，原判决应予维持。

【法官后语】

本案处理重点主要在于逃逸和自首的认定。《最高人民法院关于审理交通肇事刑事案件具体应用法律若干问题的解释》第三条规定，“交通运输肇事后逃逸”，是指行为人具有本解释第二条第一款规定和第二款第（一）至（五）项规定的情形之一，在发生交通事故后，为逃避法律追究而逃跑的行为。

《最高人民法院关于处理自首和立功若干具体问题的意见解释》第一条规定，在司法机关未确定犯罪嫌疑人，尚在一般性排查询问时主动交代自己罪行的，应当视为自动投案的情形。

具体本案中被告人王华某没有为了逃避法律追究而逃跑，而是让其妻子在现场，自己亲戚跟随救护车一起和伤者赶去县医院，故其行为不能认定为交通肇事后逃逸。交通肇事后保护现场、抢救伤者，并向公安机关报告的，应认定为自动投案，构成自首的，因上述行为同时系犯罪嫌疑人的法定义务，对其是否从宽、从宽幅度要适当从严掌握。

值得注意的是，关于本案被告是否能认定自首问题存在争议，一部分人认为肇事后嫌疑人主动报案、保护好现场、抢救被害人等行为是犯罪嫌疑人的法定义务，不应认定为自首。笔者认为，《刑法》第一百三十三条关于交通肇事罪的规定，并没有排除自首制度的适用。根据《最高人民法院关于处理自首和立功具体应用法律若干问题的解释》关于“自动投案”的具体认定，根据宽严相济的刑事政策，交通肇事后保护现场、抢救伤者，并向公安机关报告的，虽上述行为同时系犯罪嫌疑人的法定义务，但仍认定为自首。犯罪嫌疑人离开现场后，公安机关未立案之前通过电话或者口头方式传达通知嫌疑人到侦查机关，犯罪嫌疑人到案的，应认定为司法机关未确定犯罪嫌疑人，尚在一般性排查询问的主动投案，并如实供述自己的罪行的，应认定为自首。

编写人：河北省衡水市阜城县人民法院　刘存玲

43

交通肇事后逃离后再回现场能否构成自首

——杨存某交通肇事案

【案件基本信息】

1. 裁判书字号

浙江省绍兴市中级人民法院（2016）浙06刑终468号刑事裁定书

2. 案由：交通肇事罪

【基本案情】

2015年11月26日，被告人杨存某驾驶一辆号牌为湘F2××××的正三轮载货摩托车（左前大灯已损坏），从绍兴市柯桥区钱清原料市场驶往绍齐公路国际物流中心。17时32分许，被告人杨存某驾驶上述摩托车沿绍齐公路由北向南行驶，途经绍齐公路嘉会钢材市场附近时，因未按交通法规在道路慢车道行驶，与在机动车道内行走的被害人林世某发生碰撞，致被害人林世某受伤倒地躺在绍齐公路西侧快、慢车道中间。发生碰撞后，被告人杨存某感知到碰撞但并未停车察看情况，直接驶离了事发现场。后躺在路上的被害人林世某被由王妙某驾驶的沿着绍齐公路由北向南行驶的大型普通客车碾压，造成被害人林世某受伤后经医院抢救无效于当日死亡及车辆损坏的交通事故。

经法医鉴定，被害人林世某系交通事故致颅脑损伤及腹部损毁伤死亡。

根据绍公交认字 2015 第 0096－1 号《道路交通事故认定书》认定：被告人杨存某负事故的主要责任，被害人林世某负事故的次要责任，王妙某负事故的次要责任。

事发后，被告人杨存某驾车离开，后经路人指点又返回现场并电话报警留在现场等待公安机关前来处理，后被带至绍兴市公安局交警支队镜湖交警大队接受调查。案发后，被告人杨存某已赔偿被害人家属损失并获谅解。

【案件焦点】

1. 被告人的行为是否为逃逸；2. 犯罪行为和结果之间的因果关系的判断；3. 逃离后能否构成自首。

【法院裁判要旨】

浙江省绍兴市越城区人民法院经审理认为：被告人杨存某违反交通运输管理法规，造成一人死亡的重大交通事故，且负事故的主要责任，其行为已构成交通肇事罪。被告人杨存某在碰撞被害人后未下车察看，直接驶离事发现场的行为，使被害人躺在车流量较大的机动车道中间，处于一个危险的境地，导致被害人被其他车辆碾压死亡的结果发生，后介入的因素不打断被告人的行为与本案结果之间的因果关系。但该驶离事发现场的行为已经在认定事故责任时予以评价，事故责任也作为了构罪的要件，故不宜再重复评价。公诉机关变更后指控的罪名成立，本院予以支持。被告人杨存某在肇事后能主动报警，留在现场接受公安机关的调查，并如实供述了犯罪事实，系自首，可依法从轻处罚；被告人杨存某在案发后能积极赔偿被害人家属的经济损失，并得到了被害人家属的谅解，可酌情从轻处罚；被告人杨存某明知是车灯损坏存在安全隐患的机动车仍进行驾驶，可酌情从重处罚。依照《中华人民共和国刑法》第一百三十三条、第六十七条第一款之规定，判决：

被告人杨存某犯交通肇事罪，判处有期徒刑一年二个月。

宣判后，被告人及其辩护人提出，原判对被告人量刑过重，请求二审从轻处罚。

浙江省绍兴市中级人民法院经审理认为：被告人杨存某违反交通运输管理法规，因而发生重大交通事故，其行为已构成交通肇事罪。原判认定被告人杨存某具有自首、赔偿被害人经济损失；取得被害人谅解等量刑情节，经查属实，本院予以确认。原判对被告人杨存某量刑时已综合考虑本案犯罪事实、性质、情节以及社会危害性，对其判处刑罚并无不当，故对被告人杨存某及辩护人提出的意见，本院不予采纳。原审被告人杨存某的上诉理由不能成立，本院不予支持。原审判决认定事实清楚，定罪正确，量刑适当，审判程序合法。依照《中华人民共和国刑事诉讼法》第二百二十五条第一款第（一）项之规定，裁定如下：

驳回上诉，维持原判。

【法官后语】

本案中涉及交通肇事案件中比较典型的三个问题：

第一是关于肇事后逃逸的评价问题，本案公诉机关和辩护人之间的争议焦点之一即被告人的行为是否为逃逸。本案现有证据无法断定被告人主观上是否有逃逸的故意，但可以证实被告人知道发生了碰撞，而其没有尽到驾驶员应尽的下车察看义务，继续驾车驶离，抱有一种放任的态度。后续经人指点马上回到现场又说明其并非坚决追求逃跑结果，虽对于该行为是否为逃逸没有具体定性，但在整个交通肇事案件认定各方责任时已经对该行为予以考虑，认定被告人承担主责。本案公诉机关一开始指控其为肇事后逃逸不妥，变更后的指控准确。

第二是关于犯罪行为和结果之间的因果关系问题，本案中被告人杨存某碰撞后驶离现场的行为，客观上致使被害人躺在车流量较大的机动车道中间，处于一个极其危险的境地，随时可能发生后续的危害结果，本案结果也印证了这一点。后续危害行为系新介入，但该后介入的因素不足以打断被告人的行为与本案结果之间的因果关系，被告人应承担相应后果。

第三是关于自首的问题，本案中虽然被告人有驶离现场的行为，但经路人提醒后及时返回案发现场并电话报警，即使在案发现场基于害怕或者其他原因没有在当事人处承认其系肇事司机，但交警到达后主动配合调查并如实供述犯罪事实，仍可认定为自首。

编写人：浙江省绍兴市越城区人民法院　李植文

44

明知他人已报警而将被害人送往医院救治时被抓获的，是否属于自动投案

——周泉辉故意伤害案

【案件基本信息】

1. 裁判书字号

重庆市第二中级人民法院（2016）渝02刑初24号刑事附带民事判决书

2. 案由：故意伤害罪

【基本案情】

被告人周泉辉与其哥哥暨被害人周旭某（殁年42岁）因琐事产生矛盾。2016年2月10日8时许，周泉辉驾驶摩托车到重庆市开州区某村2组其堂嫂龙某家地坝，找到在龙某家做客的周旭某，周泉辉将带来欲还给周旭某的一瓶白酒砸在地上，龙某阻止周泉辉在其地坝闹事并与周泉辉发生争吵，周泉辉将龙某推倒在地，周旭某、龙某见状与周泉辉发生打斗，周泉辉从自己的摩托车杂物箱内拿出一把尖刀并在打斗中朝周旭某捅刺，周旭某胸部被捅一刀后倒地不起。龙某的丈夫周某在案发现场打电话请村医王淑某赶至现场对周旭某进行救治，又打电话让王某报警并拨打120急救电话，周泉辉见状随后驾车与村民一起将周旭某送医院救治，途中在开州区敦好镇"三角寨"处遇见开州区敦好镇卫生院120急救车，医生上前检查发现周旭某已经死亡，公安民警接王某报警后赶至开州区敦好镇"三角寨"处发现此情况并将周泉辉抓获，周泉辉如实供述了自己的罪行。经鉴定，周旭某系心脏破裂致大失血死亡。

【案件焦点】

被告人作案后明知他人已报警而将被害人送往医院救治时被公安机关抓获，是

否属于自动投案。

【法院裁判要旨】

重庆市第二中级人民法院经审理认为：被告人周泉辉持刀故意伤害周旭某并致周旭某死亡，周泉辉的行为已构成故意伤害罪。周泉辉作案后明知他人报警而驾车将周旭某送往医院救治时被公安机关抓获，属于自动投案，且周泉辉能如实供述罪行，系自首；本案系民间纠纷引发，周泉辉在案发后委托他人办理了周旭某的丧事，取得周旭某父母的谅解，周泉辉在庭审中自愿认罪。依法对周泉辉从轻处罚。

重庆市第二中级人民法院依照《中华人民共和国刑法》第二百三十四条第二款、第六十七条第一款、第六十四条之规定，作出如下判决：

一、被告人周泉辉犯故意伤害罪，判处有期徒刑十四年。

二、作案工具尖刀一把予以没收。

宣判后，公诉机关没有提起抗诉，当事人没有提起上诉，判决已发生法律效力。

【法官后语】

本案焦点在于对自动投案实质性条件的理解和把握。最高人民法院司法解释规定，自动投案是指犯罪事实或者犯罪嫌疑人未被司法机关发觉，或者虽被发觉，但犯罪嫌疑人尚未受到讯问、未被采取强制措施时主动、直接向公安机关、人民检察院或人民法院投案。① 最高人民法院还通过司法解释对自动投案的十余种具体情形进行了明确，但由于司法实践中自动投案情形复杂多样，司法解释仍无法完全涵盖，需要我们结合自动投案的实质性条件进行具体判断。我们认为，自动投案的实质性条件是犯罪嫌疑人主动、自愿将自己交付司法机关追诉。同时，对于犯罪嫌疑人主动、自愿将自己交付司法机关追诉不能机械理解，仅局限于犯罪嫌疑人主动前往司法机关或者采取其他积极客观举动。只要犯罪嫌疑人的行为本质上能够体现犯罪嫌疑人将自己交付司法机关追诉的主动性、自愿性，能够实现司法机关对犯罪嫌疑人的有效控制，都应评价为自动投案。

本案中，周泉辉未拨打电话报警，也未留在案发现场等候司法机关抓捕，更未

---

① 参见《最高人民法院关于处理自首和立功具体应用法律若干问题的解释》第一条。

主动前往司法机关投案，但周泉辉在案发现场已经听见他人报警，周泉辉在此情况下对于公安机关可能在自己将被害人送往医院途中实施抓捕、自己将会受到司法机关追诉是明知的，周泉辉在此情况下没有逃跑，仍选择将伤者送往医院，并且在公安机关抓捕过程中没有抗拒抓捕，从而使公安机关对自己进行有效控制，充分反映了周泉辉将自己交付司法机关追诉的主动性、自愿性。综上，周泉辉在本案中的行为符合自动投案的实质性条件，应认定为自动投案。

编写人：重庆市第二中级人民法院　谭卫华

45

“形迹可疑”型自首的理解与认定

——王旭某贩卖毒品案

【案件基本信息】

1. 裁判书字号

山东省淄博市中级人民法院（2016）鲁03刑终305号刑事判决书

2. 案由：贩卖毒品罪

【基本案情】

2015年11月某日，在淄博市张店区甲洗浴附近，被告人王旭某以500元的价格向张某出售甲基苯丙胺（冰毒）0.5克；2015年11月某日，在淄博市张店区步行街中段乙宾馆附近，被告人王旭某以500元的价格向张某出售甲基苯丙胺0.5克；2015年12月23日，张某联系被告人王旭某购买500元的甲基苯丙胺，二人约定在张店区甲洗浴附近交易，被告人王旭某在等待交易时因形迹可疑，被公安机关盘查时逃跑，被抓获后如实供述公安机关尚未掌握的犯罪事实。被告人王旭某在一审开庭审理过程中对上述事实无异议。

【案件焦点】

对于“形迹可疑”型的自首应如何认定。

【法院裁判要旨】

山东省淄博市张店区人民法院经审理认为：被告人王旭某明知是毒品而多次贩卖，情节严重，其行为构成贩卖毒品罪。被告人王旭某多次贩卖毒品，应认定为情节严重。被告人王旭某在2015年12月23日向张某贩卖毒品，系犯罪未遂，可以比照既遂犯从轻处罚。被告人王旭某归案后如实供述犯罪事实，有坦白情节，可对其从轻处罚。据此判决：

被告人王旭某犯贩卖毒品罪，判处有期徒刑三年，并处罚金人民币一万元。

王旭某不服一审判决提起上诉，主张其构成自首，一审判决量刑重。

山东省淄博市中级人民法院经审理认为：上诉人王旭某因形迹可疑，被公安机关盘查时逃跑，被抓获后如实供述公安机关尚未掌握的犯罪事实，依法构成自首。上诉人王旭某具有自首情节，依法可对其减轻处罚。原审判决未认定上诉人王旭某具有自首情节，适用法律错误，量刑偏重，依法应予纠正。据此二审改判王旭某犯贩卖毒品罪，判处有期徒刑二年六个月，并处罚金人民币八千元。

【法官后语】

本案争议的焦点问题在于能否认定被告人王旭某构成自首，从而从轻或减轻处罚。而这则主要涉及对“形迹可疑”型自首的司法认定问题。

根据我国《刑法》第六十七条的规定，构成自首须同时具备自动投案和如实供述罪行两个条件。对于“自动投案”，《最高人民法院关于处理自首和立功具体应用法律若干问题的解释》（以下简称《解释》）第一条作出了规定，即“是指犯罪事实或者犯罪嫌疑人未被司法机关发觉，或者虽被发觉，但犯罪嫌疑人尚未受到讯问、未被采取强制措施时，主动、直接向公安机关、人民检察院或者人民法院投案”。《解释》具体列举了属于“自动投案”的数种情形，其中，对于“罪行未被司法机关发觉，仅因形迹可疑被有关组织或司法机关盘问、教育后，主动交代自己的罪行的”，也规定为“应当实为自动投案”。而如何理解这里的“形迹可疑”，是本案中判断被告人是否具有自首情节的关键。

从司法实践来看，“形迹可疑”有两种常见情形：一是司法机关或有关组织尚未掌握行为人犯罪的任何线索、证据，而是根据行为人当时不正常的衣着、举止、言语、神态等情况判断行为人可能存在违法犯罪行为。这种情形的特点是，“可疑”是非具体的、泛化的、无客观依据的，无法将行为人同某一具体犯罪案件联系起来，而只是有关人员根据经验和直觉来作出判断。在公路、铁路、水路、民航等部门的日常检查中，常能发现这种“形迹可疑”的人，不少案件也是通过这种检查、盘问而破获的。行为人若在接受这种检查时主动供述所犯罪行的，当然构成自首。二是某一犯罪案件发生后，司法机关或有关组织已经掌握了一定的证据或线索，明确了侦查方向，圈定了排查范围，在排查或者调查过程中发现行为人的表现或者反应不正常，引人生疑，但尚不足以通过现有证据确定其为犯罪嫌疑人。这种情形的特点是，“可疑”具有一定的针对性，能够将行为人同具体案件联系起来，但这种联系仍不够明确和具有较强的把握，还不能达到将行为人锁定为犯罪嫌疑人进而采取强制措施的程度。这时，行为人主动供述所犯罪行的，仍应认定为自首。但是，如果有侦查人员从行为人身边或者住处找到客观性证据，如赃物、作案工具、带血的衣物等，或者有目击证人直接指认行为人为作案人，从而在行为人与具体犯罪案件建立起直接、明确、紧密的联系时，由于当时已有一定的证据指向行为人，其具有较其他排查对象更高的作案嫌疑，则行为人就“升级”为犯罪嫌疑人，而不再仅仅是“形迹可疑”了，因为对于侦查机关来讲，案件侦查到这个程度，就可以对其采取一定强制措施或者进行传讯了。也就是说，判断行为人是否属于“形迹可疑”，关键就是看司法机关能否凭现有证据特别是客观性证据在行为人与具体案件之间建立起直接、明确、紧密的联系，并且依据当时的证据，行为人能否达到被确定为“犯罪嫌疑人”的程度。能建立起这种联系的，行为人就属于犯罪嫌疑人；建立不起这种联系的，而主要是凭经验、直觉认为行为人有作案可能的，行为人就属于“形迹可疑”。行为人在因“形迹可疑”受到盘问、教育时主动交代自己所犯罪行的，应当认定为自动投案，构成自首。

因此，就“形迹可疑”的具体表现而言，需要公安机关、人民检察院或其他侦查机关在没有掌握犯罪的基本事实（即何人在何时何地实施了何种犯罪）或者足以断定某人实施了某种犯罪的重要证据之时，仅凭工作经验或个别线索对被怀疑对象进行询问或调查。也就是说，在盘问、教育行为人时，有关组织或者司法机关或者没有发现犯罪事实；或者虽然已经发现犯罪事实，但是尚未确定犯罪嫌疑人；或者既发现了犯罪事实，也确定了犯罪嫌疑人，但是尚未确定该受到盘问、教育的行为人就是此犯罪嫌疑人。这里的“形迹可疑”，可以理解为一种侦查人员的判断，而这种判断具有以下特点：1. 其是基于某些表象而作出的，是一种“没有根据的怀疑”；2. 判断不是也不需要以确切的事实证据为依据；3. 判断是基于侦查人员的长期办案经验、社会生活的常识、甚至是侦查人员的直觉而产生；4. 判断是一种概括性的怀疑，并没有任何针对性。这种怀疑可以是行为人可疑的表象同某具体犯罪毫无联系，亦可以是行为人可疑的表象同某具体犯罪有相连的疑点而被盘问。但该疑点只是初步证据，而不是犯罪证据，该疑点作为证据是无法证明该人就是犯罪嫌疑人。故在形迹可疑者不如实交代犯罪情况则司法机关无从侦破案件的情况下，可疑人如实交代则应当认定为自首。

就本案而言，本案中被告人王旭某因形迹可疑而在被公安机关盘查时逃跑。表面上看其罪行貌似已被公安机关发觉，但是作为犯罪嫌疑人的王旭某在归案时，公安机关其实并未掌握其罪行。也就是说，公安机关在对王旭某进行盘查时其虽然逃跑，但公安机关这时不能就此判定被盘查的人就一定存在犯罪行为。因此，应理解为此时其罪行未被司法机关发觉。而且如果王旭某在归案后不主动交待其贩卖毒品的罪行，公安机关也无其他证据证实其存在贩卖毒品的罪行。因此，根据上述分析，公安机关仅因王旭某形迹可疑而对其进行盘查，其虽然逃跑，但其在被抓获后如实供述了公安机关尚未掌握的其犯罪事实，其行为根据《解释》第一条之规定，应认定为自首。

编写人：山东省淄博市中级人民法院　荣明潇
山东省淄博市临淄区人民法院　刘海红

46

主动到案，但未如实供述主要犯罪事实，依法不能被认定为自首

——樊树建故意伤害案

【案件基本信息】

1. 裁判书字号

新疆维吾尔自治区高级人民法院生产建设兵团分院（2015）新兵刑终字第00007号刑事裁定书

2. 案由：故意伤害罪

【基本案情】

2014年10月30日17时许，被害人亚某与其子玉某某等五人在新疆生产建设兵团第一师二团十九连路口处往车上装辣椒，被告人樊树建驾驶农用三轮摩托车从该路口经过时车熄火，其认为是亚某等人将车停在路中间挡了路，双方因此发生争执撕扯，被告人樊树建从路边林带捡起一根木棒击打被害人亚某身体和头部，并用拳头击打亚某头、面部，将亚某打倒在地。随后，被告人樊树建在路旁棉田里找到被害人玉某某，又用一根树根击打玉某某身体和头部，致玉某某头部流血倒地。后被害人亚某、玉某某被送往医院救治，亚某经抢救无效，于2014年11月13日死亡。经法医鉴定，被害人亚某系钝性外力作用左侧颞部致重度颅脑损伤而死亡；被害人玉某某系轻微伤。

案发后，公安机关接现场群众报警派员前往处置，公安人员询问在场人是谁殴打的被害人时，有群众指认是樊树建，在场的樊树建也承认是其打的。2014年11月3日樊树建经公安机关口头传唤到案后，被刑事拘留。樊树建归案后供述："只击打了被害人亚某胳膊、背部，亚某头部的伤系摔倒后脑部着地所致。"

【案件焦点】

接到公安机关口头传唤，主动到案但未如实供述主要犯罪事实，能否认定为自首。

【法院裁判要旨】

新疆生产建设兵团第一师中级人民法院审理认为：被告人樊树建与被害人亚某、玉某某等人因过路发生争执，为泄愤，持木棒、树根先后击打亚某的头面部和胳膊、玉某某的头部，导致亚某死亡、玉某某轻微伤的严重后果，其行为构成故意伤害罪。被告人樊树建及其辩护人提出“樊树建有自首情节，应减轻处罚”的辩护意见。经查，被告人樊树建在案发现场虽主动向接处警民警承认打伤两被害人，但归案后一直辩称只击打了被害人胳膊、背部，被害人头部的伤系后脑着地所致。被告人樊树建的供述与尸检鉴定有关死者致伤部位不符，未如实供述击打被害人头部的主要事实，不符合自首所必备“如实供述自己的罪行”条件，不能认定为自首。据此，依照《中华人民共和国刑法》第二百三十四条第二款之规定，判决：被告人樊树建犯故意伤害罪，判处有期徒刑十五年。

一审宣判后，被告人樊树建提出上诉。

新疆维吾尔自治区高级人民法院生产建设兵团分院经审理后认为：上诉人樊树建因琐事与他人发生争执，不能冷静处理，故意伤害两被害人身体，致一人死亡、一人轻微伤的严重后果，其行为已构成故意伤害罪，依法应予惩处。案发后，上诉人樊树建经公安机关传唤，虽主动到案，并带领侦查人员指认了犯罪现场，但上诉人樊树建在归案后和庭审中，只供述其用木棒击打了被害人亚某的胳膊和背部，并辩称被害人亚某系摔倒后，脑部着地受伤造成的死亡，未如实供述多位在场证人证实其持木棒击打被害人亚某头部的主要犯罪事实，不符合自首条件。上诉人樊树建提出其具有自首情节的上诉意见，与查明事实不符，不予采纳。被害人亚某住院伤情诊断病历证实，亚某系重型颅内损伤，符合直接暴力所致；法医学尸体检验鉴定证实，被害人亚某系钝性外力作用左侧颞部致重度颅脑损伤死亡。上诉人樊树建提出被害人亚某系后脑部着地摔伤致死的上诉意见与诊断证明和尸检结论证实的受伤部位、死亡原因相悖，且无任何证据证实，不予采纳。原审判决根据上诉人樊树建犯罪的事实、性质、情节和对社会的危害程度，在法定量刑幅度内对其判处有期徒刑十五年，量刑适当。上诉人樊树建提出原判量刑过重的上诉意见，不予采纳。原审判决认定上诉人樊树建犯故意伤害罪的事实清楚，证据确实、充分，定罪准确，量刑适当，适用法律正确，审判程序合法，应予维持。依照《中华人民共和国刑事诉讼法》第二百二十五条第一款第一项之规定，裁定：驳回上诉，维持原判。

【法官后语】

本案在审理中，对被告人樊树建是否成立自首有两种不同意见，第一种意见认为，案发后接处警民警在询问现场人员时，被告人樊树建主动承认对二被害人实施了伤害行为，其在接到公安机关传唤通知后，自行前往公安机关接受讯问，属于主动投案。到案后其如实供述了持木棒、树根故意伤害被害人亚某、玉某某的罪行，虽其在供述中辩解被害人亚某头部的伤系后脑着地所致，但并不是对其故意伤害他人犯罪事实的否认，只是对被害人亚某致死原因的辩解，不影响自首成立。

第二种意见认为，被告人樊树建在案发现场虽向接处警民警承认打伤两被害人，并主动到案，但其归案后只供述击打了被害人亚某胳膊、背部，一直辩解亚某系摔伤致死。未能如实供述其持木棒故意伤害被害人头部的主要犯罪事实，是对罪行的抵赖，应认定被告人樊树建未如实供述自己罪行，依法不能成立自首。

生效判决持第二种意见，犯罪嫌疑人接到公安机关口头传唤通知后，主动到案但未如实供述主要犯罪事实的不能认定为自首。

《刑法》第六十七条规定："犯罪以后自动投案，如实供述自己的罪行的，是自首……"。自首应同时具备自动投案和如实供述两个法定条件。

1.《最高人民法院关于处理自首和立功具体应用法律若干问题的解释》（以下简称《解释》）第一条规定："……自动投案，是指犯罪事实或者犯罪嫌疑人未被司法机关发觉，或者虽被发觉，但犯罪嫌疑人尚未受到讯问、未被采取强制措施时，主动、直接向公安机关、人民检察院或者人民法院投案……"。司法实践中，在司法机关已确定犯罪嫌疑人的情况下，犯罪嫌疑人在接到司法机关通知自行到案，可以认定为自动投案。司法机关的口头通知等并不属于《刑事诉讼法》规定的任何一种强制措施，接到口头通知后，犯罪嫌疑人自身的人身自由并未受到任何限制，自主选择的余地很大，其客观上可以选择拒不到案甚至逃离，而其在接到通知后自愿前去接受司法机关调查，充分体现了归案的自动性、主动性，客观上也有利于侦查活动的进行，节约司法资源。本案被告人樊树建案发后接到公安机关口头传唤通知，自行前往公安机关配合指认现场、接受讯问，可以认定为自动投案。

二、《解释》第一条第一款第二项规定，“如实供述自己的罪行，是指犯罪嫌疑人自动投案后，如实交代自己的主要犯罪事实”。犯罪嫌疑人自动投案后，只有如实供述其主要犯罪事实才能构成自首。“主要犯罪事实”主要包括定罪的事实和量刑的事实两个方面，即凡是能决定犯罪嫌疑人的行为性质的事实、情节以及对量刑有重大影响的事实、情节均应属于“主要犯罪事实”。犯罪嫌疑人既要供述定罪事实，也要供述量刑事实，二者缺一不可。最高人民法院《关于处理自首和立功若干具体问题的意见》（以下简称《意见》）第二条关于“如实供述自己的罪行”的具体认定，进一步明确“犯罪嫌疑人多次实施同种罪行的，应当综合考虑已交代的犯罪事实与未交代的犯罪事实的危害程度，决定是否认定为如实供述主要犯罪事实。虽然投案后没有交代全部犯罪事实，但如实交代的犯罪情节重于未交代的犯罪情节，或者如实交代的犯罪数额多于未交代的犯罪数额，一般应认定为如实供述自己的主要犯罪事实。无法区分已交代的与未交代的犯罪情节的严重程度，或者已交代的犯罪数额与未交代的犯罪数额相当，一般不认定为如实供述自己的主要犯罪事实”。在此，《意见》规定以已交代的犯罪事实与未交代的犯罪事实的危害程度，作为认定是否如实供述主要犯罪事实的标准。而对于如何认定危害程度，《意见》提出了犯罪情节的轻重、犯罪数额的多少两项原则性标准。

本案中，案发后公安人员通过当场询问、指认，对樊树建伤害他人的犯罪事实已经掌握，在这种情况下，樊树建接到公安机关口头传唤通知后，自行到案时就应当如实供述其故意伤害致被害人死亡的全部犯罪事实，但其在供述时避重就轻，为了逃避和减轻处罚，只交代了用木棒击打被害人亚某胳膊和背部较轻的犯罪情节，未如实交代多位在场证人证实其持木棒击打被害人亚某头部，导致被害人钝性外力作用左侧颞部致重度颅脑损伤死亡的严重犯罪情节，该情节属于对本案定罪量刑有重大影响的情节。因此，应认定樊树建没有如实供述自己的主要犯罪事实，依法不能构成自首。

编写人：新疆维吾尔自治区高级人民法院生产建设兵团分院　刘峰

47

自首不从宽处罚的适用

——牛凤武故意杀人案

【案件基本信息】

1. 裁判书字号

天津市高级人民法院（2016）津刑终29号刑事裁定书

2. 案由：故意杀人罪

【基本案情】

2011年，被告人牛凤武与李运某相识后在牛凤武暂住处共同居住，被害人杨某为李运某与前夫所生之子。因杨某反对其与李运某交往，被告人牛凤武怀恨在心，预谋杀害杨某。2015年4月19日，被告人牛凤武将住所内一把匕首绑于右小腿裤子内藏匿，与同事王希某前去李运某暂住处调解此事。当日19时许，牛凤武、王希某到达李运某暂住处，看杨某独自在家后，二人在屋内等候李运某。当晚20时许，李运某返回暂住处，被告人牛凤武以下楼锁自行车为由，骗得李运某房门钥匙将该单元防盗门反锁，意图在其行凶时，防止被害人杨某逃脱。当晚21时许，在王希某、李运某劝说杨某未果情况下，牛凤武与杨某言语不和，遂拔出尖刀，朝躺在双人床上的杨某胸腹部等处猛捅数刀，李运某、王希某上前阻拦，并试图抢夺牛凤武手中凶器，遭牛凤武拒绝和反抗。在阻拦过程中，李运某持空酒瓶砸向牛凤武，并在争抢凶器过程中被牛凤武划伤头部、手部。之后，李运某检查杨某伤情，发现其将要死亡，李运某、王希某均提出报警救治，牛凤武予以吓止，并表示等杨某彻底死亡后再行报警。之后，在确认杨某死亡后，牛凤武拨打电话报警，并在现场等候公安民警到来。

经鉴定，杨某系被他人用单刃刺器刺破左肺、肝脏等脏器致失血性休克死亡；李运某左颞部创口、左手拇指创口的损伤程度均为轻微伤。

公诉机关认为，被告人牛凤武故意剥夺他人生命，致一人死亡，应当以故意杀人罪追究其刑事责任。被告人牛凤武系自首，同时适用《中华人民共和国刑法》第六十七条第一款，但不应对被告人从轻处罚，理由在于：被告人牛凤武主观恶性深，杀死被害人意志坚决；社会危害性大，犯罪情节特别恶劣；其自首是为规避法律惩罚的行为。

被告人牛凤武承认起诉书指控的犯罪事实，未作辩解。辩护人提出，被告人牛凤武系自首，认罪、悔罪态度较好，且本案属事出有因，被害人杨某对案件发生存在一定的过错，因而被告人牛凤武不属于应判处死刑立即执行的犯罪分子，请求法庭对被告人牛凤武从轻处罚。

【案件焦点】

1. 被告人牛凤武的自首情节能否成为对其从宽处罚的事由；2. 是否应判处被告人牛凤武死刑。

【法院裁判要旨】

天津市第一中级人民法院经审理认为：被告人牛凤武蓄意行凶报复杨某，致被害人死亡，其行为构成故意杀人罪。被告人牛凤武虽有自首情节，且本案案发确属事出有因，但不足以从轻处罚。其在死亡结果发生前已预谋自首，虽符合自首所要求的主动性、自愿性，却未能体现出其犯罪主观恶性的减小。被害人杨某仅是拒绝被告人牛凤武与其母李运某交往，并无过激言行，因此在案件起因上亦不存在过错。因此，被告人牛凤武故意杀害被害人的手段残忍，主观恶性、社会危害性极大，应依法予以严惩。

天津市第一中级人民法院依据《中华人民共和国刑法》第二百三十二条、第五十七条第一款等规定，作出如下判决：

一、被告人牛凤武犯故意杀人罪，判处死刑，剥夺政治权利终身；

二、犯罪工具匕首一把依法予以没收；

三、被告人牛凤武赔偿附带民事诉讼原告人经济损失人民币 38459.5 元；

四、驳回附带民事诉讼原告人的其他诉讼请求。

宣判后，被告人牛凤武认为量刑过重，对刑事部分判决不服，提出上诉。

天津市高级人民法院经审理认为：纵观牛凤武实施的杀人行为及造成的严重后

果，其主观恶性较深，虽有自首情节，但并非真诚悔罪。本案被害人只是反对母亲与牛凤武共同生活，并无过激行为，在案件起因上不存在过错。原审法院认定事实和适用法律正确，量刑适当。审判程序合法。

天津市高级人民法院依照《中华人民共和国刑事诉讼法》第二百二十五条第一款第（一）项、第二百三十五条之规定，作出如下裁定：

驳回上诉，维持原判。

后天津市高级人民法院依法将本案报请最高人民法院核准。最高人民法院已核准被告人牛凤武死刑。

【法官后语】

本案是自首不从宽处罚的典型案例，对于准确把握自首能否从宽处罚的判断标准、正确理解死刑政策具有借鉴意义。在可能判处死刑的案件中，我们既要重视对自首情节的考察，慎重适用死刑，又要严格遵循相关的规范与标准，恰当发挥自首情节的量刑功能，做到该宽则宽、当严则严、宽严相济。

在确定某一自首情节是否可以从宽处罚以及从宽的幅度时，可依照以下步骤：

第一步，评估被告人罪行的严重程度。通过对被告人行为性质、情节、后果、影响等客观事实的考察，确立与其罪行相适应的刑罚幅度。

第二步，判断自首情节是否符合从宽处罚的实质条件。自首可从宽处罚的本质依据在于：主动投案与如实供述体现出自首者认罪悔罪的态度与人身危险性降低的特性，从而自首者因更利于实现刑罚特殊预防的目的获得量刑上的宽宥。因此，被告人的主观恶性、人身危险性及自首的具体情节（自首动机、时间、方式、投案的主动性、供述的及时性和稳定性）、悔罪表现等均成为判断要素。

第三步，依据上述两步结论，综合全案事实情节，确定合理量刑。毕竟，责任主义始终是量刑的基本原则，刑罚目的仅作为辅助性手段发挥作用。对严重罪行过分强调从宽处罚，不仅会放纵犯罪人，贬损司法权威，还会给被害人与一般公众造成刑罚不公的错觉，不利于实现一般预防的刑罚目的。

综上，实践中应排除两类不应当、不足以从宽处罚的自首情形：一是犯罪人实质上没有认罪悔罪，不能体现被告人人身危险性的降低与主观恶性的减小，从而不具有从宽处罚基础的自首（即没有通过第二步检验的自首），如没有悔罪动机的走投无路的自首，在犯罪前即为逃避法律、逃避或减轻处罚而将自首纳入行动计划之内的恶意自首等；二是罪行极其严重，虽然自首符合从宽处罚的条件，但若予以从宽会造成罪刑失衡的自首（即没有通过第三步考察的自首）。

编写人：天津市第一中级人民法院　曹向博　聂晓昕

48

协助抓捕同案犯是否构成立功及没收供犯罪所用的本人财物的范围的认定

——朱某某、刘某扰乱无线电通讯管理秩序案

【案件基本信息】

1. 裁判书字号

北京市第三中级人民法院（2016）京 03 刑终 341 号刑事判决书

2. 案由：扰乱无线电通讯管理秩序罪

【基本案情】

2015 年 4 月至 11 月，原审被告人朱某某出资购买“伪基站”设备，雇佣上诉人刘某驾驶其提供的白色小型轿车（车牌号：京 KC××××）在本市通州区内轻轨八通线沿线附近通过使用“伪基站”设备，向周边群众手机发送广告信息。同年 11 月 18 日，上诉人刘某在通州区梨园镇贵友大厦附近被抓获，后上诉人刘某带领侦查人员在通州区新华联北区××号楼×单元 302 室抓获朱某某。经中国移动通信集团北京有限公司通州分公司勘验，涉案设备共计发出 255877 条信息，影响 199988 名手机用户。作案工具天线、手机、笔记本电脑、电瓶、稳压器、短信发射器各 1 个及白色小型轿车 1 辆（车牌号：京 KC××××，登记在王晓某名下）已被公安机关扣押。

【案件焦点】

协助抓捕同案犯是否构成立功及没收供犯罪所用的本人财物的范围的认定。

【法院裁判要旨】

北京市通州区人民法院经审理认为：被告人朱某某、刘某构成扰乱无线电通讯管理秩序罪。朱某某首提犯意并指使刘某具体实施犯罪行为，犯罪持续时间长，影响手机用户众多，主观恶性较大，情节严重。被告人刘某积极参与共同犯罪，具体实施犯罪行为，在共同犯罪中起到重要作用。朱某某在案后期如实供述所犯罪行，刘某到案后如实供述所犯罪行，依法从轻处罚。二被告人无犯罪记录，当庭认罪、悔罪，依法酌情从轻处罚。

北京市通州区人民法院依照《中华人民共和国刑法》第二百八十八条第一款、第二十五条第一款、第六十七条第三款、第五十二条、第五十三条、第六十四条之规定，作出如下判决：

一、被告人朱某某犯扰乱无线电通讯管理秩序罪，判处有期徒刑二年，并处罚金人民币二千元。

二、被告人刘某犯扰乱无线电通讯管理秩序罪，判处有期徒刑一年八个月，并处罚金人民币二千元。

三、扣押在案的天线、手机、笔记本电脑、电瓶、稳压器、短信发射器各一个及白色小型轿车一辆（车牌号：京KC××××），予以没收。

刘某以其系从犯，并协助公安机关抓捕同案犯朱某某，原判量刑过重，请求对其从轻处罚、适用缓刑；要求返还扣押的手机为由提起上诉。

北京市第三中级人民法院经审理认为：上诉人刘某、原审被告人朱某某构成扰乱无线电通讯管理秩序罪。鉴于刘某协助司法机关抓捕同案犯，系立功，如实供述自己罪行，对其依法从轻处罚。朱某某如实供述自己罪行，对其从轻处罚。随案移送的白色小型轿车并非专门用于犯罪活动，没收该轿车与朱某某所犯罪行的社会危害性不相适应，故原判对该轿车予以没收不当。原审人民法院所作的判决定罪正确，对朱某某量刑适当，审判程序合法，应予维持，惟原判没有认定刘某具有立功情节，对刘某的量刑不当，且对随案移送的轿车没收不当，本院予以纠正。

北京市第三中级人民法院依照《中华人民共和国刑法》第二百八十八条第一款、第二十五条第一款、第二十六条第一款及第四款、第六十八条、第六十七条第三款、第四十五条、第四十七条、第五十二条、第五十三条、第六十一条、第六十四条，最高人民法院《关于处理自首和立功具体应用法律若干问题的解释》第五条，《中华人民共和国刑事诉讼法》第二百二十五条第一款第（一）项及第（二）项的规定，作出如下判决：

一、维持北京市通州区人民法院（2016）京0112刑初264号刑事判决主文第一项，即被告人朱某某犯扰乱无线电通讯管理秩序罪，判处有期徒刑二年，并处罚金人民币二千元。

二、撤销北京市通州区人民法院（2016）京0112刑初264号刑事判决主文第二项、第三项，即被告人刘某犯扰乱无线电通讯管理秩序罪，判处有期徒刑一年八个月，并处罚金人民币二千元；扣押在案的天线、手机、笔记本电脑、电瓶、稳压器、短信发射器各一个及白色小型轿车一辆（车牌号：京KC××××），予以没收。

三、上诉人（原审被告人）刘某犯扰乱无线电通讯管理秩序罪，判处有期徒刑一年六个月，并处罚金人民币二千元。

四、在案扣押的天线、手机、笔记本电脑、电瓶、稳压器、短信发射器各一个，予以没收。

五、在案扣押的白色小型轿车一辆（车牌号：京KC××××）发还王晓某。

【法官后语】

1. 协助抓捕同案犯是否属于立功

根据《最高人民法院关于处理自首和立功具体应用法律若干问题的解释》[①] 以及《关于处理自首和立功若干具体问题的意见》[②] 的规定，本案中刘某不仅向侦查人员提供同案犯朱某某的住址，并“带领”侦查人员抓获朱某某，该带领行为使其

---

① 《最高人民法院关于处理自首和立功具体应用法律若干问题的解释》（以下简称《解释》）第五条中规定，协助司法机关抓捕其他犯罪嫌疑人（包括同案犯）的，应当认定为有立功表现。

② 最高人民法院发布的《关于处理自首和立功若干具体问题的意见》中关于“协助抓捕其他犯罪嫌疑人”具体认定中规定：带领侦查人员抓获其他犯罪嫌疑人（包括同案犯）的，使司法机关抓获其他犯罪嫌疑人的，属于《解释》第五条规定的“协助司法机关抓捕其他犯罪嫌疑人”。

具有协助抓捕犯罪嫌疑人的行为，构成立功。犯罪分子会因协助抓捕犯罪嫌疑人承受一定压力和风险，应当通过认定为立功予以“鼓励”。刘某系立功，依法从轻处罚。

2. 没收供犯罪所用的本人财物的范围问题

没收时应综合考量以下几项原则：(1) 决定性，即该财物对证明犯罪成立有重要意义；(2) 直接性，即财物对犯罪结果的实现起直接性作用；(3) 关联性，即财物必须对于犯罪的形成有重大促进作用，或者对排除犯罪障碍有重大作用；(4) 主要性，即财物必须专门且主要用于实施犯罪，排除主要用于日常生产生活、偶尔供犯罪使用的财物；(5) 相当性，没收财物的范围、价值应当与犯罪的危害性质、程度相当；(6) 衡平性，即没收财物应考虑对相关人利益影响的大小，不可过分损害他人利益。

本案中轿车并非为实施犯罪而购买，且购买后并非专门用于实施犯罪，而是供接送客户及日常代步。朱某某的犯罪行为被判处二年有期徒刑，刑罚不重，而该轿车价值较大，与犯罪的危害性质、危害程度明显不相当。该轿车登记在朱某某的配偶王晓某名下，属于夫妻共同财产，若没收，该轿车所配置的北京牌照也会被没收，这对王晓某的利益影响甚巨。故本案审理法院将轿车发还车主王晓某。

本案中刘某的手机是刘某与朱某某联系犯罪事宜的工具，在整个犯罪中起促进犯罪形成的作用，与犯罪联系密切；且属于刘某个人所有财物，具有完全处分权限。没收财物的范围与其犯罪的性质、危害程度相当，没收财物的结果与其犯罪情节的可责程度相当。综合考虑，将该手机认定为供犯罪所用财物，予以没收。

编写人：北京市第三中级人民法院　江鸣鹤　段伟

49

检举揭发他人犯罪构成立功的认定

——魏某故意伤害案

【案件基本信息】

1. 裁判书字号

北京市朝阳区人民法院（2016）京0105刑初229号刑事判决书

2. 案由：故意伤害罪

【基本案情】

2015年6月19日1时许，被告人魏某在北京市朝阳区工体西路某酒吧门前路边，伙同他人与宋大某（男，25岁，北京市人）等人互殴，魏某持刀将宋大某扎伤，致其“结肠破裂、刀刺伤、开放性腹部损伤”，经司法鉴定属重伤二级并评定为十级伤残。被告人魏某于2015年7月31日被抓获归案。被告人魏某被抓获后，检举“义哥”等人私藏贩卖管制刀具、警用装备。根据其检举，王振某、杨某被抓获，王振某因涉嫌非法买卖警用器械罪被刑事拘留，杨某因非法持有警用器械被治安拘留10日。后王振某因证据不足未被检察机关批捕，被取保候审。

【案件焦点】

被告人魏某检举他人涉嫌违法犯罪的行为是否构成立功。

【法院裁判要旨】

北京市朝阳区人民法院经审理认为：被告人魏某无视国法，结伙持械殴打他人，并造成一人重伤并构成十级伤残的后果，其行为触犯了刑律，已构成故意伤害罪，依法应予惩处。北京市朝阳区人民检察院指控被告人魏某犯故意伤害罪的事实清楚，证据确实、充分，指控罪名成立。鉴于被告人魏某犯罪时尚未成年，如实供述所犯罪行，积极检举揭发他人涉嫌违法犯罪的行为，虽不构成立功，但认罪悔罪态度较好，本院对其所犯罪行依法减轻处罚。

北京市朝阳区人民法院依照《中华人民共和国刑法》第二百三十四条第二款、第十七条第一款及第三款、第六十七条第三款及第六十一条之规定，判决如下：

被告人魏某犯故意伤害罪，判处有期徒刑二年六个月。

【法官后语】

本案中，被告人魏某被抓获后，检举“义哥”（即王振某）等人私藏贩卖管制刀具、警用装备，后民警在王振某所在市场将王振某、杨某抓获，在案件提起公诉时，王振某因涉嫌非法买卖警用器械罪被刑事拘留，杨某因非法持有警用器械被治安拘留10日。现有证据能够证明魏某确实存在检举揭发他人涉嫌犯罪的行为，故判断魏某的行为是否构成立功主要需探讨其检举王振某的行为是否属于查证属实。

查证属实，意味着不仅仅是其检举揭发的事实确实存在，也要证实其检举揭发的行为确系犯罪行为。在实践中，确认被检举揭发的行为是否构成犯罪，往往需要大量的时间。因为查证检举揭发是否属实而中止对被告人的审理是不可行的，最高人民法院《关于处理自首和立功若干具体问题的意见》中也指出，“侦查机关出具材料，表明在三个月内还不能查证并抓获被检举揭发的人，或者不能查实的，人民法院审理案件可不再等待查找结果”。可见，对于检举揭发行为的查证属实，不能一味等待被检举揭发人被判决处罚，而未经生效裁判的检举揭发如一律不认定为立功，显然也不符合立功的立法原意，对被告人显失公允。对于检举揭发他人犯罪行为的查证属实的认定，实践中可以从下几个方面考量：(1) 被检举揭发的人已经被抓获并被逮捕，一般应认定为查证属实，认定立功。(2) 被检举揭发人未被抓获，或者已经被抓获但尚未被逮捕，一般不认定为查证属实，不认定立功。(3) 对于确有检举揭发行为的，尚未查证属实不构成立功，在量刑时应当予以适当考虑。

本案中，魏某检举揭发王振某非法买卖警用器械的行为，公安机关根据其检举将王振某抓获，但后因证据不足将王振某取保候审，故魏某的检举揭发行为尚未查证属实，不应认定立功。魏某的行为虽然不构成立功，但确有检举揭发他人涉嫌犯罪的行为，故合议庭考虑他具备一定的悔罪表现，在量刑中适当予以了从轻考虑。

编写人：北京市朝阳区人民法院 张妍

50

被告人控告他人曾对自己实施其他犯罪并查证属实的，是否构成立功

——葛俊林故意杀人案

【案件基本信息】

1. 裁判书字号

重庆市高级人民法院（2016）渝刑核 86352410 号刑事裁定书

2. 案由：故意杀人罪

【基本案情】

葛俊林长期与有夫之妇李某某保持不正当男女关系。2015 年年初，被害人龚某某（男，殁年 44 岁）租住李某某位于重庆市巫山县铜鼓镇某村×组 15 号的房屋。同年 3 月 11 日 23 时许，葛俊林因怀疑龚某某与李某某有不正当男女关系，遂携带杀猪刀赶至李某某家房屋外，持杀猪刀砍破李某某卧室木质窗栏进入屋内，龚某某见状逃离李某某家，葛俊林在追到龚某某后，持杀猪刀朝龚某某头部、胸腹部等处砍刺 30 余刀，致龚某某当场死亡。葛俊林明知他人报警而于次日 1 时许主动向赶赴现场的侦查人员投案，并如实供述其罪行。经鉴定，龚某某系肝脏破裂致失血性休克及颅脑损伤死亡。

葛俊林到案后于 2015 年 5 月 15 日向公安机关控告廖某某、刘某某等人于 2015 年 2 月 22 日晚对葛俊林敲诈勒索 4 万余元的犯罪事实，经查证属实。

【案件焦点】

被告人到案后向公安机关控告他人曾对自己实施其他犯罪行为，并查证属实，是否构成立功。

【法院裁判要旨】

重庆市第二中级人民法院经审理认为：被告人葛俊林因怀疑龚某某与李某某有不正当男女关系而持刀杀死龚某某，已构成故意杀人罪。葛俊林到案后向公安机关控告他人敲诈勒索自己的犯罪行为，经查属实，但由于该敲诈勒索犯罪行为系他人曾对葛俊林实施的其他犯罪行为，故葛俊林不属于揭发他人犯罪行为的情形，不构成立功。葛俊林有自首情节，认罪态度较好，对葛俊林判处死刑，可不立即执行，依法应限制减刑。

重庆市第二中级人民法院依照《中华人民共和国刑法》第二百三十二条、第六十七条第一款、第四十八条第一款、第五十七条第一款、第五十条第二款、第六十四条之规定，作出如下判决：

一、被告人葛俊林犯故意杀人罪，判处死刑，缓期二年执行，剥夺政治权利终身；

二、对被告人葛俊林限制减刑；

三、对作案工具杀猪刀予以没收。

宣判后，公诉机关没有提起抗诉，被告人葛俊林没有提起上诉，本案依法报送重庆市高级人民法院复核。重庆市高级人民法院经复核认为：葛俊林因怀疑龚某某与李某某有不正当男女关系而持刀杀死龚某某，葛俊林的行为已构成故意杀人罪。葛俊林到案后向公安机关控告他人曾敲诈勒索自己的犯罪行为，经查属实，但不构成立功。葛俊林作案后明知他人报警而主动向赶赴现场的侦查人员投案，并如实供述其罪行，系自首，对葛俊林判处死刑，可不立即执行，应依法限制减刑。原判决认定事实和适用法律正确，审理程序合法。

重庆市高级人民法院依照《中华人民共和国刑事诉讼法》第二百三十七条和《最高人民法院关于适用〈中华人民共和国刑事诉讼法〉的解释》第三百四十九条第一款第（一）项的规定，作出如下裁定：

核准重庆市第二中级人民法院（2015）渝二中法刑初字第00062号以故意杀人罪判处被告人葛俊林死刑，缓期二年执行，剥夺政治权利终身，限制减刑的刑事部分判决。

【法官后语】

《刑法》第六十八条规定，犯罪分子有揭发他人犯罪行为，查证属实的，或者提供重要线索，从而得以侦破其他案件的，是立功。对于被告人到案后向公安机关控告他人曾对自己实施其他犯罪行为并查证属实的情况，我们认为，虽然这种情形表面上符合立功的法律规定，客观上也起到了帮助司法机关侦破尚未掌握的案件并节约司法成本的作用，但这种情况如认定为立功不仅违背公平原则，而且与设立立功制度的宗旨相矛盾，故不宜认定为立功。主要理由是：首先，我国《刑事诉讼法》第一百零八条规定，被害人对于侵犯其人身、财产权利的犯罪事实或者犯罪嫌疑人，有权向司法机关报案或控告。故被告人控告他人曾对自己实施其他犯罪行为是被告人行使自己的控告权利，与犯罪分子为了得到从轻处罚而揭发他人犯罪行为的立功情形存在着区别，被告人控告他人曾对自己实施其他犯罪行为不仅使司法机关追究了对其实施犯罪者的刑事责任，同时也维护了被告人的利益，如果将此种情形再认定为立功并对被告人从宽处罚，会导致被告人重复受益，明显不公平。其次，一般情形下，立功者检举、揭发他人犯罪行为，往往会承担一定风险，一些人往往不愿意进行检举、揭发，为鼓励和提倡检举、揭发，故法律对此规定为立功并对检举、揭发者予以从宽处罚，而如果控告者本身就是犯罪的受害人，控告者往往会出于保护自己利益的本能而愿意控告，故就没有必要将此情形认定为立功而加以鼓励提倡。

编写人：重庆市第二中级人民法院　谭卫华

51

从行政违法转化为刑事违法的“时间点”上把握立功的认定

——唐永华贩卖毒品案

【案件基本信息】

1. 裁判书字号

广东省云浮市中级人民法院（2016）粤53刑终68号刑事裁定书

2. 案由：贩卖毒品罪

【基本案情】

自2015年6月开始，被告人唐永华多次通过电话联系向吸毒人员余某廷、黎某仙、张某怡等人贩卖毒品氯胺酮。公安机关于2015年9月30日晚上组织民警对唐永华进行伏击、搜查，当场抓获被告人唐永华，后根据唐永华的交代将购买毒品的余某廷、黎某仙、张某怡等人查获，并在被告人唐永华处扣押到用于联系吸毒人员的甲牌手机一台、乙牌手机一台、净重98.74克可疑毒品四小包。在当日询问过程中黎某仙交代了容留他人吸毒的事实，被告人唐永华在同年10月12日的讯问中亦交代了黎某仙容留他人吸毒的事实。经检测，被告人唐永华的尿液使用氯胺酮、甲基安非他命检测试剂检测结果均呈阳性，余某廷的尿液使用氯胺酮检测试剂检测结果呈阳性。经鉴定，扣押的净重98.74克可疑毒品四小包检出氯胺酮成分。同年10月1日，被告人唐永华因吸毒被处以行政拘留十五日，强制隔离戒毒二年。

【案件焦点】

被告人协助公安机关抓获吸毒人员，并在2015年10月12日的讯问中交代了黎某仙容留他人吸毒的事实，是否能认定为立功。

【法院裁判要旨】

广东省罗定市人民法院经审理认为：被告人唐永华明知是毒品而多次向多人予以贩卖，毒品数量达98.74克，其行为已构成贩卖毒品罪，且情节严重。公诉机关指控被告人犯贩卖毒品罪的事实清楚，证据确实、充分，指控的罪名成立。被告人唐永华当庭自愿认罪，并如实供述其罪行，可以从轻处罚。对被告人唐永华及其辩护人提出关于立功的意见，经查，立功是指犯罪分子到案后有检举、揭发他人犯罪行为。虽然公安机关根据被告人唐永华的交代将向其购买毒品的余某廷、黎某仙、张某怡等人查获，但余某廷、黎某仙、张某怡等人购买毒品尚未构成犯罪，而黎某仙对其容留他人吸毒的事实在被告人唐永华供述之前亦已经主动交代，即公安机关已经掌握了犯罪线索，故不存在检举、揭发的情况，对该意见不予采纳。对辩护人提出对被告人唐永华处以三年以下有期徒刑的意见，经查，被告人唐永华多次向多人贩卖毒品氯胺酮，且毒品数量达98.74克，情节严重，依法应判处三年以上七年以下，且无减轻处罚的情节，对该意见不予采纳。对辩护人的其他意见，理据充分的，予以采纳。

广东省罗定市人民法院依照《中华人民共和国刑法》第三百四十七条第四款、第六十七条第三款、第六十四条、第五十二条、第五十三条，《最高人民法院关于审理毒品案件定罪量刑标准有关问题的解释》[①] 第三条第一款及第四款的规定，判决如下：

一、被告人唐永华犯贩卖毒品罪，判处有期徒刑四年十个月，并处罚金6000元。所处罚金在本判决发生法律效力之日起，三十日内向本院缴纳。

二、扣押在案的甲牌手机一台、乙牌手机一台、净重98.74克氯胺酮予以没收。

被告人唐永华以其协助抓获黎某仙，其行为构成立功为由提起上诉。

广东省云浮市中级人民法院经审理认为：虽然公安机关根据上诉人唐永华的交代将吸毒人员余某廷、黎某仙、张某怡等人抓获，但唐永华并没有在抓获黎某仙前向公安机关举报黎某仙有容留他人吸毒的犯罪行为，而黎某仙对其容留他人吸毒的事实在上诉人唐永华供述前已经主动交代，即公安机关已经掌握了犯罪线索，故不存在上诉人唐永华检举、揭发黎某仙容留他人吸毒的情况，上诉人唐永华协助查获黎某仙的行为不构成立功。

广东省云浮市中级人民法院依照《中华人民共和国刑事诉讼法》第一百八十九条第（一）项的规定，裁定如下：

驳回上诉，维持原判。

【法官后语】

本案关于立功的控辩焦点在于如何认定“协助抓捕其他犯罪嫌疑人”。

笔者认为，要认定被告人唐永华是否构成立功，关键要理解“其他犯罪嫌疑人”和“司法机关尚未掌握的”这两个限定条件。

被告人唐永华协助抓获的黎某仙是否属于“其他犯罪嫌疑人”。黎某仙被作为犯罪嫌疑人的时间点是其供述了容留他人吸毒的犯罪事实，而在被告人唐永华被抓

---

① 已被《最高人民法院关于审理毒品犯罪案件适用法律若干问题的解释》废止。

获时供述的是黎某仙作为吸毒人员有购买毒品的违法行为。前者是刑事违法，后者是行政违法，被告人唐永华协助抓获黎某仙是基于黎某仙的行政违法行为，此时黎某仙并不属于“犯罪嫌疑人”，自然不属于《刑法》第六十八条规定的可被“揭发”的“犯罪分子”。

黎某仙容留他人吸毒的行为属于“司法机关尚未掌握的”犯罪行为。在被告人唐永华协助抓获黎某仙等人时，侦查机关根据唐永华的供述只掌握了黎某仙等人吸毒、购买毒品的行政违法行为，并未掌握黎某仙容留他人吸毒的犯罪行为。被告人唐永华虽有揭发黎某仙容留他人吸毒的犯罪事实，但该事实在黎某仙被公安机关传唤时已主动交代，在时间点上，被告人唐永华揭发黎某仙容留他人吸毒的犯罪事实已然被公安机关所掌握，已无须“揭发”。

综上所述，在此类案件中立功是否成立，关键在于“时间点”的把握，行政违法与刑事违法会在这个“时间点”中转化，只有在司法机关未掌握犯罪嫌疑人犯罪事实时的检举揭发行为才有可能成立立功，否则，即使协助公安机关进行抓捕，但抓捕的线索、事实并非事后侦查的犯罪行为，则不能认定立功。

编写人：广东省罗定市人民法院　韦栋梁

52

立功检举他人犯罪内容具体、指向明确的审查标准

——冉廷某贩卖毒品案

【案件基本信息】

1. 裁判书字号

重庆市第一中级人民法院（2017）渝01刑终132号刑事裁定书

2. 案由：贩卖毒品罪

【基本案情】

2016年10月9日21时许，被告人冉廷某在重庆市铜梁区巴川街道马家湾治安

岗亭旁的停车场内，将0.33克海洛因以250元的价格贩卖给胡银某。交易完成后，重庆市铜梁区公安局民警当场将冉廷某抓获，并在其身上查获海洛因0.11克，在胡银某处查获海洛因0.33克。

冉廷某到案后于2016年11月17日检举陈贤某涉嫌贩卖毒品，提供了陈贤某的联系方式、家庭住址等信息，后冉廷某通过朋友邓勇某电话联系陈贤某购买毒品，冉廷某向公安机关报告了交易地点，在邓勇某与陈贤某交易时，冉廷某带领公安民警将二人抓获。

2016年11月28日，冉廷某又向公安机关检举他人涉嫌贩卖毒品，并由其朋友张春某帮忙寻找贩毒人员购买毒品，希望此以获取立功机会。张春某遂自己找到贩毒人员张国某、蒋某，购买毒品一次，冉廷某、张春某一同到公安机关说明该情况，在公安机关安排并提供购毒资金后，由张春某联系贩毒人员并约定第二次交易地点，冉廷某与张春某一同驾车前往交易地点，在公安机关的布控下，双方交易完成后，民警将贩毒人员张国某、蒋某（均另案处理）抓获。

另查明，被告人冉廷某曾因犯贩卖毒品罪，于2005年10月21日被重庆市铜梁区人民法院判处有期徒刑二年。

【案件焦点】

被告人有检举他人犯罪线索，并协助公安机关抓获其他犯罪嫌疑人的行为，对于检举对象内容具体、指向明确以及在协助抓捕中起实质作用的具体标准如何认定。

【法院裁判要旨】

重庆市铜梁区人民法院经审理认为：冉廷某到案后检举陈贤某（另案处理）贩毒，并协助公安机关将陈贤某抓获归案，由于陈贤某仅因该次贩毒行为被判处刑罚，并未查实其他犯罪行为，故冉廷某的检举行为依法不能认定为立功。后冉廷某联系张春某，让其帮忙找贩毒人员购买毒品以获取立功机会。张春某遂自己找到贩毒人员，并购买毒品一次，冉廷某、张春某一同到公安机关说明该情况，在公安机关安排并提供购毒资金后，由张春某联系贩毒人员并约定交易地点，冉廷某与张春某在公安机关的布控下完成毒品交易，协助民警将贩毒人员张国某、蒋某（均另案处理）抓获。冉廷某对公安机关抓获正在实施犯罪的贩毒嫌疑人虽起到一定作用，但对该抓获行为起实质作用的系张春某，冉廷某的行为依法不能认定为立功。

重庆市铜梁区人民法院依照《中华人民共和国刑法》第三百四十七条第一款及第四款、第三百五十六条、第六十七条第三款、第五十二条、第五十三条之规定，判决：被告人冉廷某犯贩卖毒品罪，判处有期徒刑七个月，并处罚金一千元。

后冉廷某提起上诉。

重庆市第一中级人民法院经审理认为：上诉人冉廷某向他人贩卖毒品海洛因0.44克的行为已构成贩卖毒品罪，依法应予惩处。冉廷某到案后检举陈贤某涉嫌贩卖毒品，并协助公安机关将陈贤某抓获归案。冉廷某检举陈贤某贩卖毒品的线索明确、协助抓捕的行为具体，属于协助抓捕其他犯罪嫌疑人，应当认定为立功。原判对冉廷某该检举行为的认定有误，应予纠正。冉廷某于2016年11月28日向公安机关检举他人涉嫌贩卖毒品，并由其朋友张春某帮忙寻找贩毒人员购买毒品。虽然公安机关根据张春某购买毒品的行为，抓获贩毒人员张国某、蒋某，但因冉廷某的检举线索无明确的对象、联系方式、家庭住址等信息，张国某、蒋某又系张春某自行联系，冉廷某自始至终都不知道贩毒人员的身份信息等；在协助公安机关抓捕过程中，冉廷某没有起到实质作用。冉廷某的该次检举行为，不能认定为立功。

重庆市第一中级人民法院依照《中华人民共和国刑事诉讼法》第二百二十五条第一款第（一）项之规定，裁定如下：

驳回上诉，维持原判。

【法官后语】

本案的处理重点是对立功中“协助抓获其他犯罪嫌疑人”判断标准的具体认定。按照最高人民法院印发的《关于处理自首和立功若干具体问题的意见》（以下简称《意见》）第五条规定：按照司法机关的安排，以打电话、发信息等方式将其他犯罪嫌疑人约至指定地点；按照司法机关的安排，当场指认、辨认其他犯罪嫌疑人；带领侦查人员抓获其他犯罪嫌疑人；提供司法机关尚未掌握的其他案件犯罪嫌疑人的联系方式、藏匿地址等，属于《最高人民法院关于处理自首和立功具体应用法律若干问题的解释》规定的“协助司法机关抓捕其他犯罪嫌疑人”。但该规定并未明确是否需以兼具对象具体明确、在协助抓捕其他犯罪嫌疑人中起到实质作用才能认定立功，也导致实践中认定标准不一致。

具体到本案中，一、二审裁判分歧在于被告人冉廷某检举陈贤某贩卖毒品的行为是否成立立功。从案件事实来看，冉廷某检举陈贤某贩卖毒品的行为对象指向明确，并向公安机关提供了该犯的联络方式、家庭住址等信息，并在朋友帮助下协助公安机关抓获陈贤某，但其检举内容属于概括性的“贩卖毒品”，没有具体到陈贤某之前什么时间、什么地点，向谁贩卖毒品。按照一审裁判观点，冉廷某的行为不能认定为立功。

而二审法院认为，在分析犯罪分子检举他人犯罪行为线索时，不应仅从是否有利于司法机关侦破案件的角度考虑，还应当从犯罪预防角度，结合犯罪行为隐秘特征把握。毒品犯罪案件是当前较突出的犯罪类型，具有犯罪手段隐秘、不易发现的特征。为了更好地打击毒品犯罪，对于检举毒品犯罪分子是否构成立功，可以适当降低检举内容具体程度标准。由于冉廷某向公安机关提供的陈贤某相关信息较为明确，事后，冉廷某的朋友邓勇某向陈贤某求购毒品，协助公安机关在交易毒品时将陈贤某抓获。虽然陈贤某之前是否有过贩卖毒品的行为，无法从证据上确定，但陈贤某确实向邓勇某实施了贩卖毒品的行为，并经查证属实。加上冉廷某在其朋友邓勇某与陈贤某进行交易时，亲自带领公安机关抓捕陈贤某，有具体的协助行为。因此，基于冉廷某该次检举行为的对象指向性明确，且在协助抓捕陈贤某的过程中发挥了实质性作用，因此认定为立功。

需要注意的是，“内容具体、指向明确”只是从一般意义上来把握，在具体案件中，认定犯罪分子检举揭发他人犯罪行为，是否构成立功，还应当从立功制度的本质以及犯罪行为的隐秘性程度进行把握。立功制度设立的初衷是节约司法机关侦破案件的司法投入，进而，对于那些犯罪行为方式极为隐秘的，而又特别需要进行犯罪预防和治理的案件，检举揭发内容的具体程度可以有差异。

编写人：重庆市第一中级人民法院　陈其琨　黄晨

（四）数罪并罚

53

判决宣告以后刑罚执行完毕以前发现被告人既有漏罪又犯新罪应如何并罚

——孙子衣某盗窃案

【案件基本信息】

1. 裁判书字号

江苏省仪征市人民法院（2016）苏1081刑初286号刑事判决书

2. 案由：盗窃罪

【基本案情】

2015年12月至2016年4月，被告人孙子衣某先后在仪征市市区实施盗窃作案12起，窃得电动自行车12辆，共计价值人民币18680元。

被告人孙子衣某归案后如实供述了自己的犯罪事实。

另查明，被告人孙子衣某因涉嫌犯盗窃罪于2015年10月3日被扬州市公安局开发分局刑事拘留，2015年10月4日被该局取保候审，2016年1月8日被扬州经济技术开发区人民法院判处拘役四个月，并处罚金人民币五千元。（未收监执行）

【案件焦点】

发现被告人在判决宣告以前存在漏罪，在判决宣告以后刑罚执行完毕以前又犯新罪应如何并罚。

【法院裁判要旨】

江苏省仪征市人民法院经审理认为：被告人孙子衣某以非法占有为目的，秘密窃取他人财物，数额较大，其行为已构成盗窃罪，依法应予惩处。被告人孙子衣某曾因犯盗窃罪被判处刑罚，在判决宣告后刑罚执行完毕以前，发现还有其他罪没有判决，应当对新发现的罪作出判决，把前后两个判决所判处的刑罚实行数罪并罚；其在判决宣告后刑罚执行完毕之前，又犯新罪，应当对新犯的罪作出判决，把前罪没有执行的刑罚和后罪所判处的刑罚实行数罪并罚。鉴于被告人孙子衣某归案后如实供述了自己的罪行，依法可以从轻处罚。

据此，江苏省仪征市人民法院依照《中华人民共和国刑法》第二百六十四条、第五十二条、第五十三条第一款、第七十条、第七十一条、第六十九条、第六十七条第三款、第四十五条、第四十七条和第六十四条的规定，判决如下：

一、被告人孙子衣某犯盗窃罪（漏罪），判处有期徒刑八个月，并处罚金人民币一万元，与扬州经济技术开发区人民法院（2015）扬开刑初字第00227号刑事判决书判处的拘役四个月，并处罚金人民币五千元并罚，决定执行有期徒刑八个月，并处罚金人民币一万五千元；被告人孙子衣某犯盗窃罪（新罪），判处有期徒刑六个月，并处罚金人民币五千元，与前罪判处的有期徒刑八个月，并处罚金人民币一万五千元并罚，决定执行有期徒刑十个月，并处罚金人民币二万元。

二、继续追缴被告人孙子衣某违法所得，发还给被害人。

【法官后语】

本案处理的关键在于被告人孙子衣某在判决宣告以前存在漏罪，在判决宣告以后又犯新罪，依法应当数罪并罚。

在本案中，被告人孙子衣某于因涉嫌犯盗窃罪于2015年10月3日被扬州市公安局开发分局刑事拘留，2015年10月4日被该局取保候审，2016年1月8日被扬州经济技术开发区人民法院判处拘役四个月，并处罚金人民币五千元，判决生效以后，因被告人孙子衣某患有艾滋病、肺结核，且肺结核处于传染期，未能收监执行。

在判决宣告以后刑罚执行完毕以前，被告人孙子衣某又因犯盗窃罪，于2016年4月5日被仪征市公安局刑事拘留，同年4月25日被逮捕。经仪征市人民法院审理查明，被告人孙子衣某实施盗窃作案12起，其中第1~9起，作案于2015年12月7日至2016年1月2日之间，第10~12起作案于2016年3月15日至2016年4月3日之间。

在判决宣告后刑罚执行完毕以前，发现孙子衣某在判决宣告以前还有其他罪没有判决，应当对新发现的罪作出判决，把前后两个判决所判处的刑罚实行数罪并罚；在判决宣告后刑罚执行完毕之前，孙子衣某又犯新罪，应当对新犯的罪作出判决，把前罪没有执行的刑罚和后罪所判处的刑罚实行数罪并罚。

撰写人：江苏省仪征市人民法院　马圆园

54

不同犯意支配下实施的连续行为该如何评价

——金复生以危险方法危害公共安全、故意杀人案

【案件基本信息】

1. 裁判书字号

北京市第三中级人民法院（2015）三中刑初字第00531号刑事附带民事判决书

2. 案由：以危险方法危害公共安全罪、故意杀人罪

【基本案情】

被告人金复生与北京市朝阳区甲社区经济管理中心（以下简称甲经济管理中心）因民事纠纷产生矛盾，遂意图通过驾驶机动车撞死甲经济管理中心人员的方式泄愤。2014年12月26日10时许，金复生为实施报复行为，驾驶乙牌轿车（车牌号京N1×××）在北京市朝阳区工体东路5号楼东侧辅路，故意撞击甲经济管理中心司机康某，并将康某撞倒后逃跑，造成被害人康某头部受伤，经鉴定为轻微伤。

被告人金复生驾车逃跑行驶至北京市朝阳区朝阳门外大街中国工商银行朝阳支行南侧主路时，故意高速撞击在人行横道内正常行走的行人，致被害人吴某轻伤（二级）。后金复生驾车由北京工人体育场南门进入体育场院内，又连续撞击了10

名行人。其中，在24号看台附近驾车撞击了被害人王某某；在11号看台附近驾车撞击了被害人朱某；在14号看台附近驾车撞击了被害人刘某某（女，殁年75岁）、陈某某（男，殁年57岁）、智某某；在20号看台附近驾车撞击了被害人靳某（男，殁年23岁）、文某某、韩某某、杨某某、于某。被害人刘某某被机动车作用后，造成多处脑挫伤、硬膜下出血合并全身多处骨折，致颅脑损伤合并创伤性休克死亡；被害人陈某某被机动车作用后，致颅脑损伤死亡；被害人靳某被机动车作用后，导致颅脑损伤合并创伤失血性休克死亡；同时，金复生的行为致被害人于某重伤（一级）、韩某某重伤（二级）；致被害人朱某、智某某、文某某轻伤（一级）、王某某、杨某某轻伤（二级）。

被告人金复生在20号看台附近撞击被害人靳某等人后，因所驾车辆与停放在该处的一辆丙牌汽车发生碰撞而停下，导致该丙牌汽车和相邻停放的丁牌汽车、戊牌汽车损坏，经鉴定上述三辆汽车经济损失价值人民币共计43517元。经现场群众报案后，民警赶赴现场在金复生所驾车辆驾驶室内将其抓获。

被告人金复生到案后被羁押在北京市第二看守所期间，于2015年1月25日凌晨发现同监室在押人员高某企图自杀后及时制止。

因被告人金复生的犯罪行为，给附带民事诉讼原告人造成了一定的经济损失。

【案件焦点】

金复生在不同犯意支配下针对不同对象连续实施的驾车撞击行为应如何评价。

【法院裁判要旨】

北京市第三中级人民法院经审理认为：被告人金复生驾驶汽车在城市繁华地段高速行驶过程中故意撞击行人，致3人死亡，2人重伤，6人轻伤，其行为已构成以危险方法危害公共安全罪；被告人金复生因对与其产生民事纠纷的北京市朝阳区甲社区经济管理中心不满，即驾车故意撞击该中心员工康某，其行为又已构成故意杀人罪（未遂），应与其所犯以危险方法危害公共安全罪并罚。被告人金复生到案后虽能够如实供述自己的犯罪事实，且在被羁押期间有立功表现，但因其所犯以危险方法危害公共安全罪性质极为恶劣，情节、后果特别严重，不足以对其从轻处罚。鉴于被告人金复生所犯故意杀人罪系未遂；其因涉嫌犯以危险方法危害公共安全罪被羁押后，如实供述司法机关尚不掌握的故意杀人的犯罪事实，系自首；且在被羁押期间有立功表现，故依法对被告人金复生所犯故意杀人罪减轻处罚。

北京市第三中级人民法院依照《中华人民共和国刑法》《中华人民共和国刑事诉讼法》之规定，作出如下判决：

被告人金复生犯以危险方法危害公共安全罪，判处死刑，剥夺政治权利终身；犯故意杀人罪，判处有期徒刑六年；决定执行死刑，剥夺政治权利终身。

被告人金复生赔偿附带民事诉讼原告人相应的经济损失。

【法官后语】

本案例即为2014年12月26日发生在首都北京繁华地段的“工体连环撞人案”。被告人金复生因民事纠纷心怀不满，为发泄心中之怨恨，于当日10时许，在驾车意图报复他人未果后，继续驾车闯入北京工人体育场，故意冲撞无辜行人，造成3人死亡，2人重伤，6人轻伤，本案发生在市中心人口密集区，危害后果极其严重。

本案例涉及的法律适用问题为：对金复生在不同犯意支配下实施的连续行为该如何评价的问题。

笔者认为，对不同犯意支配下实施的连续行为的认识应结合全案证据，从其行为发生、发展至结局的整体角度综合考量，并根据具体案情从主客观相一致原则出发予以正确评价。纵观本案，金复生在整个案发中的行为从空间位移上可分为三个现场，虽然案发在不同的地点且金复生针对不同对象实施了驾车撞击行为，但从在案证据看，金复生的相关行为不宜截然分开，应该从其行为发生、发展的整体角度分析相关行为性质。金复生撞击第一被害人康某的行为构成故意杀人罪（未遂），根据在案证据，金复生在第一现场的行为结束后先是为逃跑而在京城繁华地段高速行驶而撞人，后为制造影响在北京工人体育场院内连续对不特定的无故行人进行冲撞，其故意或放任危害结果发生的主观心态是贯穿始终的，特别是金复生驾车撞击被害人康某后，其作为有多年驾驶经验的司机，明知驾车在有行人穿行的繁华路段高速行驶有可能撞到行人，且根据当时的具体情况，有可能期待其不实施不法行为而实施其他适法行为，但金复生选择的是先放任撞人结果的发生，后是追求撞人结果的发生，故其应当承担以危险方法危害公共安全的刑事责任。故金复生在本案第二现场和第三现场的行为应是连续的整体行为，构成以危险方法危害公共安全罪。

编写人：北京市第三中级人民法院　余诤　刘鹏玮

55

为掩盖职务侵占而实施的放火是独立定罪处罚还是按牵连犯罪择一重处

——李超、王毅职务侵占、放火案

【案件基本信息】

1. 裁判书字号

山东省淄博市中级人民法院（2016）鲁03刑终68号刑事裁定书

2. 案由：职务侵占罪、放火罪

【基本案情】

2014年11月，被告人王毅以提高信用卡额度等为由从被告人李超处拿走信用卡消费，后被告人王毅无法归还所透支款项，被告人李超用其掌管的甲公司第××加油站商品销售款14万余元替被告人王毅归还所透支款项。被告人李超要求被告人王毅在2015年6月底盘点之前归还所欠款项，被告人王毅无力归还。为筹措资金归还公款，二被告人于2015年6月25日将被告人李超掌管的第××加油站仓库中的各品牌香烟一宗（经鉴定，价值169350元）拉出贷款未果，后被告人王毅将其中价值89350元的香烟或转卖或据为己有，被告人李超将其余部分香烟调货给其他加油站。为达弥补亏空平账目的，被告人李超指使王毅携带引火物品于2015年6月28日3时50分许至该加油站仓库实施放火，经鉴定，放火造成损失15035元。经核算，被告人李超侵占该加油站的财物约共计230000元。

本案由第××加油站工作人员报案案发，公安机关对第××加油站工作人员进行询问时，发现被告人李超陈述含糊、矛盾，遂将其带回公安机关进行询问，通过长时间法制教育，李超以证人身份接受询问时如实供述其职务侵占事实以及指使王毅放火犯罪事实。被告人王毅被抓获归案。涉案部分香烟被公安机关扣押并发还被害单位，被告人李超亲属代其赔偿被害单位全部损失，并取得被害单位谅解。

被告人李超及其辩护人提出了其放火、职务侵占行为具有牵连关系，应按一罪即职务侵占罪定罪处罚等辩护意见。被告人王毅及其辩护人提出了其不构成职务侵占罪等辩护意见。

【案件焦点】

被告人李超、王毅的放火、职务侵占行为是否具有牵连关系，应按一罪定罪处罚还是按二罪数罪并罚。

【法院裁判要旨】

山东省淄博市周村区人民法院经审理认为：被告人李超身为公司职员，利用职务便利，单独或伙同被告人王毅将本单位财物非法据为己有，其行为均已构成职务侵占罪，且二被告人职务侵占的数额分别达到巨大、较大；被告人李超指使被告人王毅实施放火行为，危害公共安全，二被告人之行为均构成放火罪，公诉机关指控罪名成立。关于被告人李超提出的因结账日未到，其已经把钱还上，不构成职务侵占罪的辩解意见，经查，虽然结账日未至，被告人李超的亲属已代其把钱还上，但还钱时职务侵占行为已经既遂，后续还钱的主要原因是事情败露，公安机关介入调查，其放火烧仓库企图掩盖职务侵占事实的行为足以印证其非法占有故意，被告人李超的行为构成职务侵占罪，对被告人李超的该项辩解意见，不予采纳。关于被告人王毅提出的不构成职务侵占罪的辩解意见，经查，（1）被告人王毅虽不具备加油站工作人员身份，但其明知被告人李超系加油站工作人员，且掌管加油站的香烟销售职权，仍伙同李超利用李超的职务便利，将加油站香烟拉出售卖，对被告人王毅以职务侵占罪共犯论处；（2）二被告人将香烟拉出后，被告人王毅除将卖出部分香烟的少部分烟款归还李超外，其余大部分用于网络赌博等消费，非法占有目的明显；（3）被告人李超供述证实其指使王毅放火前告诉王毅放火是为了平账，且该情节有被告人王毅在侦查机关及庭审部分供述予以印证。被告人王毅明知放火是为了给李超平账，即毁灭侵占烟款证据，而积极实施，再次印证非法占有故意。综上，根据主客观相一致原则，被告人王毅构成职务侵占罪。关于被告人王毅辩护人提出的被告人王毅的职务侵占数额辩护意见，与本院查明事实一致部分，予以采纳，与本院查明事实不一致部分，不予采纳。关于被告人李超辩护人提出的被告人李超的放火、职务侵占行为具有牵连关系，应按一罪即职务侵占罪定罪处罚，经查，虽然被告人李超放火的目的是为掩饰其职务侵占犯罪行为，但其实施放火行为时职务侵占行为已经完成，放火并不是其实现职务侵占的手段，职务侵占行为与放火行为作为两个单独的行为分别触犯不同的法益，不具有手段与目的的牵连关系，分别构成犯罪，按数罪论处，对被告人李超辩护人的该项辩护意见，不予采纳。二被告人均系一人犯数罪，均依法应数罪并罚。在职务侵占共同犯罪、放火共同犯罪中，二被告人均积极实施，所起作用相当，不区分主从犯。对被告人王毅辩护人提出的其不是放火犯意提出者的辩护意见，予以采纳。被告人李超在公安机关尚未掌握其职务侵占、放火罪行，仅因形迹可疑被盘问、教育后，主动交代自己的罪行，对其职务侵占罪、放火罪均应当成立自首，对其辩护人的该项辩护意见，予以采纳，对其职务侵占罪依法可减轻处罚、对其放火罪依法可从轻处罚。被告人王毅到案后如实供述犯罪行为，依法可从轻处罚，对其辩护人的该项辩护意见，予以采纳。被告人李超亲属代其赔偿被害单位经济损失，并取得被害单位谅解，对被告人李超、王毅均可酌情从轻处罚，对被告人李超辩护人的该项辩护意见，予以采纳。淄博市周村区人民法院依照《中华人民共和国刑法》第一百一十四条、第二百七十一条第一款、第六十七条第一款及第三款、第六十一条、第六十九条第一款、第二十五条第一款，《最高人民法院关于处理自首和立功具体应用法律若干问题的解释》第一条之规定，作出如下判决：

一、被告人李超犯职务侵占罪，判处有期徒刑三年；犯放火罪，判处有期徒刑三年六个月；数罪并罚，决定执行有期徒刑五年三个月。

二、被告人王毅犯职务侵占罪，判处有期徒刑二年；被告人王毅犯放火罪，判处有期徒刑三年六个月；数罪并罚，决定执行有期徒刑四年三个月。

后李超持原审辩护意见提起上诉。淄博市中级人民法院经审理认为：上诉人李超指使原审被告人王毅放火时，其职务侵占行为已经完成，其放火行为是为掩盖其职务侵占行为，而不是职务侵占的方法，不具有手段与目的的牵连关系，对其两个行为应分别评价后数罪并罚。

山东省淄博市中级人民法院依照《中华人民共和国刑事诉讼法》第二百二十五条第一款第（一）项之规定，作出如下裁定：

驳回上诉，维持原判。

【法官后语】

本案争议在于被告人将单位香烟拿出售卖后，未避免账、库不符，掩盖私自售卖香烟的职务侵占事实进而焚烧烟库的放火行为是单独构成放火罪还是与职务侵占构成牵连关系，择一重处？笔者综合案情认为，本案的放火与职务侵占行为不构成牵连关系，应分别认定为放火罪、职务侵占罪，数罪并罚。理由如下：所谓牵连犯，通说认为，只有当某种手段通常用于实施某种犯罪，或者某种原因行为通常导致某种结果行为时，才宜认定为牵连犯。本案中，一是职务侵占的手段多种多样，包括放火，但放火却不是职务侵占的通常手段，本案职务侵占的手段是将香烟私自出售后不入账，而不是放火；二是当被告人将香烟私自出售未入账时职务侵占行为已达既遂状态，其放火行为是在职务侵占行为既遂后为掩饰罪行而实施的事后行为，侵犯了不同的法益，构成新的犯罪。三是从作案时间看，被告人实施的私自售卖香烟行为与放火行为相隔半年之久，两个行为孤立存在，很难认定为二行为之间存在紧密的牵连关系。综上，被告人构成放火罪、职务侵占罪，应依法数罪并罚。

编写人：山东省淄博市周村区人民法院　李长艳

56

外国人犯数罪被判处驱逐出境时如何并罚

——塞帝格抢劫、故意伤害案

【案件基本信息】

1. 裁判书字号

北京市朝阳区人民法院（2016）京0105刑初68号刑事判决书

2. 案由：抢劫罪、故意伤害罪

【基本案情】

被告人塞帝格于2014年5月12日5时许，在北京市朝阳区某小区路边，对欲驾驶甲牌汽车（车牌号：京 NW××××）离开的吴某（男，29 岁，北京市人）进行殴打，并劫走该车后逃离现场，经鉴定该车价值人民币 74000 元。

被告人塞帝格于 2014 年 5 月 20 日 16 时许，在北京市朝阳区某酒店 703 室，因琐事与阿某（男，43 岁，阿塞拜疆籍）发生争执，后持刀扎刺阿某颈部、胸部、腹部、腕部数刀，经刑事科学技术鉴定其身体所受损伤属重伤二级。

【案件焦点】

外国人犯数罪被判处驱逐出境时如何并罚。

【法院裁判要旨】

北京市朝阳区人民法院经审理认为：被告人塞帝格无视中华人民共和国法律规定，以非法占有为目的，使用暴力手段劫取他人财物，数额巨大，其行为已构成抢劫罪，且故意伤害他人身体，造成一人重伤的后果，其行为已构成故意伤害罪，依法应予以数罪并罚。北京市朝阳区人民检察院指控被告人塞帝格犯抢劫罪、故意伤害罪的事实清楚，证据确实、充分，指控罪名成立。鉴于被告人塞帝格当庭对基本犯罪事实能够如实供述，自愿认罪，涉案赃物现已发还被害人，故本院对其酌予从轻处罚。被告人塞帝格的辩护人关于其不构成故意伤害罪的辩护意见，无事实及法律依据，本院不予采纳，其余辩护意见，本院酌予采纳。

北京市朝阳区人民法院依照《中华人民共和国刑法》第六条第一款和第三款、第二百六十三条第（四）项、第二百三十四条第二款、第六十九条、第五十二条、第五十三条、第三十五条、第六十一条之规定，作出如下判决：

被告人塞帝格犯抢劫罪，判处有期徒刑十年三个月，罚金人民币一万元；犯故意伤害罪，判处有期徒刑五年，决定执行有期徒刑十三年六个月，罚金人民币一万元，附加驱逐出境。

【法官后语】

本案争议焦点在于，对外国人犯数罪进行数罪并罚时如何适用驱逐出境这一特殊刑罚？第一种观点认为，驱逐出境不属于附加刑，在外国人犯数罪的情况下，在数罪并罚决定执行的总刑期及附加刑之后，单独对被告人适用驱逐出境；第二种观点认为，驱逐出境既可以独立适用也可以附加适用，故其符合附加刑的基本特征，是一种特殊的附加刑，外国人犯数罪时，应分别对各罪判处驱逐出境再统一并罚。笔者同意第一种意见，理由如下：

首先，从《刑法》体例上来看，我国《刑法》第三十三条、第三十四条分别规定了主刑种类及附加刑种类，而驱逐出境并未出现在上述条款中，而是独立成条，规定在《刑法》第三十五条中，可见，《刑法》并未以法律条文的形式赋予驱逐出境附加刑的地位。

其次，从数罪并罚的执行方式来看，我国《刑法》中罚金、没收财产、剥夺政治权利三种附加刑均是可量化的刑罚，针对不同的罪名所判处的数额大小、期限长短可有所不同，因此在数罪并罚的情况下存在可合并累加执行的空间，而驱逐出境这一刑罚种类是对被告人的刑罚，针对不同罪名不存在量化上的差异和刑罚轻重之分，不存在累加执行的空间，因此不适用刑法关于数罪并罚的相关规定。

最后，刑法中的驱逐出境实质上是针对人的否定评价，而非针对某一具体犯罪的评价，因此在外国人犯数罪并罚时，法官应在对被告人的犯罪行为所反映出的人身危险性和再犯可能性进行综合考量的基础上作出的对被告人刑满释放后是否适宜继续留在境内的判断和评价，因此，驱逐出境不应在对各罪分别判处刑罚时适用，应综合全案对被告人单独适用。

编写人：北京市朝阳区人民法院　李佳丽

57

数罪并罚的适用

——唐燕某、尹文某寻衅滋事案

【案件基本信息】

1. 裁判书字号

江苏省无锡市中级人民法院（2016）苏02刑终第269号刑事裁定书

2. 案由：寻衅滋事罪

【基本案情】

2014年4月8日晚，被告人唐燕某以吴燕某、尹文甲2人欠其赌债不还，指使被告人尹文某去“教训教训，给点颜色看看”。被告人尹文某根据被告人唐燕某的要求，纠集王永某、谭修某，购买油漆灌入啤酒瓶，而后携带被告人唐燕某提供的喷漆，先后至常州市武进区吴燕某家、无锡市惠山区尹文甲家，由王永某、谭修某用装满油漆的啤酒瓶、水泥块等物将吴燕某家二楼阳台3块玻璃砸坏（受损财物价值人民币200元），将尹文甲家二楼玻璃、一楼大门及玻璃砸坏（受损财物价值人民币47.2元）。

2014年4月23日22时许至次日2时许，被告人唐燕某指使被告人尹文某纠集王永某、谭修某伙同郑建某、“卷毛”等人在无锡市惠山区阳山镇某村某鱼塘，经预谋后携带链条等物品，以向臧某讨要赌债为由，由王永某、谭修某、“卷毛”等人对臧某进行殴打，后将臧某扔进鱼塘内并用竹竿打手的方法阻止其上岸，致臧某随身携带的甲牌手机1只（价值人民币2500元）、乙牌手机1只（价值人民币50元）损毁。后又将臧某转移至无锡市惠山区洛社镇一空房内及常州市武进区洛阳镇某路某号等地看押，其间王永某对臧某打耳光、用拳刺恐吓、言语威胁。在被告人唐燕某等人的逼迫下，臧某让其妻子张孟某向被告人唐燕某女朋友江某的信用卡上分2次汇款共计人民币19900元，并被迫写下2张向被告人唐燕某借款共计59万元的借条。事后，被告人唐燕某拿出人民币6000元作为参与人员的好处费。

2014年5月3日民警将唐燕某、尹文某抓获，被告人唐燕某对犯罪事实予以否认，被告人尹文某对犯罪经过予以供认。

唐燕某曾因犯开设赌场罪于2013年1月23日被无锡市滨湖区人民法院判处有期徒刑二年，缓刑三年。2014年1月27日唐燕某因吸毒被无锡市公安局惠山分局行政拘留十五日。2014年5月3日因涉嫌本案寻衅滋事被抓获，同日，无锡市滨湖区人民法院以唐燕某在缓刑考验期内因吸毒受到行政处罚，裁定撤销缓刑，收监执行前判开设赌场罪的有期徒刑二年。2015年8月17日无锡市公安局为本案寻衅滋事审查起诉将唐燕某从句容监狱解回无锡市第二看守所，2016年5月1日经法院决定，次日由无锡市公安局惠山分局执行逮捕。

【案件焦点】

前罪被宣告缓刑的被告人在法院对新罪进行审理时，其前罪宣告的缓刑已因违反法律、行政法规或者公安部门有关缓刑的监督管理规定被裁定撤销。法院对所犯新罪，是按《刑法》第七十七条第一款的规定数罪并罚，还是按《刑法》第七十一条的规定数罪并罚。

【法院裁判要旨】

江苏省无锡市惠山区人民法院经审理认为：被告人唐燕某、尹文某伙同他人多次恐吓、殴打他人，情节恶劣，其行为均已构成寻衅滋事罪，属共同犯罪。公诉机关指控二被告人犯寻衅滋事罪的罪名成立，予以支持。公诉机关认为被告人唐燕某在判决宣告后，刑罚执行完毕以前，又犯新罪，应当按照《中华人民共和国刑法》第七十一条的规定数罪并罚。本院认为，本案中，被告人唐燕某的前罪缓刑，因其在缓刑考验期内违法行政法规而被无锡市滨湖区人民法院裁定撤销，但滨湖区人民法院的先行撤销缓刑行为，并不改变唐燕某在缓刑考验期内犯新罪的事实，仅导致本院无须再重复撤销缓刑，对被告人唐燕某应按照《中华人民共和国刑法》第七十七条第一款的规定数罪并罚。在共同犯罪中，被告人唐燕某起主要作用，系主犯；被告人尹文某起次要作用，系从犯，应当从轻处罚；又鉴于被告人唐燕某在庭审中能够自愿认罪，被告人尹文某归案后能如实供述犯罪事实，故对二被告人予以从轻处罚。关于被告人唐燕某的辩护人提出“自愿认罪；积极赔偿”的辩护意见，经查属实，本院予以采纳。据此，依照《中华人民共和国刑法》第二百九十三条第一款第（二）项，第二十五条第一款，第二十六条第一款、第四款，第二十七条，第六十七条第三款，第七十七条，第六十九条之规定，作出如下判决：

一、被告人唐燕某犯寻衅滋事罪，判处有期徒刑一年；前犯开设赌场罪，判处有期徒刑二年，决定执行有期徒刑二年九个月。

二、被告人尹文某犯寻衅滋事罪，判处有期徒刑八个月。

判决宣告后，被告人唐燕某提出上诉。江苏省无锡市中级人民法院在审理过程中，唐燕某提出撤诉，江苏省无锡市中级人民法院裁定准许上诉人唐燕某撤回上诉。

【法官后语】

在本案中，关于对唐燕某如何数罪并罚，存在“应按《刑法》第七十一条的规定数罪并罚”还是“应适用《刑法》第七十七条的规定数罪并罚”两种观点。本案最终采纳后者。

第一种观点选择适用《刑法》第七十一条是认为犯新罪的时间点在“判决宣告以后，刑罚执行完毕以前”。本案中，唐燕某犯新罪的时间点确实是在前罪缓刑判决宣告以后，但唐燕某犯新罪时是在缓刑考验期内，当时前罪尚未开始执行，不属于《刑法》第七十一条规定的“刑罚执行完毕以前”，故不能适用该条规定。而在本案审理环节，唐燕某的前罪缓刑已经被其他法院先行撤销了，本案中无法再“撤销缓刑”，此与《刑法》第七十七条规定不符。笔者认为，《刑法》第七十七条中规定的“撤销缓刑”，是对缓刑考验期内违规行为处罚后果的规定，而非法院适用该条规定时的必经程序行为。被宣告缓刑的犯罪分子在缓刑考验期内存在《刑法》第七十七条规定的一种违规行为会导致缓刑被撤销，存在多个违规行为时，结果亦如此，法院在适用第七十七条时，只需审核撤销缓刑的后果有无发生，只要这个后果发生了，无论是在审理中还是审理前发生这个后果，均不违背第七十七条的规定内容。先期的撤销缓刑行为仅导致法院在适用第七十七条时，无须重复撤销缓刑，但仍应按照该条规定数罪并罚。

另从罪刑相适应原则出发，《刑法》第七十一条、第七十条分别规定了判决宣告后犯新罪及发现漏罪的并罚方式。从并罚方式上我们可以看出，同样是数罪的并罚，但新罪的并罚比漏罪的并罚更严重，这是犯罪分子的危害性大小通过量刑来区分的一个体现，也是罪刑相适应原则的体现。而缓刑考验期内犯新罪或发现漏罪的并罚方式类似于漏罪的并罚，轻于新罪的并罚，也是基于这一原则。对在缓刑考验期内的犯罪行为，以犯新罪的处罚方式去适用，既不符合法律规定，也与罪刑相适应原则相违背。

编写人：江苏省无锡市惠山区人民法院　王艳华

58

被告人短时间内连续实施具有关联性的系列犯罪行为应如何认定？

——秦电志故意杀人、抢劫、放火、故意伤害、盗窃案

【案件基本信息】

1. 裁判书字号

天津市高级人民法院（2016）津刑终7号刑事裁定书

2. 案由：故意杀人罪、抢劫罪、放火罪、故意伤害罪、盗窃罪

【基本案情】

2015年1月28日7时许，被告人秦电志携带尖刀至天津市武清区王庆坨镇寻找盗窃目标未果。当日17时许，秦电志途经王庆坨镇某村被害人李某经营的体育彩票店，进入该店购买“十一选五”体育彩票，至当日23时许，秦电志累计赊欠约人民币10000元。后秦电志提出将其身份证、银行卡抵押在李某处，次日偿还欠款，被李某及其丈夫王建某拒绝，并要求秦电志到银行取款，秦电志为此恼怒。欲报复王建某假意应承，并让王建某驾驶汽车载其一同前往王庆坨镇取款。王建某驾驶汽车行至王庆坨镇中国邮政储蓄银行附近时，秦电志掏出随身携带的尖刀朝王建某面部、颈部捅刺数刀，后劫得人民币200余元。秦电志逼迫王建某脱光上衣，用放在车内的两根手机数据线将王建某双手手腕并拢捆绑。其间，李某见王建某不归，致电王建某询问情况，秦电志逼迫王建某撒谎搪塞，为防止王建某报警，将王建某的手机拿走。随后，被告人秦电志用王建某脱下的秋衣、工作服，将王建某上身捆绑于驾驶座椅靠背上，用王建某的防寒服蒙住王建某面部，为泄愤，又持刀朝王建某腹部捅刺一刀。被告人秦电志唯恐李某察觉报警，将捆绑王建某的衣物褪下，让王建某自驾驶座横跨至副驾驶位置，秦电志驾车返回体育彩票店。行驶至一

高速桥涵洞旁无名路上时，秦电志误认为王建某欲抢刀反抗，再次持刀朝王建某胸部捅刺数刀，致被害人王建某昏厥。秦电志驾车拉载王建某到体育彩票店附近后，将王建某留在车内，携带尖刀返回体育彩票店，将王建某的手机交予李某，并告知李某其已将王建某捅伤。李某掏出手机准备报警，秦电志唯恐罪行败露上前阻止，厮打过程中李某倒地，秦电志遂掏出随身携带的尖刀，朝李某头、颈、胸、腹部及背部猛捅数十刀，致被害人李某受伤倒于室内东侧床与冰柜夹角处。其间，被害人王建某恢复意识，驾车逃离，秦电志发现后持刀追截未果，并再次返回体育彩票店。为毁灭罪证，秦电志将所购体育彩票堆放于室内单人床上，用打火机引燃彩票及床单，秦电志发现放在床上一黑色女士书包内装有大量现金，遂将该包盗走，窃得人民币4000余元。后秦电志为防止火情被人发现，将室外卷帘门关闭并逃离作案现场，造成体育彩票店内空调、液晶电视、冰箱、冰柜、彩票机、电脑等物品损毁。因民警及时发现火情，组织群众迅速扑救，未造成周围居民伤亡和重大财产损失。作案后，被告人秦电志逃匿并于同年1月29日21时许被抓获归案。经鉴定，被害人李某系被他人用单刃刺器刺破心脏、双肺致失血性休克死亡，死后焚尸。被害人王建某胸部、腹部的损伤程度分别构成重伤二级；面部的损伤程度构成轻伤一级；颈部的损伤程度构成轻微伤。

【案件焦点】

1. 被告人秦电志在汽车内对被害人王建某实施暴力，致王建某丧失反抗能力后劫取财物，后为泄愤及误认为王建某欲反抗再次捅刺王建某的行为是否构成故意伤害罪；2. 被告人秦电志唯恐罪行败露持刀捅刺被害人李某要害部位数十刀致李某倒地后，纵火焚烧现场时发现床上装有现金的女士包并占为己有的行为是否构成盗窃罪。

【法院裁判要旨】

天津市第一中级人民法院经审理认为：被告人秦电志因被害人王建某向其索要欠款不满，欺骗王建某随其外出并在途中持刀行凶抢劫王建某财物，构成抢劫罪；后为泄愤及误认为王建某反抗两次持刀捅刺致被害人王建某重伤，构成故意伤害罪；返回体育彩票店，唯恐罪行败露，持刀捅刺被害人李某数十刀致李某死亡，构成故意杀人罪；为毁灭罪证，在彩票店内纵火，危害公共安全，构成放火罪；其间临时起意窃取李某数额较大的财物，构成盗窃罪，依法对被告人秦电志以故意杀人罪、抢劫罪、放火罪、故意伤害罪、盗窃罪实行数罪并罚。被告人秦电志系累犯，依法从重处罚。

公诉机关指控被告人秦电志构成故意杀人罪、抢劫罪、放火罪罪名成立，予以确认。公诉机关认为秦电志劫取被害人王建某财物后，为泄愤持刀再次行凶致被害人王建某重伤的行为系抢劫行为的继续，定性有误。被告人秦电志持刀行凶并当场劫取王建某财物后，其抢劫实行行为已经结束。其再次持刀两次捅刺王建某是基于此前王建某向其索要欠款而产生的报复泄愤心理及误认为王建某欲反抗，主观上出于伤害的犯罪故意，实施了故意伤害的犯罪行为，应当以故意伤害罪追究其刑事责任。公诉机关指控被告人秦电志持刀捅刺被害人李某数十刀后，在李某尚未死亡时拿走李某财物的行为构成抢劫罪，认定事实及指控的罪名有误。被告人秦电志持刀连续捅刺被害人李某要害部位数十刀，李某心脏、双肺、肝脏均被刺破，李某遭此重创倒地，现有证据不能证明李某倒地后尚有意识，秦电志纵火焚烧现场时发现并临时起意拿走李某财物的行为系盗窃行为，应当以盗窃罪追究其刑事责任。

据此，天津市第一中级人民法院作出如下判决：

被告人秦电志犯故意杀人罪，判处死刑，剥夺政治权利终身；犯抢劫罪，判处有期徒刑五年，并处罚金人民币1000元；犯故意伤害罪，判处有期徒刑九年；犯盗窃罪，判处有期徒刑二年，并处罚金人民币5000元；犯放火罪，判处有期徒刑五年，决定执行死刑，剥夺政治权利终身，并处罚金人民币6000元。

宣判后，被告人秦电志提出上诉，二审法院天津市高级人民法院经审理裁定驳回上诉，维持原判，并报请最高人民法院复核。

最高人民法院经复核核准了上述裁定。

【法官后语】

本案审理的重点是对于被告人在整体上缺乏明确犯罪目的的情况下，短时间内随意实施了一系列具有关联性的犯罪行为，同时触犯了多个罪名的，应如何认定？我们认为，对罪名的认定，应当严格遵循主客观一致的原则，通过判断被告人实施行为时的主观心理状态，实施的具体行为以及所处的客观环境综合进行判断和评价。

具体到本案中，公诉机关与法院对本案案件事实的认定基本一致，但在罪名的认定上存在分歧。公诉机关将被告人秦电志使用暴力劫取被害人王建某财物，及其后持续控制王建某并再次持刀捅刺的行为作为一个整体的抢劫行为进行评价，认定为抢劫一罪；将持刀捅刺致李某倒地后，纵火焚烧现场时发现并非法占有女士包的行为亦定性为抢劫罪。而一、二审法院经审理认为，被告人秦电志持刀捅刺被害人王建某，劫取王建某随身携带的财物，并将王建某捆绑在汽车座椅上。此时王建某已丧失反抗能力，在汽车内这一封闭场所持续为被告人所控制。但就抢劫罪来说，其抢劫行为已实行终了，已经既遂，不存在抢劫行为的延续和抢劫现场延伸的情形。且被告人系基于此前与被害人矛盾以及误认为王建某欲反抗而产生的报复心理再次实施了伤害行为，属于另起犯意，因此，应当单独评价为故意伤害罪。对于非法占有被害人李某的财物，被告人主观上持杀人的故意对李某要害部位捅刺数十刀，致李某受重创倒地，后焚烧现场过程中，发现财物并临时起意非法占有，故意杀人的暴力行为与取财之间无内在联系，且被害人已处于濒死时的无意识状态，被告人的取财行为符合秘密窃取的要件，应单独评价为盗窃罪。据此，对公诉机关指控的罪名进行了调整，作出如上判决。

编写人：天津市第一中级人民法院　梁勤　王少兵

59

强奸及强制猥亵案中的罪数认定及中止犯的量刑问题

——李某强奸、强制猥亵案

【案件基本信息】

1. 裁判书字号

江苏省扬州市中级人民法院（2016）苏10刑终261号刑事裁定书

2. 案由：强奸罪、强制猥亵罪

【基本案情】

2016年6月2日凌晨，被告人李某在扬州市某酒吧娱乐饮酒时主动搭讪被害人刘某某及其朋友。当日凌晨4时许，被告人李某与被害人刘某某等人离开某酒吧，被告人李某与被害人刘某某同乘出租车先行驶离。当出租车行驶至徐凝门桥交通信号灯处时，被害人刘某某下车等待其朋友，被告人李某亦跟随其下车。后被告人李某将被害人刘某某带至徐凝门桥东北角楼梯下，采用硬拽内裤等方式，欲趁被害人刘某某酒多强行与其发生性关系，但因发现被害人正处经期，遂自动放弃。后被告人李某又采用强迫被害人刘某某为其口交、强吻被害人刘某某胸部等方式，对其强行实施猥亵。

案发后，被告人李某自动投案，并如实供述了自己的犯罪事实。

公诉机关认为，被告人李某以暴力等手段强奸妇女，其行为应当以强奸罪追究其刑事责任。被告人李某强制猥亵他人，其行为，应当以强制猥亵罪追究其刑事责任。公诉机关同时认为，被告人李某犯数罪，依法应数罪并罚。被告人李某在刑罚执行完毕五年内，再犯应当判处有期徒刑以上刑罚之罪的，系累犯，依法应当从重处罚。被告人李某在犯罪过程中自动放弃犯罪，系犯罪中止，依法应当减轻处罚。被告人李某自动投案，且如实供述自己的犯罪事实，系自首，依法可以从轻处罚。

【案件焦点】

1. 李某是否具有发生性关系的故意以及是否构成强奸罪；2. 李某是否属于限制刑事责任能力人；3. 李某所犯强奸罪是否可以免除处罚。

【法院裁判要旨】

江苏省扬州市广陵区人民法院经审理，依照《中华人民共和国刑法》第二百三十六条第一款、第二百三十七条第一款、第二十四条、第六十九条第一款、第六十五条第一款、第六十七条第一款之规定，作出如下判决：被告人李某犯强奸罪，判处有期徒刑一年六个月；犯强制猥亵罪，判处有期徒刑一年六个月；决定执行有期徒刑二年六个月。

后李某上诉称：其没有与被害人发生性关系的故意，原先供述是侦查人员提醒所致；即使认定强奸中止，没有造成伤害后果，可以免除处罚。其辩护人提出的辩护意见是：李某思维简单、缺乏自控力，有行为障碍，属于限制刑事责任能力；从细节反映存在定性的困惑，至多认定构成强制猥亵罪；即使认定强奸中止，没有造成伤害，可以免除处罚；根据李某个人的具体情况，不能简单地以累犯情节从重处罚。

江苏省扬州市中级人民法院经审理认为：上诉人李某违背妇女意志，以暴力手段强行与妇女发生性关系，主动放弃犯罪后，又强制猥亵妇女，依法应当分别以强奸罪、强制猥亵罪追究刑事责任，并且数罪并罚。上诉人李某在强奸犯罪过程中自动放弃犯罪，系犯罪中止，对其强奸罪行应当减轻处罚；其主动投案，如实供述犯罪事实，系自首，可以从轻处罚；其在前罪有期徒刑的刑罚执行完毕后，五年以内再犯，应当判处有期徒刑以上刑罚之罪，系累犯，应当从重处罚。

对于上诉人李某及其辩护人提出的上诉理由和辩护意见，综合评判如下：

一、关于李某是否具有发生性关系的故意以及是否构成强奸罪的问题。综观整个行为过程，李某具有两个犯罪故意，并且明显实施了两个阶段的行为，依法应以强奸罪、强制猥亵罪追究刑事责任。

二、关于李某是否属于限制刑事责任能力的问题。李某历史上曾多次故意犯罪被判处刑罚，在本案中的犯罪行为，亦表现出逻辑思维正常，行动意图明确，具有明显的自我保护意识，现辩护人提出李某属限制刑事责任能力仅是主观推测，并无任何证据佐证。

三、关于李某所犯强奸罪是否可以免除处罚以及全案量刑问题。本案中，李某使用暴力欲行强奸妇女，在奸淫前实施了拽下被害人内裤和卫生巾的行为，因此发现被害人正处于生理期而放弃奸淫行为，其行为实质已经对被害人造成伤害，应当评价为中止犯中的造成损害范畴，适用减轻处罚正确。

综上，江苏省扬州市中级人民法院裁定：

驳回上诉，维持原判。

【法官后语】

1. 本案的争议焦点之一：被告人李某的行为成立一罪还是数罪？

罪数的判断标准，国外有多种理论学说，如行为标准说、法益标准说、目的标准说、因果关系标准说、法规标准说、混合标准说，等等。我国《刑法》在分析国外各种学说优劣利弊的基础上，吸收其合理的成分，形成了普遍认可的主客观相统一的犯罪构成标准说。根据这一标准，确定罪数的单复，应该以犯罪构成的个数为依据，即行为人的犯罪事实具备一个犯罪构成的为一罪，具备数个犯罪构成的则为数罪。不可否认，强奸与强制猥亵这两个行为在犯罪构成之间具有一定的依附与被依附关系。因此，在刑事司法实践中，当猥亵行为被判定为只是强奸行为的一个手段时，会因猥亵行为不具有独立性，而以具有独立性犯罪的强奸罪将猥亵行为所吸收，最终以强奸罪一罪定罪处罚。但这种观点成立的前提应当是，强奸过程中实施的猥亵行为。即被告人在一短时间内针对同一被害人连续实施的强制猥亵、强奸两个行为，应以强奸一罪论处。而本案中，被告人李某的行为分别触犯了强奸和强制猥亵两个罪名，并不存在吸收关系，应以两罪并罚。因此，笔者以为，强奸前及实行强奸过程中的强制猥亵行为应当为强奸所包容、吸收，是因为这种强制猥亵可以作为强奸罪的实行行为中自然可能具有的附随行为来理解。但在强奸行为中止后，被告人另起犯意猥亵被害人，就不能被先前的强奸行为所包容吸纳，因为此时的猥亵行为并不是前述强奸行为的必然延伸。所以，对被告人的行为应当定两罪，而不是强奸一罪。

2. 本案的争议焦点之二：认定强奸罪犯罪中止后，应免除还是减轻处罚？

《刑法》虽明确规定，“在犯罪过程中，自动放弃犯罪或者自动有效地防止犯罪结果发生的，是犯罪中止。对于中止犯，没有造成损害的，应当免除处罚；造成损害的，应当减轻处罚”。但对于什么是“损害”，法律中却没有明确。张明楷教授认为，对于“损害”的理解，必须以刑法的法益保护目的为指导，并考虑犯罪之间的关系与罪刑相适应原则。本案中强奸罪的法益是妇女（包括幼女）的性的自己决定权（性自主权），其基本内容是妇女按照自己的意志决定性行为的权利。对照此法益可见，“损害”并不应局限于有形的、物质性、可测量的侵害结果范围。而对于部分中止犯仍需予以惩罚的原因也就在于中止的犯罪行为已经对法益造成了严重侵害，需要采取刑罚来惩罚和预防犯罪，以达到保护法益的刑法目的。

编写人：江苏省扬州市广陵区人民法院　张昕

60

服刑期间犯新罪应以新罪被执行逮捕之日作为合并执行刑期的起点

——叶超某、施建某故意伤害案

【案件基本信息】

1. 裁判书字号

浙江省宁波市中级人民法院（2016）浙02刑终234号刑事裁定书

2. 案由：故意伤害罪

【基本案情】

被告人叶超某、施建某与被害人黄发某均系宁波市北仑区看守所留所服刑人员。2015年12月24日16时30分许，被告人叶超某在北仑区看守所劳动车间内吃饭期间认为被害人黄发某饭菜分配不均找其理论继而发生争执，双方相约至隔壁未安装监控设备的仓库内解决纠纷，被告人施建某也随二人前往。其间，被告人叶超某与黄发某相互殴打，被告人施建某从背后抱住黄发某使其无法反抗，之后被告人叶超某用手及持木棍殴打黄发某致其鼻子受伤。经鉴定，被害人黄发某外伤致鼻骨粉碎性骨折，损伤程度为轻伤二级。案发后，被告人叶超某、施建某已赔偿被害人黄发某人民币六千元，并取得被害人谅解。

宁波市北仑区人民检察院起诉指控被告人叶超某、施建某犯故意伤害罪，向宁波市北仑区人民法院提起公诉后，宁波市北仑区人民法院于立案当日决定对二被告人依法逮捕。

【案件焦点】

1. 对于服刑期间犯新罪的被告人是否需要执行逮捕，应何时执行逮捕；2. 犯新罪的情况下按照“先减后并”的原则进行并罚，应如何确定合并执行刑期的起点。

【法院裁判要旨】

浙江省宁波市北仑区人民法院经审理认为：被告人叶超某、施建某结伙故意伤害他人身体并致人轻伤，其行为均已构成故意伤害罪，且系共同犯罪，依法应予惩处。公诉机关指控的罪名成立。被害人黄发某的伤害后果由被告人叶超某、施建某的共同犯罪行为所致，不应割裂予以评判，二被告人均应承担故意伤害他人的法律责任。被告人叶超某、施建某在判决宣告后刑罚执行完毕前又犯新罪，依法应当数罪并罚。被告人叶超某、施建某能如实供述自己的罪行，依法均予以从轻处罚。二被告人已赔偿被害人损失并取得谅解，酌情予以从轻处罚。

浙江省宁波市北仑区人民法院依照《中华人民共和国刑法》第二百三十四条第一款、第二十五条第一款、第六十七条第三款、第七十一条、第六十九条之规定，作出如下判决：

一、被告人叶超某犯故意伤害罪，判处有期徒刑七个月。与前罪判决尚未执行完毕的拘役十天并罚，决定执行有期徒刑七个月。

二、被告人施建某犯故意伤害罪，判处有期徒刑七个月。与前罪判决尚未执行完毕的拘役一个月零六天并罚，决定执行有期徒刑七个月。

一审宣判后，被告人叶超某、施建某均提出上诉，并在二审期间撤回上诉，浙江省宁波市中级人民法院根据《最高人民法院关于适用〈中华人民共和国刑事诉讼法〉的解释》第三百零五条第一款、第三百零八条之规定，作出如下裁定：

准许上诉人叶超某、施建某撤回上诉。

【法官后语】

处理本案的关键问题之一是服刑期间犯新罪的被告人是否需要执行逮捕。我们认为对犯新罪的被告人执行逮捕不仅必须、而且应当及时。因为服刑期间犯新罪的被告人同时具有“罪犯”和“犯罪嫌疑人”两种法律角色，其正在执行前罪刑罚的法律状态和未决案件需要被采取强制措施之间需要进行恰当的衔接。为避免出现毁灭、伪造证据，干扰证人作证或者串供等情况，应当及时执行逮捕，使新案的侦查有序展开，保障诉讼程序的进行，同时也能保障被告人相应的诉讼权利。

对于罪犯在服刑期间再犯罪的，正在执行的刑罚没有任何理由中断，而新罪被采取强制措施之日则是以一个新的诉讼程序的启动作为前罪刑罚执行中断的时间，于法有据。这一时间点的确立将直接关系审判中数罪并罚的处理，逮捕的时间越迟，对于被告人而言将越为不利。对于羁押状态没有改变的情况，均应以新罪执行逮捕之日作为前罪刑罚执行中断的时间，并以此确定数罪并罚执行刑期的起点。

因新罪被采取强制措施意味着一个新的诉讼程序的展开，充当了中断前罪刑罚执行的“技术手段”，使得前罪的刑罚进入中止执行的状态，剩余刑期相对固定，数罪并罚得以实现。从有利于被告人的角度而言，合并执行刑期起点的合理确立能最大限度保护被告人的诉讼权益，避免了人为缩短前罪的残余刑期，变相增加实际执行刑期的情况出现。

因此，对犯新罪的被告人应执行逮捕中断其前罪刑罚的执行，并以此作为合并执行刑期的起点，而后按照“先减后并”的原则，把前罪尚未执行的刑罚与后罪所判处的刑罚进行并罚。

编写人：浙江省宁波市北仑区人民法院　刘叶思

（五）缓　　刑

61

非法制造枪支罪可以判处缓刑的条件

——张国某非法制造枪支案

【案件基本信息】

1. 裁判书字号

云南省昭通市中级人民法院（2016）云 06 刑终 334 号刑事判决书

2. 案由：非法制造枪支罪

【基本案情】

2016 年 4 月以来，被告人张国某先后在网络上购买枪支零部件非法在其位于彝良县洛泽河镇某村某组4号家中自行组装疑似枪支2支，其中一支张国某以350元的价格卖给汪月某，另一支其在日常生活中用于打猎，经昭通市公安司法鉴定中心鉴定，被告人张国某制造的2支疑似枪支均系以压缩气体为动力发射填充物的自制枪支，均属于《中华人民共和国枪支管理法》中规定的枪支。

【案件焦点】

被告人张国某的行为是否构成非法制造枪支罪；如果构成，是否可以判处缓刑。

【法院裁判要旨】

云南省彝良县人民法院经审理认为：被告人张国某违反国家枪支管理法规，制造枪支的行为符合《中华人民共和国刑法》第一百二十五条第一款关于非法制造枪支罪的构成要件，已构成非法制造枪支罪。公诉机关指控的事实及罪名成立，本院予以支持。根据《最高人民法院关于审理非法制造、买卖、运输枪支、弹药、爆炸物等刑事案件具体应用法律若干问题的解释》第一条第（二）项的规定，非法制造、买卖、运输、邮寄、储存以火药为动力发射枪弹的非军用枪支一支以上或者以压缩气体等为动力的其他非军用枪支二支以上的，以非法制造、买卖、运输、邮寄、储存枪支、弹药、爆炸物罪定罪处罚；第二条第（一）项规定，非法制造、买卖、运输、邮寄、储存枪支、弹药、爆炸物的数量达到该解释第一条第（二）项规定的最低数量标准五倍以上的属于《中华人民共和国刑法》第一百二十五条第一款规定的“情节严重”，被告人张国某非法制造两支以压缩气体为动力发射填充物的非军用枪支，未达法律规定的最低犯罪数额五倍以上，不属情节严重，依法应当对被告人张国某在三年以上十年以下判处刑罚。被告人张国某在审理中能如实供述自己的罪行，认罪态度较好，依法可对其从轻处罚。公诉机关对被告人张国某的量刑建议适当，本院予以采纳。被告人张国某认为其不构成非法制造枪支罪，而是构成非法持有枪支罪的辩解，属于罪名认识错误，与本案事实和法律规定不符，本院不予支持。为维护国家对枪支的管理制度和公共安全，惩治犯罪，依照《中华人民共和国刑法》第一百二十五条第一款、第六十七条第三款，《最高人民法院关于审理非法制造、买卖、运输枪支、弹药、爆炸物等刑事案件具体应用法律若干问题的解释》的第一条第（二）项、第二条第（一）项之规定，经本院审判委员会讨论决定，判决如下：

被告人张国某犯非法制造枪支罪，判处有期徒刑三年。

后被告人张国某提起上诉。

云南省昭通市中级人民法院经审理认为：上诉人（原审被告人）张国某违反国家枪支管理法规，非法自行组装以压缩气体为动力的枪支2支的行为已构成非法制造枪支罪，应依法惩处。公安机关系在掌握涉枪线索的情况下到张国某家进行检查并查货一支枪支，张国某虽有经询问即如实供述的行为，但不构成自首。张国某卖给汪月某的枪支系其主动交代，公安机关之前并未掌握，故张国某的主动坦白，直接影响到其是否构成非法制造枪支罪，对此情节应充分考虑；卷内材料反映张国某在当地表现良好，其家庭存在实际困难，经彝良县司法局调查评估其符合社区矫正的条件，故依法可对张国某适用缓刑。综上，张国某及其辩护人所提构成自首的意见不能成立，但所提犯罪情节较轻、有悔罪表现、请求适用缓刑的上诉理由成立，本院予以采纳。据此，依照《中华人民共和国刑事诉讼法》第二百二十五条第一款第（二）项、《中华人民共和国刑法》第一百二十五条第一款、第六十七条第三款、第七十二条、第六十四条及《最高人民法院关于审理非法制造、买卖、运输枪支、弹药、爆炸物等刑事案件具体应用法律若干问题的解释》第一条第（二）项之规定，判决如下：

一、撤销彝良县人民法院（2016）云0628刑初136号刑事判决。

二、上诉人（原审被告人）张国某犯非法制造枪支罪，判处有期徒刑三年，缓刑四年（缓刑考验期从判决确定之日起计算）。

三、涉案枪支两支予以没收。

【法官后语】

本案的处理重点在于对被告人张国某的量刑上，被告人张国某是否符合缓刑的条件?《刑法》第七十二条规定，对于被判处拘役、三年以下有期徒刑的犯罪分子，同时符合下列条件的，可以宣告缓刑，对其中不满十八周岁的人、怀孕的妇女和已满七十五周岁的人，应当宣告缓刑：（1）犯罪情节较轻；（2）有悔罪表现；（3）没有再犯罪的危险；（4）宣告缓刑对所居住社区没有重大不良影响。

具体到本案中，一、二审法院审理思路出现分歧，其主要原因即在于对上述规定的不同理解。一审法院认为被告人张国某不仅有非法制造枪支的行为，而且还以350元的价格卖了一支给汪月某，由此可见被告人张国某的行为对周围邻里有重大影响，而且涉枪案件属于重大敏感案件。故不同意对被告人张国某判处缓刑。但二审法院认为被告人张国某卖给汪月某枪支系其主动交代，公安机关之前并未掌握，故张国某的主动坦白，直接影响到其是否构成非法制造枪支罪，对此情节应充分考虑；卷内材料反映张国某在当地表现良好，其家庭存在实际困难，经彝良县司法局调查评估其符合社区矫正的条件，故依法可对张国某适用缓刑，遂对一审判决予以改判。

值得注意的是，本案中上诉人（原审被告人）张国某在上诉状中提出其在公安机关到家中询问时，即主动交代了其购买枪支零部件组装枪支2支，并将其中一支以350元的价格卖给汪月某的事实，属于自首行为。本案二审期间从彝良县公安局调取了公安机关掌握的涉枪线索的材料，再次询问上诉人（原审被告人）张国某，确定公安机关系在掌握涉枪线索的情况下到张国某家进行检查并查获一支枪支，张国某虽有经询问即如实供述的行为，但不构成自首。同时二审法院补充对涉案的两支枪支作出了处理。

编写人：云南省昭通市彝良县人民法院　马倩

62

适用缓刑后如何适用禁止令

——臧某侵犯商业秘密案

【案件基本信息】

1. 裁判书字号

北京市西城区人民法院（2016）京0102刑初549号刑事判决书

2. 案由：侵犯商业秘密罪

【基本案情】

被告人臧某原系北京甲软件股份有限公司员工，工作期间与公司签订了保密协议。被告人臧某于2011年5月30日从该公司离职，并于2011年5月31日与原该公司MIS综合开发部常务副主任何某、MIS应用开发部常务副主任刘某（均已判刑）等人共同出资成立了北京乙软件技术有限公司，被告人臧某为该公司负责人。

2011年至2013年，北京乙软件技术有限公司向广州市某建筑设计有限公司销售其研发的管理信息系统，销售金额47.175万元。经鉴定，广州市某建筑设计有限公司管理信息系统中当前使用的35个数据库表，10个存储过程/函数与北京甲软件股份有限公司管理信息系统对应的表、存储过程/函数相同或实质相同。广州市某建筑设计有限公司管理信息系统中删除的10个数据库表，22个存储过程/函数与北京甲软件股份有限公司管理信息系统对应的表、存储过程/函数相同或实质相同。广州市某建筑设计有限公司管理信息系统中7个源代码文件，以及1个源代码文件中的8个函数与北京甲软件股份有限公司管理信息系统对应的源代码文件、函数相同或实质相同。

2012年至2013年，北京乙软件技术有限公司向青岛市某研究院有限公司销售其研发的管理信息系统，销售金额50万元。经鉴定，青岛市某研究院有限公司管理信息系统中与北京甲软件股份有限公司数据库文件实质相同的数据库表共24个，实质相同的数据库存储过程/函数共4个。

2012年至2014年，北京乙软件技术有限公司向北京某设计有限公司销售其研发的管理信息系统，销售金额95.55万元。经鉴定，北京某设计有限公司管理信息系统中与北京甲软件股份有限公司数据库文件实质相同的数据库表共20个，实质相同的数据库存储过程/函数共4个。

2012年至2014年，北京乙软件技术有限公司向某建筑设计有限责任公司销售其研发的经营、质量管理系统，销售金额41.5万元。经鉴定，某建筑设计有限责任公司经营、质量管理系统中与北京甲软件股份有限公司数据库文件实质相同的数据库表共23个，实质相同的数据库存储过程/函数共4个。

2013年至2014年，北京乙软件技术有限公司向某国际工程咨询（中国）有限公司销售企业综合管控平台系统，销售金额184万元。经鉴定，某国际工程咨询（中国）有限公司企业综合管控平台系统与北京甲软件股份有限公司管理信息系统数据库文件实质相同的数据表27个，实质相同的存储过程/函数5个。

上述北京甲软件股份有限公司管理信息系统中的数据库表、存储过程/函数不为公众所知悉，属于非公知技术信息。

【案件焦点】

在对被告人臧某适用缓刑后如何适用禁止令。

【法院裁判要旨】

北京市西城区人民法院经公开审理认为：被告人臧某伙同他人违反权利人有关保守商业秘密的要求，使用甲公司商业秘密，给商业秘密权利人造成重大损失，其行为已构成侵犯商业秘密罪，且系共同犯罪，依法应予惩处。北京市西城区人民检察院指控被告人臧某犯侵犯商业秘密罪成立。关于被告人臧某的辩护人提出的被告人所起作用较小，情节轻微的相关辩护意见，理由不足，本院不予采纳；其他辩护意见，本院予以采纳。鉴于被告人臧某当庭认罪、悔罪，可酌情从轻处罚并适用缓刑。据此，依照《中华人民共和国刑法》第二百一十九条、第二十五条第一款、第七十二条、第七十三条第二款及第三款、第五十二条、第五十三条之规定，判决：

一、被告人臧某犯侵犯商业秘密罪，判处有期徒刑二年六个月，缓刑二年六个月，并处罚金人民币十万元。

二、禁止被告人臧某在缓刑考验期内从事工程勘察设计及工程管理行业的企业管理信息系统的开发、销售及实施。

一审宣判后，被告人臧某未提出上诉，检察机关未提出抗诉。

【法官后语】

根据在案的证据材料，能够证明甲软件股份有限公司不为公众所知悉的技术信息能为该公司带来经济利益，且具有实用性，该公司对上述不为公众所知悉的技术信息采取了保密措施，起获的被告人使用的电脑及新成立的软件技术有限公司服务器等处存在与该公司实质相同的源代码、数据库、存储过程和函数，被告人成立的软件技术有限公司的客户公司使用的该公司制作的信息化管理平台中存在与甲软件股份有限公司主张的构成商业秘密的技术信息具有实质相同的源代码、数据库等。本案涉及的行为已经侵犯了甲软件股份有限公司的商业秘密，且有生效判决所确认。

根据证据材料，无法证明被告人臧某在甲软件股份有限公司工作期间，通过不正当手段获取了权利人的商业秘密，但其对于同案犯何某、刘某非法获取他人的商业秘密而使用的行为，是明知的，并积极参与产品销售，故其也构成侵犯商业秘密罪。根据案件事实和情节，考虑到被告人认罪悔罪，决定对其宣告缓刑。

案件审理期间，被害单位表示被告人臧某的公司曾经销售侵权产品，现在仍然可能在维护中开发、销售，继续侵权。考虑到案件具体情况，以及被告人臧某户籍在北京，缓刑期间需要进行社区矫正，对被告人臧某适用禁止令有实际必要性及可执行性，单位遇到相关问题也可及时向司法局反映，故判决禁止被告人臧某在缓刑考验期内从事工程勘察设计及工程管理行业的企业管理信息系统的开发、销售及实施。

编写人：北京市西城区人民法院　张传荣

63

被判缓刑后在上诉期内犯新罪的法律适用

——黄某危险驾驶案

【案件基本信息】

1. 裁判书字号

广东省广州市中级人民法院（2016）粤01刑终1830号刑事裁定书

2. 案由：危险驾驶罪

【基本案情】

被告人黄某于2015年7月9日因犯危险驾驶罪被广州市越秀区人民法院判处拘役二个月，缓刑三个月，并处罚金人民币三千元。同日晚上23时许，被告人黄某再次饮酒后驾车行驶至广州市天河区猎德大道北往南至花城大道路口时，将车停靠在路边睡觉，后被执勤民警查获，民警现场对其进行呼气式酒精测试，测试结果为183mg/100ml，后将其带至天河区中医医院提取血液样本，并送南方医科大学司法鉴定中心检验，检验结果为：被告人黄某的血液中检出乙醇（酒精）成分，其含量为196.4mg/100ml。

【案件焦点】

被告人在缓刑上诉期内（即原审缓刑判决尚未生效）又犯新罪，在法律及司法解释没有明确规定的情况下，应当如何处理。

【法院裁判要旨】

广东省广州市天河区人民法院经审理认为：被告人黄某违反交通运输管理法规，在道路上醉酒驾驶机动车，其行为已构成危险驾驶罪，依法应予惩处。被告人黄某在缓刑考验期限内犯新罪，应当撤销缓刑，对新犯的罪作出判决，把前罪和后罪所判处的刑罚，实行数罪并罚。被告人黄某如实供述罪行，自愿认罪，可以从轻处罚。

广州市天河区人民法院依照《中华人民共和国刑法》第一百三十三条之一、第七十七条第一款、第六十九条、第五十二条、第五十三条、第六十七条第三款的规定，判决如下：

被告人黄某犯危险驾驶罪，判处拘役一个月，并处罚金人民币一千元；撤销广州市越秀区人民法院（2015）穗越法刑初字第1089号刑事判决中对被告人黄某犯危险驾驶罪，判处拘役二个月，缓刑三个月，并处罚金人民币三千元的缓刑部分，数罪并罚，决定执行拘役三个月，并处罚金人民币四千元。

后黄某提起上诉。

广东省广州市中级人民法院经审理认为：上诉人黄某醉酒后在道路上驾驶机动车，其行为已构成危险驾驶罪，依法应予惩处。上诉人在缓刑考验期限内犯新罪，应当撤销缓刑，对其所犯新罪作出判决，把前罪和后罪所判处的刑罚，实行数罪并罚。对于上诉人提出原审判决量刑过重的上诉意见，经查，上诉人在第一次因危险驾驶被判处刑罚尚未发生法律效力期间，又犯本罪，属情节严重，原审依照数罪并罚原则，在法定的量刑幅度内对其判处拘役三个月，并处罚金人民币四千元并无不当，上诉人所提上诉意见理由不能成立，本院不予采纳。原审判决认定的事实清楚，证据确实充分，适用法律正确，量刑适当，审判程序合法，应予维持。广州市中级人民法院依照《中华人民共和国刑事诉讼法》第二百二十五条第一款第（一）

项的规定，裁定：

驳回上诉，维持原判。

【法官后语】

本案在讨论中对于应对被告人黄某实行数罪并罚无异议，但对适用法律及是否撤销原判缓刑有不同意见。我们认为，应适用《刑法》第七十七条的规定撤销原判被告人黄某的缓刑判决，将原判刑罚与新罪所判刑罚合并执行。

1. 行为人已不具备适用缓刑的实质条件。首先，其无悔罪表现。本案中，行为人在前罪中醉酒驾驶机动车上路，给交通秩序造成了危险，被广州市越秀区人民法院判处拘役二个月，缓刑三个月，并处罚金人民币三千元，其本应该进行深刻的自我反省，吸取教训学习交通规章制度，避免再次犯错，却在宣判当天晚上继续饮酒后上路，足见其毫无悔过之意，并未从根本上认识到其行为的违法性和对社会的危险性。其次，本案中行为人客观上实施了因危险驾驶被宣告缓刑当晚又继续醉酒驾车上路的行为，主观上并未吸取前罪的教训，仍心存侥幸，如若适用缓刑仍有再犯的可能性，不符合缓刑适用的条件。本案行为人在前罪缓刑判决尚未生效时就再次犯罪，足以说明原判缓刑的威慑和教育功能已经不足以约束到他，应予以撤销。

2. 缓刑判决生效前又犯新罪时，不能启动刑事审判监督程序撤销缓刑判决。审判监督程序的启动前提是错误裁判已经生效。很显然，本案中行为人黄某再次危险驾驶的行为是发生在前罪判决当日尚未生效时，因此不符合启动审判监督程序的条件。

3.《刑法》第七十七条是撤销缓刑判决的唯一法律依据。缓刑判决生效前又犯新罪，应先处理前罪的缓刑适用与否的问题，再处理前后罪的并罚问题。《刑法》第七十七条是撤销缓刑判决的唯一法律依据。对于判决宣告以后判决生效以前又犯新罪的，法律并无明文规定，但是司法实践中却恰恰有可能发生这种情形，正如本案。

笔者认为，应当参照适用《刑法》第七十七条的规定撤销前罪的缓刑。虽然此种情形字面上并不符合第七十七条第一款的时间要件，但事实要件和时间要件相比较，事实要件才是实质要件，是撤销缓刑的根本理由。立法者认为在缓刑判决还没宣告时有漏罪或在缓刑考验期内犯新罪，就不具备适用缓刑的实质条件，也就失去了适用缓刑的条件，只要出现以上行为都应当撤销缓刑。虽然第七十七条规定的时间要件没有明确涵盖本案的情况，但本案的情形明显已经不适合再适用缓刑，缓刑判决应撤销。在这种情况下，参照适用第七十七条是比较科学合理的，也符合适用法律的正当性原则。

4. 本案参照适用《刑法》第七十七条并不违背罪刑法定原则。本案中行为人的前后两个行为均已构成犯罪，且均需判处刑罚，前罪行为已导致不适宜判处缓刑，因此参照《刑法》第七十七条的规定，符合适用法律的正当性原则，也不违反罪刑法定原则。

编写人：广东省广州市天河区人民法院　罗成

（六）减　　刑

64

提供虚假证据证明财产性判项已履行的是否可以减刑

——杨坤减刑案

【案件基本信息】

1. 裁判书字号

北京市第一中级人民法院（2016）京01刑更23号刑事判决书

2. 案由：减刑

【基本案情】

杨坤出生于1971年12月19日，其分别于2011年3月至5月期间，冒充汽车销售人员，以能帮助办理购车指标为名，骗取一名被害人的钱财人民币三十二万五千元。案发后，退还人民币三万元。北京市海淀区人民法院于2012年9月20日作出了（2012）海刑初字第3072号刑事判决，以被告人杨坤犯诈骗罪，判处有期徒刑五年，罚金人民币五千元。继续向被告人杨坤追缴犯罪所得人民币二十九万五千元，退赔给被害人王某某。判决发生法律效力后交付执行。2015 年 8 月 17 日罪犯杨坤已交付赔偿款人民币四万元。北京市未成年犯管教所于 2016 年 1 月 5 日提出对罪犯杨坤的减刑建议，并将减刑建议书及罪犯减刑审核表、罪犯改造积极分子审批表、罪犯评审鉴定表、证明材料、北京市人民法院案款收据及综合材料等证据报送法院审核。

【案件焦点】

对在报请减刑的过程当中提供虚假证据证明财产性判项已履行的罪犯，是否可以减刑。

【法院裁判要旨】

北京市第一中级人民法院经审理认为：罪犯杨坤在服刑改造期间，虽于 2014 年 7 月获得北京市未成年犯管教所改造积极分子奖励，此后杨坤为避免没有执行判决确定的退赔被害人的非法所得而影响对其减刑，便与其狱外亲属串通，找被害人，共同编造虚假证据，蒙骗司法机关，以达到对其减刑的目的，其行为违反法律法规和监狱的规章制度，无悔改表现。根据上述情况，罪犯杨坤不符合《中华人民共和国刑法》第七十八条规定的减刑条件。依照《最高人民法院关于减刑、假释案件审理程序的规定》第十六条第一款第三项之规定，裁定对罪犯杨坤不予减刑。

【法官后语】

财产性判项的履行情况，一方面体现了罪犯对法院的生效判决是否认可，另一方面也体现其在刑罚执行过程中是否发自内心地认罪悔罪。另外，财产性判项的履行还直接关系到其他当事人的切身利益，只有财产性判项真的履行了，对罪犯减刑的裁定才能让社会公众信服。“财产性判项”是 2017 年 1 月 1 日起施行的《最高人民法院关于办理减刑、假释案件具体应用法律的规定》中明确的法律概念。随着新规定的颁布实施，财产性判项的履行情况已经升格为“可以减刑”条件的必要考虑项。本案虽然发生在新规定颁行之前，但也要在认定是否“可以减刑”时，审查财产刑执行以及民事赔偿义务履行等财产性判项的履行情况。随着新规定的实施，财产性判项的履行情况由“可以减刑”的“加分项”逐渐演变成了“减分项”，其在审判实践中的重要程度不断提升，今后应当在认定罪犯是否可以减刑时将财产性判项的履行情况作为重点审查项目，对于确实有能力履行，而采用各种方式逃避履行或拒不履行的，应当不予减刑。

另外，如何辨别证据的真假，也是本案的审理要点。作为定罪量刑的证据，必须具有真实性、关联性以及合法性，而真实性又是证据具有关联性和合法性的基石。减刑案件中，证明财产性判项已履行完毕的证据通常以书证形式存在，在判断书证真实性时应遵循从形式到内容的递进式审查原则，确保作为认定事实依据的证据确实具有证明效力。首先，从形式上，通常来说，由国家机关、事业单位、社会团体等主体在职权范围内制作或提供的公文书证如人民法院案款收据等，具有真实性，一般情况下，无须另行查证。但如果是当事人出具的收条、收据、谅解协议等，则需提高警惕，应通过电话询问、当面谈话甚至是开庭审理等方式进一步核实其真实性。其次，从内容上，要审查书证内容中涉及的主体是否与本案具有利害关系；书证内容是否符合经验法则、是否具有逻辑矛盾；书证内容是否与其他证据相矛盾等。

具体到本案，证明不必再向罪犯杨坤继续追缴犯罪所得的证据是被害人王某某与罪犯杨坤的妻子在海淀区人民法院执行庭所做的一份谈话笔录，内容是被害人表示放弃剩余二十五万五千元的赔偿请求，不再予以追究以及被害人王某某出具的一份谅解书。从常理推测，王某某作为案件被害人，是不会轻易放弃请求返还犯罪所得的权利的，这样一份明显有悖常识的谈话笔录，必须对其真实性进行格外严格的审查，应当开庭审理减刑案件，当庭核实相关情况是否属实。

减刑案件无论是在案证据还是证明的对象一般相对简单，案件深层次问题往往被忽视，易酿成质量问题，甚至导致错误裁定，制约减刑制度在罪犯教育改造中本应发挥的激励、引导作用。越是“一目了然”的案件，越是考验法官的责任心、审判经验和司法能力，因为法官既要克服既往审判形成的惯性思维，又要透过形式化的材料甄别证据的真假，判定是否符合法律法规的要求。因此，即使案件简单，办案法官也不能掉以轻心，反而更要增强责任心，只有如此，才能避免落入虚假证据的陷阱，确保裁判文书不出差错。

编写人：北京市第一中级人民法院　赖琪　石楚楚

三、刑事证据与时效

65

“犯罪事实清楚，证据确实、充分”刑事证明标准的适用

——陈昌谭故意杀人案

【案件基本信息】

1. 裁判书字号

广东省高级人民法院（2016）粤刑终723号刑事裁定书

2. 案由：故意杀人罪

【基本案情】

2014年9月16日11时许，被告人陈昌谭在韶关市武江区芙蓉北路某饭店对面路边等候，伺机寻找单独经过的女性进行猥亵。11时56分，被害人张某某（女，殁年12岁）放学回家往桥头饭店旁边的小路走去，陈昌谭立即跟在张某某身后走进小路。尾随至小路边一岔路口时，陈昌谭快步走到张某某身后，用右手肘关节箍住张某某的颈部，将张某某拖进岔路旁一间没有屋顶的破屋内。陈昌谭将张某某放在破屋第一间房的地上，蹲下摸张某某的胸部。张某某竭力反抗，陈昌谭怕张某某喊叫被他人发现，就将张某某拖进破屋里面的西北房内，再次将张某某放在地上，开始摸张某某。遭到张某某的反抗后，陈昌谭又用双手掐张某某的脖子，并将张某某拉到西北房的左墙角地上，继续摸张某某的身体。张某某将双手放在胸前反抗，陈昌谭见状再次用双手掐张某某的脖子，其间，还用左手反复捏张某某的鼻子，直至张某某的鼻子流血泡、脸色发青，双手不再动弹垂在地上。陈昌谭遂将张某某的

上衣翻至颈部，双手摸张某某的肚子和胸部，后把张某某的右脚鞋子、裤子脱下，用右手食指和中指反复插张某某的阴道。作案后，陈昌谭立即逃离现场。经鉴定，张某某系因被他人徒手扼颈、捂压口鼻至机械性窒息死亡。

【案件焦点】

认定被告人陈昌谭故意杀人的证据是否确实、充分。

【法院裁判要旨】

韶关市中级人民法院经审理认为：被告人陈昌谭为猥亵女性，故意非法剥夺他人生命，致一人死亡，其行为构成故意杀人罪。陈昌谭犯罪对象是未满十四周岁的幼女，依法应从重处罚。陈昌谭在罪行尚未被公安机关发觉，仅因形迹可疑被公安机关传唤时，主动交代其犯罪事实，其行为应视为自首，依法可从轻或减轻处罚。陈昌谭犯罪动机卑劣，手段残忍，罪行极其严重，依法本应严惩。鉴于陈昌谭有自首这一法定量刑情节和认罪态度较好，可予以从宽处罚。依照《中华人民共和国刑法》第二百三十二条等规定，作出如下判决：

被告人陈昌谭犯故意杀人罪，判处死刑，缓期二年执行，剥夺政治权利终身。

上诉人陈昌谭表示上诉，但未提出具体上诉理由。

广东省高级人民法院经审理认为：陈昌谭为猥亵女性，采用扼颈、捂压口鼻的方法故意非法剥夺他人生命，致一人死亡，其行为已构成故意杀人罪，应依法惩处。陈昌谭以暴力手段对未满十四周岁的幼女实施猥亵犯罪，应当从重处罚。陈昌谭归案后如实供述自己的行为，可以从轻处罚。原审判决认定事实基本清楚，证据确实、充分，定罪准确，量刑适当，审判程序合法。唯认定陈昌谭构成自首不当，本院予以纠正。陈昌谭的辩护人所提辩护意见不能成立，不予采纳。广东省高级人民法院依照《中华人民共和国刑事诉讼法》第二百二十五条第一款第（一）项之规定，作出如下裁定：

驳回上诉，维持原判。

【法官后语】

在本案审理过程中，形成两种意见，第一种意见认为，本案欠缺能够与被告人陈昌谭作同一认定的客观证据，认定陈昌谭作案的证据主要是依靠其有罪供述，且存在一些疑点，根据陈昌谭的供述发现的笔也只是种类物，本案证据不足，不能认定陈昌谭有罪，应对陈昌谭作出无罪判决。第二种意见认为，是否存在能够与被告人作同一认定的客观证据并非定案的必要条件，本案陈昌谭有罪供述稳定，可排除口供系通过刑讯逼供、诱供等违法手段取得。陈昌谭供述与视频监控、现场勘查笔录、尸检报告及其他在案证据吻合，且依据陈昌谭供述提取到被害人生前使用的笔。本案可排除合理怀疑，证据达到确实、充分的标准，应对陈昌谭定罪并处以刑罚。笔者同意第二种意见，理由如下：

1. 本案侦破情况自然。2014 年 9 月 16 日 15 时 59 分，韶关市公安局武江分局芙蓉山派出所接群众张某新（被害人父亲）报案称：其在韶关市武江区芙蓉北路××号旁边一条小路发现其女儿（被害人）被强奸杀害。武江分局接报后当日立案侦查，将案发周边的视频全部调出来进行分析排查，发现一名男子在案发现场附近出现且形迹可疑。武江分局刑侦大队民警按照该男子的衣着特征和走路姿势进行寻找，于 9 月 21 日下午在武江区惠民南路中环广场对面出武江北路河边小路上发现一名男子与视频中的男子衣着特征和走路姿势相似，遂将该男子带回办案中心进行调查。经初步讯问，该男子名叫陈昌谭，但其否认有犯罪行为。后民警利用陈昌谭疑心重的心理特征对其进一步审讯，其对犯罪行为供认不讳。

刑事案件中公安机关出具的侦破经过对于法官内心确信的建立具有重要作用。视频录像及截图显示：案发当日 11 时 56 分被害人进入视频范围，往桥头饭店旁边小路走去。11 时 57 分 14 秒，陈昌谭尾随被害人进入小路。12 时 12 分 48 秒，陈昌谭从市第九中学对面的空地走出。公安机关认为陈昌谭有作案时间和重大作案嫌疑，并传唤陈昌谭，陈昌谭归案后交代了犯罪事实。从审讯录音录像看，陈昌谭的有罪供述语速平衡，神态平和，供述自然连贯，公安机关并无刑讯逼供、诱供的迹象，侦破经过真实、可信。

2. 被告人陈昌谭作出有罪供述后，还带公安机关到现场找到了隐蔽性很强的物证——被害人生前使用的笔，该物证公安机关在第一次勘查现场时并未发现，属于先供后证，具有很强的证明力。

被告人陈昌谭于 2014 年 9 月 22 日供称：其在作案过程中掐到被害人只能微弱喘气的时候，将她的书包脱下靠着背后的墙放好，看到有一支笔从书包内掉到地上，就捡起那支笔放在与书包的墙相连的另一面墙边。根据陈昌谭的指认，公安机关于2014年9月23日在案发现场西北房南墙根下草丛中提取到黑白相间的签字笔一支。该笔经被害人同学晏某某辨认系被害人使用过的，且其周围的同学就只有被害人用过。这个隐蔽细节系先供后证，公安机关在2014年9月16日进行现场勘查时并未发现该笔，说明陈昌谭有接触过被害人。《关于办理死刑案件审查判断证据若干问题的规定》第三十四条规定："根据被告人的供述、指认提取到了隐蔽性很强的物证、书证，且与其他证明犯罪事实发生的证据互相印证，并排除串供、逼供、诱供等可能性的，可以认定有罪。"

3. 被告人陈昌谭有罪供述稳定，所供作案经过真实、可信，能够得到在案证据印证，有的情节系先供后证，极具亲历性。被告人陈昌谭从公安侦查、检察院提审及一、二审阶段均作有罪供述，一审判决后，其仅以量刑过重为由提出上诉。陈昌谭所作有罪供述高度稳定，且与现场勘查笔录、尸检报告、证人证言等相互印证。体现在：(1) 现场勘查笔录证实发现尸体及现场相关情况，与陈昌谭的供述吻合。如被害人嘴的上唇有红色泡沫，脱下被害人右脚鞋，内裤和校裤在褪下右脚后挂在小女孩的左脚踝处等细节，亲历性强，不是作案或到过现场的人无法作出相关供述。(2) 尸检报告证实被害人阴道口阴道前庭软组织出血，处女膜2、3、6、9点部位见撕裂性损伤，分析认为符合他人使用钝性物体（如手指）作用所致；被害人是因被他人徒手扼颈、捂压口鼻至机械性窒息死亡。该鉴定意见与陈昌谭供述的作案手段吻合。(3) 证人黄某某证实9月17日陈昌谭到其实习的医院（韶关市职业病防治院）给他的右手手指照X光，其看到陈昌谭的右手手指软组织有点肿（具体哪个位置不记得）。黄某某的证言与陈昌谭供述案发第二天发现右手拇指部位肿了，可能是在用力掐被害人脖子时受的伤，遂到韶关市第二人民医院（即韶关市职业病防治院）治疗吻合。该情况也系先供后证。(4) 证人陈某某、邹某某（与陈昌谭同仓犯人）证实陈昌谭向两人承认其在看守所附近用手掐死一个女学生，然后用手指去抠她的阴道。另外，陈昌谭自行书写的《自述材料》和《悔罪书》也反映了其悔恨将被害人杀死的心理状态。

综合全案证据，本案证据体系完整，能够形成完整链条，证据之间无矛盾，没有不能合理解释的疑点，证据达到了确实、充分的标准。

编写人：广东省高级人民法院　连辉海

66

“疑罪从无”原则的个案司法适用

——吕某某被诉交通肇事宣告无罪案

【案件基本信息】

1. 裁判书字号

北京市第三中级人民法院（2016）京03刑终361号刑事裁定书

2. 案由：交通肇事罪

【基本案情】

2015年2月1日15时许，在北京市朝阳区364路公交车双桥农场站处，一人在未确保通行安全的情况下，打开吕某某停放在路边的桑塔纳牌小型轿车左侧前门，致使被害人胡某某驾驶的电动三轮车与该小型轿车左侧前门接触倒向道路中央后被他人驾驶的重型普通货车刮撞。被害人胡某某落地受伤，经医院抢救无效于当日死亡。公安道路交通管理部门认定吕某某负事故全部责任。

【案件焦点】

本案中打开车门并造成事故的行为人是否是被告人吕某某。

【法院裁判要旨】

北京市朝阳区人民法院经审理认为：公诉机关指控在未确保通行安全的情况下打开小客车车门造成胡某某受伤后死亡的肇事人是被告人吕某某，缺乏证据，因此公诉机关指控被告人吕某某犯交通肇事罪事实不清，证据不足，指控的罪名不能成立。

北京市朝阳区人民法院依照《中华人民共和国刑事诉讼法》第一百九十五条第（三）项之规定，作出如下判决：

被告人吕某某无罪。

一审宣判后，北京市朝阳区人民检察院在法定期限内提出抗诉。

北京市第三中级人民法院经审理认为：本案从原公诉机关的指控、一审法院判决到原公诉机关抗诉和二审检察机关支持抗诉的意见看，争议的焦点是：在案证据能否证明打开车左前门的人为本案被告人吕某某。

本案证据既有如抗诉机关及二审检察机关所称可以证明被告人吕某某构成犯罪的证据，也有如被告人吕某某所述能够证明其不在案发现场的证据，二者形成角力局面。然而，以犯罪为基础对行为人科以刑罚的严酷性，要求其入罪的证据标准必须是最严格的，即要求确实、充分，排除合理怀疑。就本案目前证据而言，对于吕某某是否为本案行为人，既不能证实，也无法证伪。在此情况下，人民法院理应也只能恪守证据裁判规则，遵从“疑罪从无”的刑事司法理念，依法宣告被告人吕某某无罪。本案辩护人的相关辩护意见成立，应予采纳。故此，原审判决认定事实和适用法律正确，审判程序合法，应予维持，唯对能够体现法官形成内心确信的在案证据的判断和采信过程未予清晰表述，二审予以明确。

北京市第三中级人民法院依照《中华人民共和国刑事诉讼法》第二百二十五条第一款第（一）项之规定，裁定如下：

驳回抗诉，维持原判。

【法官后语】

适用疑罪从无原则，能够防止刑罚滥用，虽然可能会放纵犯罪，使犯罪人得不到惩罚，但也不是疑罪从无原则的本意。创设疑罪从无原则，意在提高查案和获取证据的能力，在确凿的证据基础上，对被告人定罪量刑，排除审判带有个人主观感情的臆断，排除“宁枉勿纵”思维。不纵不枉是刑事司法追求的最高境界，但疑罪案件的处理很难达到这一境界，而对疑罪案件的处理能充分体现法官的司法智慧和一个国家的法治水平。

1. 在案证据能够证明的基本案件事实

在案证据能够证实，案发前“行为人”从市场出来，步行来到涉案小轿车旁，先拉拽打开车左后门进而打开车左前门进入驾驶室，直至胡某某驾驶电动三轮车即将经过小轿车左前门时，“行为人”打开左前门，胡某某驾驶的电动三轮车撞上小轿车左前门，在翻倒向路中央的过程中，与随后董某某驾驶的货车刮撞。货车遂急左转弯、刹车。胡某某落地昏迷，经抢救无效死亡。故“行为人”打开车左前门妨碍其他车辆通行的违法行为，与本起道路交通事故的发生有因果关系，是本案发生的全部原因。

2. 在案证据在证明案发时系吕某某打开车左前门，导致事故发生方面，不能达到确实、充分的标准，无法认定吕某某构成交通肇事罪

抗诉机关认为，在案能够认定“行为人”系吕某某的主要证据有现场监控录像、道路交通事故认定书、证人董某某的证言及辨认笔录等证据。

首先，由于监控录像距离现场较远，尽管录像记录了系“行为人”打开车门造成本案的发生，且“行为人”未当即离开现场，但因图像模糊，无法据此判断该“行为人”为吕某某，故而不能单独作为定案依据。

其次，道路交通事故认定书所认定系吕某某开关车门，妨碍其他车辆通行的违法行为，是事故发生的全部原因，亦不能直接作为定案依据。本案中，行政执法机关对道路交通事故主体的认定，与行为人构成交通肇事罪的主体认定之间是并列关系，而非先后递进关系；道路交通事故主体的认定和交通肇事罪主体的认定依据都是本案在案证据，由于行政执法意义上的责任主体认定的证据标准不同于刑事犯罪主体认定的证据标准。因此，当对行为主体的认定作为本案争议焦点时，不能直接将道路交通事故认定书作为定案依据。

最后，证人董某某关于案发时系被告人吕某某打开车门的相关证言和辨认笔录，具有猜测性和推断性，且本案处理结果不排除与其有利害关系，不应采信。从证人董某某的证言不难看出，案发时，董某某并没有看清楚是谁打开的小轿车车门；案发后，也未能在第一时间确认关小轿车车门的人是谁。董某某下车后，看到一男子正在关小轿车车门，结合监控录像，该关车门的人，正是案发时开车门的人。然而，董某某下车后先去查看倒地女子，并脱衣服给女子盖上，后让路人打电话报警，等受伤女子的爱人来到现场，又协助受伤女子的爱人把该女子抬上车，直至后来吕某某在现场问是不是董某某撞的吕某某的小轿车，并向董某某要钱修车。由于董某某实施这些行为的时间段内，现场有多人出入，在其下车第一时间没能确认那个正在关车门的人的情况下，即凭主观推断其他人没有那么快，进而认为后来问他要钱修车的人就是他下车看见的那个关车门的人，具有一定的主观猜测性和推断性。

在案证据证明，被害人胡某某驾驶电动三轮车在倒地过程中与董某某驾驶的货车发生刮撞，最终致其死亡。故本案处理结果亦不能排除与董某某有利害关系。因此，法院认为，证人董某某关于案发时系吕某某打开车门的相关证言和辨认笔录不足以采信。

此外，认定吕某某系本案行为人，还存在有违常理之处。现场监控录像显示，行为人经过多次拉拽，打开车左后门，弯腰进入车内又出来，关上左后门，打开车左前门，进入驾驶室。如果为车主吕某某本人的话，其完全可以用钥匙直接打开车门，显然该过程有违常理。行为人推开车门致胡某某倒地后，其并没有对受害人胡某某采取任何措施，而是原地转了一圈，又反复开关车门，后走到车头部位。此行为亦与正常理性人行为方式不符，有违常理。

综上，在案证据在证明案发时系吕某某打开车左前门，导致事故发生方面，不能达到确实、充分的标准，无法认定吕某某构成交通肇事罪。故北京市朝阳区人民检察院所提相关抗诉理由及北京市人民检察院第三分院所提支持抗诉理由，不能成立，法院不予采纳。

3. 在案证据亦不能完全排除案发时吕某某在现场的可能性

在案证人杨某某、林某某的证言虽然能够证明，案发后，“傻子”王某来到市场喊的“老五”（吕某某），后经杨某某告知吕某某后，吕某某和林某某一起来到案发地，该过程与被告人吕某某的供述基本一致。但正如抗诉机关所言，杨某某、林某某的证言在一些细节方面均存在矛盾之处，且考虑到被告人吕某某与杨某某、林某某之间的熟人关系，以及案发后未能及时取证，不排除形成虚假言词证据的可能。故证人杨某某、林某某的证言和吕某某的供述等言词证据，不能单独形成完整的证据链，证明吕某某案发时不在现场。

另外，现场监控录像作为客观证据，能够证明行为人打开车门走到车头处后，有多人涌入现场，无法确定行为人的行为轨迹，进而无法判断行为人是否为后来向董某某索要修车费的吕某某。因此，该客观证据亦不能印证前述杨某某、林某某、吕某某等人的言词证据。故被告人吕某某关于案发时其不在现场的辩解，法院亦不予采纳。

关于北京市朝阳区人民检察院刑事抗诉书及北京市人民检察院第三分院支持抗诉理由中所提，因为原判错误采信了证人杨某某、林某某的证言以及被告人吕某某的供述，导致认定事实错误的抗诉理由，法院认为不能成立。从原审判决所引《刑事诉讼法》第一百九十五条第（三）项的规定可知，一审法院对被告人宣告无罪，是因为证据不足，指控的犯罪不能成立，即因“疑罪从无”而宣告无罪，而非本条第（二）项所规定的“依据法律认定被告人无罪的，应当作出无罪判决”的无罪。故如前述分析，一审法院显然并未采信证人杨某某、林某某的证言以及被告人吕某某的相关供述而认定吕某某不在现场。

编写人：北京市第三中级人民法院　王庆刚

67

利用案件中线索来源的交叉，排除矛盾以认定事实

——肖建德贩卖毒品案

【案件基本信息】

1. 裁判书字号

北京市高级人民法院（2016）京刑终32号刑事裁定书

2. 案由：贩卖毒品罪

【基本案情】

2015年1月16日15时许，海淀分局禁毒中队民警将吸毒人员王世某抓获，王世某表示愿意配合抓获毒品上线人员肖建德，王世某随后给肖建德打电话向其约购毒品冰毒一二百克。海淀分局禁毒中队民警立即前往昌平区某小区25号楼前对肖建德进行抓捕。

2015年1月间北京市局十二总队侦查发现：王世某频繁打电话向肖建德约购毒品。因王世某的居住地和交易地位于昌平区，故将该线索转递给昌平分局禁毒中队。2015年1月16日16时18分，王世某为配合海淀警方抓获其毒品上线人员肖建德，与肖建德打电话约购毒品，该次约购毒品的通话情况同时被十二总队侦查发现。十二总队随即向昌平分局禁毒中队传递情报。昌平分局禁毒中队接报后立即到

现场布控。19时40分许，该队民警蹲守时发现肖建德从25号楼楼下走了一个来回，因其形迹可疑上前对其进行跟踪。肖建德行至小区22号楼西侧时，民警即对其实施抓捕，在将其按在地上戴手铐时，肖建德迂回爬行4分多钟后最终被控制住。随后民警在肖建德身体约2米左右的停车位内侧地面发现一个红色单肩儿童挎包1个。民警从挎包内起获两袋毒品可疑物，后经鉴定，其中一塑料袋白色晶体净重198.72克，检出甲基苯丙胺，含量78.9%；另一塑料袋淡黄色晶体净重100.81克，检出甲基苯丙胺，含量76%（共计甲基苯丙胺299.52克）。

被告人肖建德当庭否认犯罪事实及罪名，辩称案发当天其前往王世某所在小区目的是为鉴定紫砂茶壶，而不是贩卖毒品，民警从他身旁起获的挎包以及包内的毒品都不是他的，其行为不构成贩卖毒品罪。

辩护人认为案证据不能证实起获毒品与肖建德有关，肖建德来找王世某的目的是鉴定茶壶，本案没有证据能直接证明肖建德存在贩卖毒品的行为，请求法院判决肖建德无罪。

【案件焦点】

如何认定本案事实。

【法院裁判要旨】

北京市第一中级人民法院经审理认为：

首先，在案证据足以证实被告人肖建德是受王世某的邀约前往案发小区。

王世某的证言中明确证明了案发当天其配合海淀警方，以假买方式向肖建德约购毒品的情况。海淀民警证明了王世某与肖建德通过电话约购毒品的具体经过，以及海淀警方布控过程中获知肖建德在小区内被昌平警方抓获的情况。通话记录能够相对客观的印证，肖建德是与王世某通过电话商定之后前往的该小区。而从通话记录所显示的该4次通话的主叫被叫情况，与王世某、海淀民警所证主动给肖建德打电话约购毒品的证言相印证；与肖建德当庭所辩，其主动给王世某打电话鉴定紫砂茶壶的情况不符。

其次，在案证据能够确认肖建德来找王世某的目的是贩卖毒品，能够排除鉴定紫砂茶壶的可能性。

证人王世某的证言明确证明，其给肖建德打电话就是约购毒品；海淀民警王艳某的在案证言、范炳某的当庭证言均证实，王与肖的约购过程只谈到了毒品的数量和交易时间，并未涉及任何毒品以外的内容，更未提及紫砂壶。

被告人肖建德辩称，其找王世某目的是鉴定紫砂茶壶。但监控录像反映，肖建德下车之后并未随身携带该茶壶，而直接来到王世某所住25号楼楼下查看，在肖建德被抓获后，民警从其身旁两米处发现一内装毒品的红色挎包。肖建德远道而来鉴定茶壶，却又不携带茶壶去找王世某，肖建德关于鉴定茶壶的辩解与其实际行为明显不符，故其关于其当日下午与王世某打电话约好来鉴定紫砂壶的辩解不能成立。

第三，现场地面起获的挎包系肖建德从车中拿出并一直随身夹带。

肖建德当庭辩称，其从副驾驶位置拿了一个装山楂卷的塑料袋。民警搜查车辆录像显示，车辆副驾驶座上确实有一包山楂卷，用一个透明没有提手的食品保鲜袋包装。监控录像所反映的长条形带状物的特征与该塑料袋外观明显不符，而民警在现场起获的红色儿童挎包，则与监控录像中肖建德从车中取出的物品形状特征相符，且该物品明显不是手机、车钥匙等物品，结合抓获肖建德时除该挎包、手机、车钥匙、快递物流单等物品外，未再起获其他随身物品，故可以认定肖建德下车时携带的是该挎包。昌平民警杨旭某证明，对肖建德进行抓捕前，现场地面未发现有红色挎包；结合小区监控录像其他证据足以认定，现场起获的该挎包是肖建德携带至此。

综合全案，因关键证人王世某的经营地点和居住地点分别在海淀和昌平两个辖区，本案在侦破过程存在海淀和昌平公安机关两条侦查线索的交叉，两条线索的目标都锁定在抓获被告人肖建德。海淀警方通过吸毒人员王世某对肖建德进行约购，将肖建德约至王世某所住小区；昌平警方在案发前就已经通过技侦监听方式获取该线索，锁定贩毒嫌疑人王世某与肖建德之间的联系，案发当日昌平警方再次通过技侦部门掌握了肖建德再欲与王世某进行毒品交易的线索，进而最终抓获肖建德。

本案举报人王世某因吸毒被抓获后，主动向公安机关检举揭发被告人肖建德系其毒品上家，并向肖建德约购毒品，肖建德携带毒品来到举报人王世某所居住的小区时，被布控民警当场抓获，涉案毒品亦当场起获。根据在案证据，可以认定现场起获的红色挎包内2包共计299.52克甲基苯丙胺就是王世某向其约购的毒品，肖停车后从车中取出该挎包，并贴身夹带，在民警对其抓捕控制时其全力抵抗，并创造时机将该挎包抛弃在现场地面的情况。综上，肖建德向他人贩卖毒品甲基苯丙胺299.52克，其行为已构成贩卖毒品罪。根据被告人肖建德犯罪的事实、犯罪的性质、情节和对于社会的危害程度，依照《中华人民共和国刑法》第三百四十七条第二款第（一）项、第五十七条第一款、第五十九条、第六十一条之规定，判决如下：

被告人肖建德犯贩卖毒品罪，判处无期徒刑，剥夺政治权利终身，并处没收个人全部财产。

肖建德对判决不服，提起上诉。北京市高级人民法院经审理裁定：

驳回肖建德的上诉，维持原判。

【法官后语】

贩卖毒品罪是指违反国家对毒品的管理制度，明知是毒品，为牟利而故意进行贩卖的行为。"贩卖"是指以牟利为目的，实施卖出或买卖毒品的行为。行为人构成本罪必须具有牟利目的作为主观构成要件。明知是毒品而非法销售，或者以贩卖为目的的非法收买毒品的行为，只要实施了非法销售毒品、以贩卖为目的买入毒品或者参与买卖毒品的行为之一，不论是否赢利，也不论是以何方式进行交易，均是贩卖毒品的行为。

贩卖毒品行为本身已经破坏了社会管理秩序，且让毒品非法流入社会，还会滋生大量其他违法犯罪，具有巨大的社会危害性。从涉毒类犯罪的发展趋势来看，犯罪分子的反侦查能力和认识不断增强，其摄于严厉的刑罚制裁，总是千方百计掩盖事实、毁灭证据，被抓获归案后，往往利用证据间的漏洞百般抵赖、拒不认罪，给刑事审判带来很大的难度。如何利用在案证据更好地证明犯罪事实，还原案件真相是新的审判形势带给审判人员的新任务。

本案关键证人王世某的经营地点和居住地点分别在海淀和昌平两个辖区。海淀警方通过证人王世某对肖建德进行约购，将肖建德约至王世某所住小区；昌平警方在案发前就已经通过技侦监听方式获取该线索，锁定了当日证人王世某与肖建德之间进行毒品交易的线索。本案的两条线索来源均明确指向了肖建德，公安机关在两条线索的共同指引下，最终在交易地点将肖建德当场抓获。

本案运用已有的在案证据，恰当运用认识论的矛盾法则，将全案的证据经过排列、组合、分析之后，根据现有证据之间内在的逻辑联系分析判断案件的事实真相，实现排除了一切矛盾，而达到每一个证据的前后一致，证据与证据之间一致，全案证据同案件的发生、发展的过程和结果一致，形成一个完整的链条性的证明体系。最终实现了通过全案证据所得出的结论的唯一性。

编写人：北京市第一中级人民法院 相阳

68

庭审实质化背景下非法证据排除规则的适用

——李荣艳贩卖毒品案

【案件基本信息】

1. 裁判书字号

浙江省台州市中级人民法院（2016）浙10刑终1246号刑事裁定书

2. 案由：贩卖毒品罪

【基本案情】

温岭市人民检察院指控：1. 2016年2月18日17时37分许，被告人李荣艳受他人（另案处理）指使，至温岭市松门镇某酒店门口马路边，以人民币350元的价格将1包淡蓝色包装的海洛因贩卖给王海某。交易完成后，温岭市公安局松门镇派出所民警当场抓获被告人李荣艳，并从李荣艳身上查扣海洛因13包，从王海某身上扣押交易的海洛因1包。次日凌晨，民警在被告人李荣艳位于松门镇北门街××号二楼后间的租住处，查获疑似毒品1塑料袋和303包。经鉴定，从王海某身上扣押的毒品净重0.37克，从李荣艳身上查扣的毒品共净重2.78克，从李荣艳租住处查获的毒品共净重106.95克，从中均检出海洛因成分。2. 2016年2月11日、2月14日、2月16日，被告人李荣艳受他人指示在松门镇某酒店门口马路边，先后三次分别以人民币350元的价格将一包淡蓝色包装的海洛因贩卖给王海某。3. 2016

年2月10日至2月18日，被告人李荣艳受他人指使，至本市松门镇某大酒店附近，先后共15次分别以人民币380元的价格将一包淡蓝色包装的海洛因贩卖给潘增某，数量共计约5.55克。

被告人李荣艳提出在2016年2月18日受到了刑讯逼供，有人对其打巴掌、揪头发，并认为从其租住处查获的毒品其并不知情，其辩护人申请对相关证据作为非法证据予以排除，并认为从被告人李荣艳租住处搜查到的毒品认定为李荣艳所有的证据不足，对毒品称重结果有异议。

【案件焦点】

被告人及辩护人申请排除非法证据且提供了相关线索或材料的，法院应当如何予以查明并作出决定。

【法院裁判要旨】

浙江省温岭市人民法院经审理认为：公诉机关未提供充分证据作出合理解释，无法排除被告人李荣艳在案件侦查过程中受到殴打，故对被告人李荣艳在侦查机关的有罪供述合法性存疑，均不予采纳，对公诉机关指控的第3节事实未予认定。被告人李荣艳违反国家毒品管理制度，明知是毒品仍帮助他人贩卖，数量达100余克，其行为已构成贩卖毒品罪，系共同犯罪。公诉机关起诉指控罪名成立。鉴于被告人李荣艳在共同犯罪中起次要、辅助作用，系从犯，本案绝大部分毒品尚未流入社会造成严重影响，决定依法予以减轻处罚，依法作出如下判决：被告人李荣艳犯贩卖毒品罪，判处有期徒刑七年六个月，并处罚金人民币二万元。

一审宣判后，李荣艳不服，以原判认定事实错误，量刑过重为由提出上诉。辩护人认为搜查现场见证人身份不合法，申请相关证据作为非法证据予以排除。

浙江省台州市中级人民法院经审理认为：原判定罪及适用法律正确，量刑适当，审判程序合法。据此，依照《中华人民共和国刑事诉讼法》第二百二十五条第一款第（一）项之规定，裁定：

驳回李荣艳的上诉，维持原判。

【法官后语】

本案中，公诉机关起诉指控被告人李荣艳构成贩卖毒品罪，而一审法院通过严格审查证据，依法排除了被告人李荣艳在侦查机关作的有罪供述均予以排除，同时未将搜查笔录作为非法证据予以排除，最终认定李荣艳构成贩卖毒品罪。主要基于以下几个理由考虑：

1. 犯罪嫌疑人身上具有明显伤口，且侦查机关未能作出合理解释，该有罪供述应当予以排除，不能作为定案依据

《最高人民法院关于适用〈中华人民共和国刑事诉讼法〉若干问题的解释》第九十五条第一款规定，使用肉刑或者变相肉刑，或者采用其他使被告人在肉体上或者精神上遭受剧烈疼痛或者痛苦的方法，迫使被告人违背意愿供述的，应当认定为《刑事诉讼法》第五十四条规定的刑讯逼供等非法方法。在本案中，被告人李荣艳进入派出所、看守所时所采集的照片，均可见被告人李荣艳左眼及周边肿块、瘀青，系新伤痕，而侦查机关未作合理解释，无法排除被告人李荣艳在案件侦查过程中受到殴打的情况，故对被告人李荣艳在侦查机关的有罪供述合法性存疑，均未采纳。

2. 在侦查过程中，辩护人不能明确提出见证人是属于不能担当见证人的，侦查机关作出的搜查笔录应当予以认定，不予排除

侦查机关在从事现场勘验、人身检查、搜查、扣押等侦查活动中，均要邀请见证人在场，且见证人应当在侦查活动的各类笔录上签名捺印，以见证侦查活动的合法性。见证人存在的意义在于证明侦查活动的合法性，对于侦查活动的合法性审查具有重要的意义。本案中，见证人杨海某在庭审中陈述其不是协警，系保安公司派驻在温岭市第四人民医院保安岗位工作，其曾作为被告人李荣艳贩卖毒品案件搜查见证人的过程。温岭市保安服务公司出具证明予以印证。而辩护人仅仅凭借通过百度搜索杨海某等关键词得出的文章，且发布时间均在本案案发数年之前，不能明确直接地证明文章中提及的人即本案见证人，故提出非法证据排除不予认定。

编写人：浙江省温岭市人民法院　蔡晓颖　蔡未

69

服务器电子数据的审查与判断

——深圳市快播科技有限公司等传播淫秽物品牟利案

【案件基本信息】

1. 裁判书字号

北京市第一中级人民法院（2016）京 01 刑终 592 号刑事裁定书

2. 案由：传播淫秽物品牟利罪

【基本案情】

被告单位深圳市快播科技有限公司（以下简称快播公司）成立于 2007 年 12 月 26 日，公司性质为有限责任公司，注册资本 1000 万元。该公司主办的快播网站网址包括：www. kuaibo. com、www. qvod. com 等。快播公司持有网络文化经营许可证，至案发之日没有取得互联网视听节目服务许可。被告人王欣为快播公司的法定代表人、股东、执行董事、经理，负责快播公司经营和管理工作。快播公司快播事业部负责公司视频播放器的技术开发和市场推广。被告人吴铭于 2013 年担任快播事业部总经理，负责事业部全面工作。被告人张克东系快播公司股东，于 2012 年担任事业部副总经理兼技术平台部总监，最初开发了快播视频传输和播放的核心软件。被告人牛文举于 2012 年担任事业部副总经理兼运营部总监，2013 年担任事业部市场部负责人，负责信息安全组工作。

快播公司通过免费提供 QSI（QVOD Server Install，即 QVOD 资源服务器程序）和 QVOD Player（即快播播放器程序或客户端程序）的方式，为网络用户提供网络视频服务。任何人（被快播公司称为“站长”）均可通过 QSI 发布自己所拥有的视频资源。具体方法是，“站长”选择要发布的视频文件，使用资源服务器程序生成该视频文件的特征码（hash 值），导出包含 hash 值等信息的链接。“站长”把链接放到自己或他人的网站上，即可通过快播公司中心调度服务器（运行 P2P Tracker

调度服务器程序）与点播用户分享该视频。这样，快播公司的中心调度服务器在站长与用户、用户与用户之间搭建了一个视频文件传输的平台。为提高热点视频下载速度，快播公司搭建了以缓存调度服务器（运行 Cache Tracker 缓存调度服务器程序）为核心的平台，通过自有或与运营商合作的方式，在全国各地不同运营商处设置缓存服务器1000余台。在视频文件点播次数达到一定标准后，缓存调度服务器即指令处于适当位置的缓存服务器（运行 Cache Server 程序）抓取、存储该视频文件。当用户再次点播该视频时，若下载速度慢，缓存调度服务器就会提供最佳路径，供用户建立链接，向缓存服务器调取该视频，提高用户下载速度。部分淫秽视频因用户的点播、下载次数较高而被缓存服务器自动存储。缓存服务器方便、加速了淫秽视频的下载、传播。

2012年8月，深圳市公安局公安信息网络安全监察分局对快播公司进行检查，针对该公司未建立安全保护管理制度、未落实安全保护技术措施等问题，给予行政警告处罚，并责令整改。随后，深圳网监将违法关键词和违法视频网站链接发给快播公司，要求采取措施过滤屏蔽。快播公司于是成立了信息安全组开展了不到一周的突击工作，于8月8日投入使用“110”不良信息管理平台，截至9月26日共报送“色情过滤”类别的不良信息15836个。但在深圳网监验收合格后，信息安全组原有4名成员或离职或调到其他部门，“110”平台工作基本搁置，检查屏蔽工作未再有效进行。2013年8月5日，深圳市南山区广播电视局执法人员对快播公司开展调查，在牛文举在场的情况下，执法人员登录 www. kuaibo. com，进入快播“超级雷达”（一种发现周边快播用户观看网络视频记录的应用），很快便找到了可播放的淫秽视频。牛文举现场对此予以签字确认。但快播公司随后仅提交了一份整改报告。10月11日，南山广电局认定快播公司擅自从事互联网视听节目服务，提供的视听节目含有诱导未成年人违法犯罪和渲染暴力、色情、赌博、恐怖活动的内容，对快播公司予以行政处罚。此后，快播公司的“110”平台工作依然搁置，检查屏蔽工作依然没有有效落实。

快播公司直接负责的主管人员王欣、吴铭、张克东、牛文举，在明知快播公司擅自从事互联网视听节目服务、提供的视听节目含有色情等内容的情况下，未履行监管职责，放任淫秽视频在快播公司控制和管理的缓存服务器内存储并被下载，导致大量淫秽视频在网上传播。

2013年上半年，北京网联光通技术有限公司（以下简称光通公司）为解决使用快播播放器访问快播视频资源不流畅的问题，与快播公司联系技术解决方法，双方开展战略合作。根据双方协商，由光通公司提供硬件设备即4台服务器，由快播公司提供内容数据源以及降低网络出口带宽、提升用户体验的数据传输技术解决方案，负责远程对软件系统及系统内容的维护。2013年8月，光通公司提供4台服务器开始上线测试，快播公司为4台服务器安装了快播公司的缓存服务器系统软件，并通过账号和密码远程登录进行维护。2013年11月18日，北京市海淀区文化委员会在行政执法检查时，从光通公司查获此4台服务器。2014年4月11日，北京市公安局海淀分局决定对王欣等人涉嫌传播淫秽物品牟利罪立案。经查，该4台服务器从2013年下半年投入使用，至2013年11月18日被扣押，存储的均为点击请求量达到一定频次以上的视频文件。公安机关从服务器里提取了29841个视频文件进行鉴定，认定其中属于淫秽视频的文件为21251个。

2013年年底，为了规避版权和淫秽视频等法律风险，在王欣的授意下，张克东领导的技术部门开始对快播缓存服务器的存储方式进行调整，将原有的完整视频文件存储变为多台服务器的碎片化存储，将一部视频改由多台服务器共同下载，每台服务器保存的均是32M大小的视频文件片段，用户点播时需通过多台服务器调取链接，集合为可完整播放的视频节目。

另查，快播公司盈利主要来源于广告费、游戏分成、会员费和电子硬件等，快播事业部是快播公司盈利的主要部门。根据账目显示，快播事业部的主要收入来源于网络营销服务（包括资讯快播、客户端、第三方软件捆绑、VIP服务等），其中资讯快播和第三方软件捆绑是最为主要的盈利方式。具体而言，快播公司向欲发布广告的公司收取广告费，用户使用快播播放器时，会有快播资讯窗口弹出，该窗口内除部分新闻外即是广告内容；快播公司还向一些软件开发公司收取合作费用，使得用户安装快播播放器的同时捆绑安装一些合作公司软件。快播公司营业收入逐年增长，至2013年仅快播事业部即实现营业收入人民币143075083元，其中资讯快播营业收入人民币70463416元，占49.25%，第三方软件捆绑营业收入为人民币39481457元，占27.59%。

被告人吴铭、张克东、牛文举于2014年4月23日在深圳被抓获，被告人王欣于2014年8月8日从韩国济州岛被押解回京。

北京市海淀区人民检察院认为，被告单位快播公司及被告人王欣、吴铭、张克东、牛文举以牟利为目的，传播淫秽物品，情节特别严重，其行为均已构成传播淫秽物品牟利罪，提请法院依据《中华人民共和国刑法》第三百六十三条第一款、第三百六十六条、第三十条、第三十一条之规定，对被告单位快播公司及被告人王欣、吴铭、张克东、牛文举分别定罪量刑。

被告单位、各被告人及辩护人在第一次庭审中发表辩护意见认为，本案事实不清、证据不足、程序违法、适用法律错误，指控罪名不能成立。其中就控方出示涉案服务器的扣押、移转、电子数据的调取、固定、判断有关内容，主要发表了如下质证意见：(1) 扣押时未对服务器的物证特征进行固定。(2) 服务器移交程序违法。(3) 服务器内容存在被污染的可能。(4) 检材真实性存疑。在第二次庭审过程中，被告单位、被告人王欣、张克东、牛文举对指控事实和罪名均表示无异议，其辩护人主要围绕量刑情节做了罪轻辩护，希望对被告单位和各被告人从宽处罚。被告人吴铭及其辩护人依然做了无罪辩护。

【案件焦点】

服务器电子数据的审查与判断中应注意的问题。

【法院裁判要旨】

北京市海淀区人民法院经审理认为：被告单位快播公司及被告人王欣、吴铭、张克东、牛文举以牟利为目的，在互联网上传播淫秽视频，其行为均已构成传播淫秽物品牟利罪，情节严重，应依法惩处。北京市海淀区人民检察院指控被告单位快播公司、被告人王欣、吴铭、张克东、牛文举犯传播淫秽物品牟利罪的事实清楚，证据确实、充分，指控罪名成立。被告单位、各被告人及辩护人在第一次庭审中所提之无罪辩护意见，没有事实及法律依据，不予采纳。从主体身份看，快播公司通过调度服务器为使用资源服务器程序的“站长”提供视频文件转码、链接地址发布服务，为使用快播播放器的用户提供搜索、下载、上传服务，进而通过其缓存服务器提供视频存储和下载加速服务，快播公司属于网络信息服务提供者，应当依法承担网络安全管理义务。从客观行为看，快播公司在明知快播网络服务系统被众多“站长”（用户）用于传播淫秽视频的情况下，有能力但拒不履行网络安全管理义务，甚至采取技术措施规避法律责任，放任他人利用自己的网络技术服务传播淫秽视频，放任自己的缓存服务器被他人利用介入淫秽视频的传播之中，导致淫秽视频大量传播的严重危害后果。从主观认知看，快播公司曾因传播淫秽视频等网络信息安全问题被采取行政处罚措施，王欣、张克东、牛文举等人亦曾多次供述知道快播传播淫秽视频的问题，足以认定快播公司明知其网络服务系统被用于传播淫秽视频。从犯罪目的来看，由于大量淫秽视频得以通过快播网络服务系统传播，快播播放器的用户数量和市场占有率得以提高，快播资讯和捆绑软件的盈利能力得以提升，快播公司拒不履行网络安全管理义务，具有非法牟利目的。快播公司的行为符合《中华人民共和国刑法》第三百六十三条规定的传播淫秽物品牟利罪的构成要件。快播公司明知快播网络服务系统被用于传播淫秽视频，但出于扩大经营、非法牟利目的，拒不履行监管和阻止义务，放任其网络平台大量传播淫秽视频，具有明显的社会危害性和刑事违法性，应当依法追究刑事责任。单位犯罪中直接负责的主管人员，是在单位实施犯罪中起决定、批准、授意、纵容、指挥等作用的人员，一般是单位的主管负责人。王欣在快播公司传播淫秽视频牟利犯罪行为中起到了决定、批准、授意、纵容、指挥等作用。张克东、牛文举则是快播公司和王欣意志的执行者，不仅明知快播公司传播淫秽视频牟利的行为，而且为了快播公司实现非法牟利目的，在管理过程中指挥和监督下属员工积极落实单位和王欣的决定，在快播公司传播淫秽视频牟利犯罪行为中起到了纵容、指挥等作用。吴铭系快播事业部的总经理，负责整个快播事业部的工作，具有领导、管理、监督职责。王欣、张克东、吴铭、牛文举均应作为快播公司直接负责的主管人员承担相应的刑事责任。鉴于快播公司在第二次庭审中能自愿认罪，对其酌予从轻处罚；考虑到王欣在第二次庭审过程中，能如实供述犯罪事实，自愿认罪，对其酌予从轻处罚；考虑到张克东在第二次庭审过程中，能如实供述犯罪事实，自愿认罪，在犯罪过程中主要从事技术工作，听命于王欣，作用较王欣相对较轻，对其酌予从轻处罚；考虑到被告人吴铭参与时间较短，不是公司股东，听命于王欣，作用相对王欣、张克东较轻，对其酌予从轻处罚。考虑到牛文举不是公司股东，听命于王欣，作用相对王欣、张克东、吴铭较轻，且能如实供述犯罪事实，自愿认罪，对其酌予从轻处罚。依照《中华人民共和国刑法》第三百六十三条第一款、第三百六十六条、第三十条、第三十一条、第五十二条、第五十三条之规定，作出如下判决：

一、被告单位快播公司犯传播淫秽物品牟利罪，判处罚金人民币一千万元。

二、被告人王欣犯传播淫秽物品牟利罪，判处有期徒刑三年六个月，罚金人民币一百万元。

三、被告人张克东犯传播淫秽物品牟利罪，判处有期徒刑三年三个月，罚金人民币五十万元。

四、被告人吴铭犯传播淫秽物品牟利罪，判处有期徒刑三年三个月，罚金人民币三十万元。

五、被告人牛文举犯传播淫秽物品牟利罪，判处有期徒刑三年，罚金人民币二十万元。

吴铭提出的上诉理由是：本案事实不清，证据不足。其对本案被扣押的4台服务器并不知情，服务器以及相关软件的运作状态均与其没有直接责任关系，其对快播公司因为涉及色情内容被行政处罚的情况不清楚，其不构成犯罪。

北京市第一中级人民法院经审理认为：上诉人吴铭以及原审被告单位快播公司、原审被告人王欣、张克东、牛文举以牟利为目的，在互联网上传播淫秽视频，其行为均已构成传播淫秽物品牟利罪，情节严重，依法应予惩处。上诉人吴铭系快播事业部总经理，负责快播播放器等核心产品的营销工作，在快播事业部拥有管理权，应当认定为直接负责的主管人员，对快播公司传播淫秽物品牟利的犯罪行为应承担相应的刑事责任。吴铭的上诉理由及其辩护人的辩护意见均不能成立，本院不予采纳。但鉴于吴铭参与时间较短，不是公司股东，作用相对王欣、张克东较轻，故可对其酌予从轻处罚。原审被告单位快播公司通过网络系统中的大量缓存服务器介入淫秽视频传播并且拒不履行安全管理义务，间接获取巨额非法利益，社会危害性大，但鉴于快播公司能自愿认罪，故可对其酌予从轻处罚。原审被告人王欣作为快播公司法定代表人、股东、执行董事、经理，张克东作为快播公司股东、事业部副总经理兼技术平台部总监，牛文举作为事业部副总经理兼市场部总监，均系快播公司传播淫秽物品牟利行为中直接负责的主管人员，应根据其在犯罪中的地位、作用承担相应的刑事责任，但鉴于三人在一审第二次庭审及二审审理期间均能如实供述犯罪事实，自愿认罪，故可分别对三人酌予从轻处罚。原审人民法院判决认定的事实清楚、证据确实充分、适用法律正确、量刑适当，审判程序合法，应予维持。

北京市第一中级人民法院依据《中华人民共和国刑事诉讼法》第二百二十五条第一款第（一）项之规定，裁定如下：

驳回上诉人吴铭的上诉，维持原判。

【法官后语】

1. 控方电子证据存在的主要问题

本案控辩双方围绕传播淫秽物品牟利罪犯罪构成存在较多的争议，但是争议产生的主要原因之一在于控方出示的鉴定结论以及与之有关的涉案服务器的扣押、移转，电子数据的调取、固定存在的问题展开。控方电子证据存在的主要问题如下：

（1）扣押时未对服务器的物理特征进行固定。北京市文化市场行政执法物品清单及北京市文化市场行政执法检查记录，只是记载了4台服务器的IP地址，没有写明特征、型号，没有记载内置硬盘的型号、数量、容量。IP地址是互联网上电脑间通讯的协议地址，用于证明上网服务器的唯一性，同时也可标识服务器的线下权属关系。但是，一般服务器包含系统盘和数据盘，网络通讯功能及IP地址存储均依附于系统盘，同数据盘无关。也就是说IP地址仅可以证明服务器的系统硬盘归属于哪个IP地址使用人，而存在于数据盘上的其他数据，并不能直接建立关联关系。因此，需要以硬盘的唯一性标识作为证明手段，而硬盘的条形码编号才是硬盘的“身份证”。每一块硬盘的条形码编号都不一样，通过编号可以解读出硬盘的容量、转速、接口类型、缓存等各项性能指标。海淀区文化委员会在采取扣押这一行政强制措施时，并没有意识到其扣押对象虽然是4台服务器这一物证，但是将来能够起到证明作用的实际上是存储在服务器硬盘里的淫秽视频等电子数据，因此只登记了服务器的IP地址，而忽视了对存储电子数据的原始介质——硬盘及其条形编号这一物证进行登记。在实施现场扣押行为时，没有对硬盘条形码编号进行登记，可以让人直接怀疑涉案鉴定的硬盘及其存储的淫秽视频来源的真实性。

（2）服务器移交程序违法。虽然《刑事诉讼法》规定，行政机关在行政执法和查办案件过程中收集的物证等证据材料，在刑事诉讼法中可以作为证据使用。但是公安机关对从行政机关调取的物证进行扣押时，依据《公安机关办理刑事案件程序规定》第二百二十五条规定，扣押清单要写明财物的名称、编号、数量、特征及其来源等。而本案公安机关在扣押涉案4台服务器时，仍旧没有登记服务器的特征、型号，尤其是没有记载服务器内置硬盘的条形码编号、型号、数量、容量。

（3）检材真实性存疑。公安机关于2014年4月11日出具第一份鉴定书，记载的服务器内置硬盘数量为3台内置7块硬盘，1台内置6块硬盘，每块硬盘容量均为2T。第三次淫秽物品鉴定期间，公安机关委托某鉴定所出具一份鉴定意见书，记载送检3台服务器内置硬盘数量6块，1台内置5块，且有1台服务器内的硬盘容量为1T。鉴定的涉案服务器内硬盘数量、容量前后矛盾，结合前述行政机关和公安机关扣押登记时没有记载内置硬盘的条形码编号、型号、数量、容量，足以让人怀疑涉案鉴定的内置硬盘是否为原始扣押的硬盘。

（4）服务器内容存在被污染的可能。涉案服务器硬盘里的视频属于电子数据，很容易被替换、拷入、修改，因此最高人民法院、最高人民检察院、公安部印发的《关于办理刑事案件收集提取和审查判断电子数据若干问题的规定》第十四条规定，“收集、提取电子数据，应当制作笔录，记录案由、对象、内容、收集、提取电子数据的时间、地点、方法、过程，并附电子数据清单，注明类别、文件格式、完整性校验值等，由侦查人员、电子数据持有人（提供人）签名或者盖章；电子数据持有人（提供人）无法签名或者拒绝签名的，应当在笔录中注明，由见证人签名或者盖章。有条件的，应当对相关活动进行录像。”第十五条第一款规定，“收集、提取电子数据，应当根据刑事诉讼法的规定，由符合条件的人员担任见证人。由于客观原因无法由符合条件的人员担任见证人的，应当在笔录中注明情况，并对相关活动进行录像。”第十六条规定，“对扣押的原始存储介质或者提取的电子数据，可以通过恢复、破解、统计、关联、比对等方式进行检查。必要时，可以进行侦查实验。电子数据检查，应当对电子数据存储介质拆封过程进行录像，并将电子数据存储介质通过写保护设备接入到检查设备进行检查；有条件的，应当制作电子数据备份，对备份进行检查；无法使用写保护设备且无法制作备份的，应当注明原因，并对相关活动进行录像。电子数据检查应当制作笔录，注明检查方法、过程和结果，由有关人员签名或者盖章。进行侦查实验的，应当制作侦查实验笔录，注明侦查实验的条件、经过和结果，由参加实验的人员签名或者盖章。”这些规定，都是为了保证电子数据的原始性不被破坏，真实性不被改变。虽然上述规定实施时，本案一审已经结束，不能依照上述规定要求本案电子数据的收集、固定、检查程序。但是如果在实践中没有达到上述规范要求，便容易产生电子数据可能被破坏的疑问。涉案服务器被行政扣押期间，没有相应证据证明某公司在开启服务器时是否有相关行政执法人员在场监督，服务器硬盘内容是否被污染，有无写入、替换视频文件情况。结合本案行政扣押和刑事扣押的不规范性，足以让人怀疑涉案4台服务器、硬盘及其内容是否真实。

综上，涉案4台服务器的扣押、移交、鉴定过程中，执法机关只登记了服务器接入互联网的IP地址，公安机关的淫秽物品审验鉴定人员更是错误地记载了硬盘的数量和容量，由于接入互联网的IP地址不能充分证明服务器与快播公司的关联关系，前后鉴定意见所记载的服务器的硬盘数量和容量存在矛盾，可以让人对现有存储淫秽视频的服务器是否为原始扣押的服务器、是否由快播公司实际控制使用产生合理怀疑。

2. 调查核实电子证据问题的思路

证据必须经过查证属实，才能作为定案的根据。审核本案的鉴定对象涉案硬盘内存储的淫秽视频是否具有原始性和真实性，一方面要审核被送检鉴定的涉案硬盘是否为最初扣押服务器内的硬盘，另一方面要审核硬盘内存储的文件是否被污染了，即是否有增加、修改等问题。为此，法院要求公诉机关进一步调查核实涉案四台服务器在行政机关扣押、保管的状态，取得了北京市版权局版权管理处出具的工作说明和某公司出具的工作情况说明，证明服务器在版权局扣押保管期间没有发生损坏等情况。但是，此项说明仅仅是单位出具的证明材料，面对上述证据问题，仅仅由两个涉事单位出具这样的工作说明，且并非证人证言，显然无法令人信服。同时，法院要求公诉机关说明前后鉴定结论所示四台服务器硬盘数量和容量出现差异的原因，取得了北京市公安局治安管理总队出具的工作说明。该工作说明解释，由于审验员许某对服务器相关硬件技术不了解，在核对服务器内硬盘时，大部分硬盘有很明显的2.0T标识，其余硬盘没有明显标识，许某认为都是同一批次服务器，硬盘容量都一样，故没有进行再确认。在确定服务器可插入硬盘数量后，听技术人员说每个服务器有一个系统硬盘，误认为服务器内还有一个专用的系统硬盘。因此，在初步鉴定书中描述每台服务器内硬盘的数量比实际硬盘数量多一个，所以硬盘数量与实际不符。此解释，实际上是公安机关对于自身工作差错的确认，也可以合理解释硬盘数量和容量出现差异的原因，因此可以采信。然而，上述两方面的调查，依然不能释疑硬盘可能被调换、内容可能被污染的问题。由于硬盘调换、内容污染等涉及较深的计算机专业问题，为从根本上查明疑惑，只能依托专业技术鉴定才能解决。因此，法院决定委托国内权威的鉴定机构进行鉴定，一是解决涉案四台服务器是否为快播公司控制的服务器的问题，二是解决四台服务器的硬盘是否被调换或污染的问题。

3. 调查核实电子证据问题的具体方法

（1）要查明涉案四台服务器是否为快播公司的服务器，可以通过查明经常性、长时间地访问四台服务器的IP地址是否为快播公司专属使用的IP地址的方法予以解决。

这首先要通过专业鉴定，来检查服务器的系统日志，以获取经常性、长时间访问四台服务器的IP地址；然后再调查此IP地址是否为快播公司专属使用。以鉴定的方式检查证据，属于法庭核实证据的内容，可以通过委托鉴定的方式予以解决。调查专属使用IP地址则既有核实证据的性质，又有调查取证的性质，鉴于审判中立性的要求，法院以协助调查和建议核实的方式要求公诉机关调取。国家信息中心电子数据司法鉴定中心受理了法院委托，针对委托要求，对送检服务器进行全面检验，通过日志解析发现，4台送检服务器对应的远程登录IP共有8个，进一步对这8个IP地址访问服务器的日期、时间长度、频次等进行仔细核查，查明218.17.158.115在2013年7月至10月先后17次访问了涉案4台服务器，其中在2013年8月7日之后的访问为5次，时长为144小时，在所有IP地址中对四台服务器访问时间最长、次数最多。随即，法院根据鉴定机构的要求，进一步要求公诉机关调查核实，查明IP地址218.17.158.115为快播公司专享，结合快播公司的后台技术维护人员的证言，可以证明涉案四台服务器就是快播公司控制使用的服务器。

（2）要查明涉案服务器内的硬盘是否被替换或内容是否被污染，即针对硬盘中存放的淫秽视频文件是否存在后期伪造的可能性这一问题，需要从两个层面进行核实和论证，一个是数据层面，一个是介质层面。这是电子数据所独有的一类问题，就是数据必须要依附于某一个特定介质而存在。在本案中，数据包括qdata文件和关键日志文件，介质包括四台服务器中的数据盘和系统盘。

首先，不考虑介质问题，只针对数据伪造的可能性进行分析。任何一种伪造手段要达到检验时的文件状态均需要解决内容问题和痕迹问题两方面。内容问题包括海量淫秽视频的收集、qdata文件算法的逆向破解和转换、文件准备及分布式存放等。在此过程中，需要达到文件形成时间随机分布的状态，必然要涉及对系统时间的篡改，这种篡改会在系统各处留下痕迹，如各类日志、文件元属性等。

以此为切入点，可使用反证法的方式对现存数据是否有伪造篡改进行论证，具体来说，就是假设在2013年11月18日后从外部拷入或修改qdata文件，那么系统中会呈现何种特征？如果通过现存状态检验未发现任何符合特征，那么就是认为不存在这种可能性。

鉴定机构通过对四台送检服务器硬盘数据现存状态进行检验，确认每台服务器均包含一块系统盘和若干块数据盘，操作系统为Linux系统，系统各类日志文件完整，对应的时间属性和时序状态均未见异常。在此基础上进一步分析数据盘情况，数据盘只存放了qdata一种数据文件，大小不一，存放路径为多层“0”到“F”文件夹中。其中有两台服务器共四块硬盘的qdata文件没有按照上述规律存在，而是所有文件统一存放在根目录“lost + found”路径下。对于这个问题，根据文件夹名称、系统功能以及文件的状态改变时间进行推断，应该是由于系统非正常关机导致硬盘中的文件系统崩溃，所有文件在自检时被系统自动归类到“lost + found”文件夹下。

进一步对系统时间的可信度确认。qdata文件的时间属性以及日志文件记录的时间均为服务器时间，首先要确认其同现实时间是否一致。系统时间的来源方式有两种，一是硬件设备时间 + 系统时区设置，二是网络时间校准。对四台服务器的硬件设备时间进行核对，存在偏差，但不大，时区设置也都正常。网络校准通过提取“ntp. conf”时间配置日志，发现其中三台都通过“www. pool. ntp. org”网络时间源进行了校准，其中一台未通过网络校准，而是采用了硬件设备时间 + 时区设置的方式形成系统时间。上述所有时间与现实时间误差均不超过十小时，为可信时间。

重点对2013年11月18日后外部拷入或修改qdata文件行为的痕迹进行搜寻。外部拷入和修改文件的正常方式包括“命令”或“拖拽”方式等三种，不同方式进入的文件，其呈现的时间属性组合是不同的。通过对文件现存状态的梳理，尤其是文件三种时间属性的时序分析，所有文件呈现的状态不符合2013年11月18日后外部拷入或修改的特征。

通过上述检验分析，鉴定人认为针对现有硬盘不存在2013年11月18日后从外部拷入或修改qdata文件的可能性。

其次，对于硬盘替换的可能性进行分析，同样可以使用反证法的方式。

硬盘替换分为两种情况，如果保留系统盘不变，只替换数据盘，论证会比较简单。由于每台服务器的系统盘中都有设备日志和msg日志，均会记录开机自检信息，其中就包含了当前服务器所有硬盘的型号信息。每次硬盘发生变化时，系统均会自检并记录硬盘信息形成日志记录。通过对现有日志记录的分析，硬盘型号信息同实际情况一致，不存在替换数据盘的问题。

而另一种情况，假如对所有硬盘全部替换，也就是将系统盘和数据盘全部重制，则可能的技术路径如下：

①准备存储介质。需要准备一批型号相同、出厂日期相近的磁盘。每块硬盘外观标签上一般都有出厂日期，内部固件中也会记录加电启用日期，至少保证出厂日期和加电启用日期不能在磁盘中文件的最早创建日期之后。通过对现有文件的时间分布进行整理，文件最早创建日期为2013年7月，也就说要找到一批2013年7月之前出厂或启用的硬盘。假设现有四台服务器中的硬盘全部为后期伪造的硬盘，要凑齐这些硬盘需要一定的资源和准备时间，但是难度不算大。

②重制数据盘。存储介质准备好之后，首先需要伪造数据盘，因为这个环节的工作量最大，也最耗费时间。数据盘的伪造问题同前面论证的数据伪造的问题密切相关，唯一不同的是现在不需要考虑系统盘中日志异常问题，所以篡改时间或其他会留痕的系统操作都可以随便使用。假如现有四台服务器中所有数据盘的qdata都是后期伪造，那么可以从文件大小、时间分布、时间跨度等几个方面进行反推。文件大小方面，后期伪造这些qdata文件需要解决海量淫秽视频的收集、qdata文件算法的破解与转换等问题，只有多方配合才有可能完成。时间分布方面，现有qdata文件在数据盘中均对应三个时间属性，所有文件的整体时间分布比较均匀，所以在伪造手法方面，篡改系统时间并不能有效提升伪造效率，那么伪造所需的时间和现有文件的时间跨度基本正相关。对现有数据文件的时间跨度进行整理，跨度最大的是访问时间，最长的在一年以上，其次是状态改变时间，长的有8个月，短的有2个月。也就是说，伪造数据盘所需要的时间肯定要以月计。综合上面分析，数据盘伪造对时间、空间和各种资源的要求非常高，现实中实现的难度很大。

③伪造数据盘对应的系统盘。在数据盘伪造完成后，需要伪造对应的系统盘。系统盘伪造的最大难点在于伪造日志记录。服务器对应的Linux系统有详尽的日志管理策略，大部分操作都会被记录下来。上阶段数据盘伪造过程中可以不考虑日志记录的问题，但是系统盘伪造必须要确保所有日志的时序、记录文件的外部特征等不能出现偏差。如果只是简单地替换系统盘，那么日志文件只能记录到替换的那一

时间点，但是现存日志文件中均记录了2013年的信息，这就必然涉及日志的伪造。假如现有四台服务器中的系统盘都是后期伪造，那么可以从几个关键日志的外部文件特征、内部时序记录等几个方面进行反推。比如设备日志和msg日志，会记录数据盘的型号信息。系统日志中记录了最早2013年的启动自检信息（日志时间跨度长的有1年多，短的也有几个月），这就要求篡改系统时间来达成日志记录。但是，日志文件是相互关联的，牵一发而动全身，且日志都是按顺序记录的，篡改时间会在日志文件中形成异常点，想把分布在系统各处的海量日志文件中的所有异常点全部修正过来基本是不可能的。通过对大量日志文件的外部文件特征和内部时序特征进行检验，均未发现异常点，所以基本可以排除伪造系统盘的可能性。

对于硬盘全部替换的可能性，目前也只能通过对替换难度的分析来说明可能性极小，并不能绝对否定。但是正如DNA等鉴定结论一样，单纯技术分析均无法排除百分百的可能性，最终仍需结合其他证据综合认定。是否认定硬盘替换还需结合案情由法院最终确定。法院综合海淀区文化委员会、北京市版权局、北京市公安局等办案机关、办案人员出具的证据材料，结合对4台服务器的检验结果，最终认定在办案机关扣押、移转、保存服务器的程序环节没有破坏服务器及其所存储的视频文件的真实性，检材合法有效。

编写人：北京市海淀区人民法院　游涛

国家信息中心电子数据司法鉴定中心　张羽

70

强奸案中被害人陈述及鉴定意见的证据证明力分析

——彭灵亮等强奸案

【案件基本信息】

1. 裁判书字号

北京市第三中级人民法院（2016）京03刑终29号刑事判决书

2. 案由：强奸罪

【基本案情】

被告人彭灵亮、张晗、金某、邓某于2012年10月5日20时许，将被害人仇某某（女，25岁，江苏省人）约至被告人张晗租住的北京市朝阳区某小区10号楼1单元306室内一同聚餐饮酒。当晚22时许，被告人彭灵亮、张晗趁被害人仇某某酒醉呕吐之际，在卫生间内采用暴力手段强行与被害人仇某某发生性关系。后被告人邓某在卫生间内使用暴力手段欲强行与被害人仇某某发生性关系，未果。后被害人仇某某报警，四名被告人先后被抓获归案。

【案件焦点】

1. 在案证据能够证明四被告人存在强行与被害人发生性关系的事实；2. 如存在强奸行为，诸被告人的行为是否属于轮奸。

【法院裁判要旨】

北京市朝阳区人民法院经审理认为：被告人彭灵亮、张晗、金某、邓某无视中华人民共和国法律，违背妇女意志，强行与妇女发生性关系，其中被告人彭灵亮、张晗、金某系轮奸，四被告人的行为均已构成强奸罪，依法应予惩处。北京市朝阳区人民检察院指控被告人彭灵亮、张晗、金某、邓某犯强奸罪的事实清楚，证据确实、充分，指控罪名成立。鉴于被告人张晗的家属补偿了被害人损失并获得谅解，故本院对其所犯罪行酌予从轻处罚。鉴于被告人邓某系犯罪未遂，故本院对其所犯罪行依法予以减轻处罚。关于四被告人当庭之辩解及辩护人所提本案证据不足、指控的犯罪不能成立的辩护意见，缺乏事实根据，本院均不予采纳。

北京市朝阳区人民法院依照《中华人民共和国刑法》第二百三十六条第三款第（四）项、第二十五条第一款、第六十一条、第五十五条第一款、第五十六条第一款；对被告人邓某依照《中华人民共和国刑法》第六条第一款、第二百三十六条第一款、第二十三条、第六十一条及第三十五条之规定，作出如下判决：

一、被告人彭灵亮犯强奸罪，判处有期徒刑十一年，剥夺政治权利二年。

二、被告人张晗犯强奸罪，判处有期徒刑十年，剥夺政治权利二年。

三、被告人金某犯强奸罪，判处有期徒刑十年，剥夺政治权利二年。

四、被告人邓某犯强奸罪，判处有期徒刑二年，附加驱逐出境。

一审宣判后，在法定期限内，四被告人均提出上诉。

北京市第三中级人民法院经审理认为：

一、本案证据在证明金某与被害人仇某某发生性关系方面不能达到确实、充分的标准，无法认定金某构成强奸罪

首先，就在案客观证据方面而言，法医物证鉴定不能直接证明金某与仇某某发生了性关系；金某阴茎拭子上虽然检测出了彭灵亮、张晗、金某的 DNA 混合结果，但无法排除其他合理怀疑。在案法医物证鉴定书证明，在仇某某身体和衣物上所提检材未检出金某的 DNA，金某阴茎拭子上也未检测出仇某某的 DNA，不能直接证明二人有过性接触；金某阴茎拭子所检为混合结果，与彭灵亮、张晗、金某的 DNA 混合产生的结果相符，该鉴定意见仅能直接证明金某的阴茎上有彭、张二人的 DNA 组织来源，因该 DNA 的组织来源是精斑还是脱落细胞或其他人体组织细胞不确定，不能直接推定该 DNA 的组织来源为精斑，更不能进而推定系金某在彭、张二人之后与仇某某发生性关系沾染了彭、张二人的精斑所致。另，案发当晚，金某等五人在案发地长时间共处，不排除相互沾染对方的 DNA 组织来源的可能。

其次，就在案主观证据方面而言，仇某某关于金某与其发生性关系的陈述部分，有推断之嫌和矛盾之处，不足以采信。仇某某所陈述与其发生性关系的顺位和人次前后矛盾，其前期陈述称，与其发生性关系的顺位是彭灵亮、张晗、金某、邓某，为四人次；后期陈述称，与其发生性关系的顺位是彭灵亮、张晗、彭灵亮、金某、邓某，为五人次。作为被害人，其对被性侵的次数前后矛盾，与常理不符。据彭灵亮、张晗的供述，前三人次为彭灵亮、张晗、彭灵亮，这与仇某某后期陈述的前三人次顺位能够相互印证，较为可信。仇某某判断金某与其发生性关系，主要通过金某的衣着、鞋子、声音以及与其发生性关系的感觉，进而推断金某与其发生性关系。由于案发当晚其五人长时间共处，仇某某对金某衣着、鞋子、声音已有认知，不足以作为判断的理由；而通过与其发生性关系的感觉来推断金某与其发生性关系，由于在第三人次顺位上被害人前后陈述不一致，不排除其存在误判的可能。另外，仇某某关于金某与其发生性关系时卫生间内的人数、插入情况以及是否射精等方面都亦存在前后矛盾之处。因此，被害人仇某某关于金某与其发生性关系的陈述部分，本院不予采信。

再次，在案主观证据还证明，同案被告人彭灵亮、张晗一直否认金某与仇某某发生性关系，金某亦一直予以否认。在法医物证鉴定意见作出前后，同案被告人彭灵亮、张晗，均能分别承认自己与仇某某发生了性关系，也能供出对方与仇某某发生性关系的事实。由于彭灵亮和张晗系分别到案，在排除串供可能和金某与其二人存在其他特定关系的前提下，彭、张二人同时为金某隐瞒的可能性较小。

综合上述主客观两方面证据，本院认为，在案证据在证明金某与被害人仇某某发生性关系方面不能达到确实、充分的标准，无法认定金某构成强奸罪。金某及其辩护人的相关上诉理由、辩护意见，本院予以采纳。

二、在案证据足以证明彭灵亮、张晗先后轮流与仇某某发生性关系，且系违背仇某某的意愿

首先，被告人彭灵亮、张晗的多次供述，均认可其二人在张晗的暂住地卫生间内，轮流与仇某某发生性关系的事实；被害人仇某某的多次陈述，也证明了彭灵亮、张晗先后轮流与其发生性关系的事实，被告人供述和被害人陈述能够相互印证；在案法医物证鉴定意见进一步印证了双方对该节事实的述称。

其次，被告人彭灵亮、张晗供称，仇某某系自愿与其二人发生性关系，但被害人仇某某的多次陈述均称其被彭、张二人强迫，致无力反抗，且彭灵亮对其有言语威胁；仇某某陈述所称反抗中有花瓶打碎，亦得到现场勘验的印证；仇某某在案发现场用家乡话委托张某向北京警方报警，亦能够得到张某证言的证明，且有手机通话记录的印证；证人刘永某的证言证明了被害人离开现场即报警，并带领民警赶往案发现场抓获被告人，该证言与被害人的陈述相互印证。本案案发地点在张晗的暂住地，仇某某酒后呕吐，反抗和性防卫能力下降；案发前，仇某某与彭灵亮仅见过一面，与张晗并不认识，彭灵亮和张晗所供称仇某某系自愿同时与其二人发生性关系，与常理明显不符。被害人仇某某的陈述和部分被告人的供述能证明案发时间为当晚22时许，且能得到手机通话记录的印证，在此期间，被害人虽曾与他人通话，但不能因此而否定彭、张二人与被害人仇某某发生性关系是违背其意愿的事实。

综上，在案证据足以证明上诉人彭灵亮、张晗违背仇某某的意愿，强行轮流与仇某某发生性关系。彭灵亮、张晗及其辩护人的相关上诉理由、辩护意见，无事实及法律依据，本院不予采纳。

三、在案证据足以证明邓某欲强行与被害人发生性关系，因自身身体原因而未得逞

首先，被害人仇某某多次陈述邓某对其采取按压等暴力方式欲与其发生性关系，因邓某生殖器没有勃起，致发生性关系未果，在此过程中，仇某某用家乡话委托张某报警的事实。证人张某的证言证明了仇某某打电话委托其报警，并听到仇某某身边有男人的声音，像是跟人争执，与仇某某陈述相互印证。

其次，上诉人邓某供述的其在卫生间内所停留时间与在案证据不符。彭灵亮曾供述邓某与被害人同时在卫生间十分钟左右；金某在侦查阶段多次供述邓某与被害人同时在卫生间有七八分钟，且卫生间的门被从里面顶着；而邓某供称，其去卫生间小便后即出来，时间很短，邓某的供述与在案其他证据证明的事实不符。此外，上诉人邓某供称其酒后无生理反应，与被害人所陈述邓某欲强行与其发生性关系时生殖器无法勃起的内容能够相互印证。

综合比较邓某的供述和被害人陈述，被害人仇某某关于邓某对其实施性侵的过程较为详尽，尽管在部分细节上存在出入，但其核心内容前后一致，并能得到在案其他证据的印证；而邓某却不能明确说明案发当晚其在卫生间内的行为，且其所供内容与在案证据相冲突。因此，被害人关于邓某在卫生间内对其实施性侵的陈述，应予采信。在案证据足以证明邓某在卫生间内欲强行与被害人发生性关系，因自身身体原因而未得逞。邓某的上诉理由及其辩护人的辩护意见，与事实不符，本院不予采纳。

北京市第三中级人民法院依据《中华人民共和国刑法》第二百三十六条第一款、第三款第（四）项、第二十五条第一款、第二十三条、第四十五条、第四十七条、第五十六条第一款、第五十五条第一款、第三十五条、第六十一条，《中华人民共和国刑事诉讼法》第一百九十五条第（三）项、第二百二十五条第一款第（一）（三）项之规定，作出如下判决：

一、维持中华人民共和国北京市朝阳区人民法院（2015）朝刑初字第872号刑事判决主文第一、二、四项，即被告人彭灵亮犯强奸罪，判处有期徒刑十一年，剥夺政治权利二年；被告人张晗犯强奸罪，判处有期徒刑十年，剥夺政治权利二年；被告人邓某犯强奸罪，判处有期徒刑二年，附加驱逐出境。

二、撤销中华人民共和国北京市朝阳区人民法院（2015）朝刑初字第872号刑

事判决主文第三项，即被告人金某犯强奸罪，判处有期徒刑十年，剥夺政治权利二年。

三、上诉人（原审被告人）金某无罪。

【法官后语】

法官审理案件的关键环节就是审查认定证据，这项工作实际上由两大环节组成：一是审查证据能力，确认证据材料是否可以进入诉讼的“大门”；二是审查证明力，确认其证明力大小及是否可以作为定案依据。前者可称为证据的采纳，后者可称为证据的采信。从法律规范的角度上来说，证据能力的判断基本上属于法律适用问题，一般都有相应的法律规则；证明力的判断基本上属于事实判断问题，一般都可以由法官依据一定的经验法则。因此，证据能力判断的规定往往是刚性的，我国也出台了《关于办理死刑案件审查判断证据若干问题的规定》等来规范证据的“准入”问题。证明力的判断规则往往是指导性的，虽然有一些指导性的规范，但很多时候只能依赖法官的经验，来形成内心确认。在此背景下，证据的审查认定问题在强奸类型案件中显得尤为困难，该类案件的证据认定亟须思路性、方向性的指导。

被害人陈述向来是强奸类案件的关键证据之一，本案亦不例外。由于记忆程度和趋利避害心理的影响，一般认为言词证据的证明力不高于客观证据，然而，确认言词证据之证据能力的前提下，分析、比对被害人陈述有重要价值。本案由于涉及轮奸、强奸未遂等情节，涉案人员较多，案情复杂，各方说辞不一，首先从被害人陈述出发，有利于对案件的全过程有一个全盘的认识，在此基础上串起其他各个证据，尽量还原出案件的全貌。同时，也可以用其他证据去印证、检验被害人陈述，在排除合理怀疑的情况下，使得该陈述中的真实部分得到其他证据的印证。

编写人：北京市第三中级人民法院　王庆刚　魏炜

71

刑事案件中对价格鉴定意见如何进行审查

——刘长福职务侵占案

【案件基本信息】

1. 裁判书字号

北京市第一中级人民法院（2016）京01刑终450号刑事判决书

2. 案由：职务侵占罪

【基本案情】

被告人刘长福于2012年4月至2014年4月，担任甲公司金融服务事业部债权催收经理。刘长福受甲公司乙营销公司债权管理部副部长冯某委派，于2013年1月、2013年6月分别将甲公司停放在杭州市萧山区的24台搅拌车（车牌均为辽“C”）、停放在哈尔滨的18台搅拌车（车牌均为黑“A”）运至石家庄一停车场。刘长福向冯某提出丙公司欲购买收回车辆，甲公司计划将24台辽“C”牌照搅拌车在扣除前期整改、翻新、物流费用的前提下，以总价360万元的价格销售给丙公司，因丙公司法定代表人未同意购买，双方未订立合同。后刘长福将上述24台辽“C”牌照和10台黑“A”牌照搅拌车出租或出售，将款项占为己有。2013年10月刘长福交付甲公司70万元的承兑汇票，甲公司对10台黑“A”牌照搅拌车残值评估为251.75万元。

甲公司报案后，2014年9月刘长福向公司转账6万元。公安机关追回辽“C”、黑“A”牌照搅拌车各二辆，已发还甲公司。

被告人辩称：1. 其没有利用职务上的便利；2. 甲公司同意卖给刘长福车，刘长福才去开车；3. 甲公司委派刘长福去做运输工作，购车公司不是刘长福自己的公司，而是另一家公司；4. 其没有非法占为己有，其行为不构成职务侵占罪。

辩护人的辩护意见：1. 被告人刘长福不负责东北地区的业务，涉案车辆不在其职责范围内；2. 被告人没有非法占有34 台车的故意；3. 刘长福购买34 台车已经得到公司认可，冯某知道车辆对外出租或出售，应视为对刘长福处分车辆的认可；4. 公诉机关出示的鉴定结论，不应作为证据使用；5. 被告人刘长福与甲公司之间存在经济纠纷，认定刘长福职务侵占事实不清，证据不足，指控罪名不能成立。

【案件焦点】

对价格鉴定意见如何进行审查。

【法院裁判要旨】

北京市昌平区人民法院经审理认为：被告人刘长福身为甲公司的工作人员，利用职务上的便利，将单位财产占为己有，数额巨大，其行为已构成职务侵占罪，依法应予惩处。北京市昌平区人民检察院指控被告人刘长福犯职务侵占罪的事实清楚，证据确实、充分，罪名成立。但认定职务侵占数额不妥，予以更正。被告人刘长福及其辩护人认为公诉机关指控的罪名事实不清、证据不足，本案不构成犯罪的意见，本院不予采信。鉴于甲公司报案后，被告人刘长福退回甲公司6 万元，公安机关追回辽“C”牌照、黑“A”牌照搅拌车各二辆，减轻单位部分损失，酌情对被告人予以从轻处罚。

北京市昌平区人民法院依照《中华人民共和国刑法》第二百七十一条第一款，第六十四条之规定，判决如下：

一、被告人刘长福犯职务侵占罪，判处有期徒刑八年。

二、责令被告人刘长福退赔甲公司经济损失人民币四百五十五万四千元。

刘长福持原审辩护意见提起上诉。

北京市第一中级人民法院经审理认为：上诉人刘长福身为公司的工作人员，利用职务上的便利，将单位财产占为己有，数额巨大，其行为已构成职务侵占罪，依法应予惩处。原审法院根据刘长福犯罪的事实，犯罪的性质、情节和对于社会的危害程度所作出的判决，认定事实清楚，证据确实、充分，定罪及适用法律正确，量刑适当，审判程序合法，应予维持。

北京市第一中级人民法院依照《中华人民共和国刑事诉讼法》第二百二十五条第一款第（一）项之规定，裁定如下：

驳回上诉，维持原判。

【法官后语】

本案争议的焦点在于对价格鉴定意见的采信标准，我国刑事证据规则要求一项作为定案的证据必须同时具有证明力和证据能力。对于价格鉴定意见的采信标准也应当同时满足这二项要求。

1. 证明力标准。证明力包含真实性和关联性二个要素，既要求证据被“查证属实”，又要求证据具有“认定案件事实”的作用，即具有证明力。首先，要求定案的证据具有真实性，证据必须经法定的程序查证属实；其次，要求定案的证据具有关联性，证据必须与案件事实具有实质相关性，并对案件事实有证明作用。

2. 证据能力标准。对于证据的收集和审查判断的过程要经过法定的程序，作为定案的证据必须具有法定的资格和条件，即具有证据能力。具体来讲，作为定案的证据必须由法定的人员收集、必须依照法定的程序、必须具有合法的种类、必须具备合法的来源、必须具备法定的形式，只有全部符合上述条件的证据才具有证据能力。

本案中，北京某价格评估有限公司的评估结论，虽然具备法定的资格和条件，审查也经过法定的程序，具有证据能力，但因评估时涉案的车辆未能全部追回，该评估未对涉案车辆进行实际的检测，而各涉案车辆的使用情况不同，各车辆的损耗程度、实际剩余价值均存在较大差异，而该份评估结论在未对车辆实际情况予以检测的情况下作出评估意见，无法对各车辆的实际价值进行证明。另外，考查甲公司对车辆的处理计划中的销售价格，评估结论的价格与甲公司对车辆的估价差异巨大，佐证了评估结论对车辆价值的评估不准确。综合评价来看，本案中的价格评估结论缺乏真实性和关联性，不具有证明力，故对于该份鉴定意见，未予采信。

综上所述，笔者认为在审理刑事案件时应结合法律规定、学理解释及现实情况，对于价格鉴定意见的审理，应当严格依照证据规则，审理证据的证明力和证据能力，以保证刑法的准确适用，实现司法公正。

编写人：北京市昌平区人民法院　欧春光　熊文超

72

法律规定发生变化导致案件在审理中超过追诉时效应裁定终止审理

——金某某被诉贪污案

【案件基本信息】

1. 裁判书字号

北京市第三中级人民法院（2016）京03刑终323号刑事裁定书

2. 案由：贪污罪

【基本案情】

被告人金某某在担任甲院乙所所长期间，于2004年8月14日、8月30日违反单位规定，以该所名义先后同丙环保局签订技术服务合同，承接了丁地东西区生态修复工程设计两个项目（合同金额共计人民币165万元）。上述两个项目设计均由金某某交由其妻全额出资设立的戊公司具体实施。丙环保局先后支付给戊公司合同款共计人民币162万元。被告人金某某未将本应上交给甲院的管理费人民币8.25万元上交。2013年甲院向金某某了解此事并让其上交相应的管理费后，金某某主动向甲院上交了相关费用。2013年8月15日检察机关对金某某立案侦查，金某某在单位陪同下归案。

【案件焦点】

案件在一审宣判时是否超过追诉时效。

【法院裁判要旨】

北京市朝阳区人民法院经审理认为：金某某身为国家工作人员，利用职务便利非法占有公共财物，数额较大，构成贪污罪。依照《中华人民共和国刑法》第三百八十二条第一款、第三百八十三条、第六十七条第一款、第七十二条、第七十三条、第五十二条及《最高人民法院、最高人民检察院关于办理贪污贿赂刑事案件适用法律若干问题的解释》第一条第一款、第十九条之规定，判决被告人金某某犯贪污罪，判处有期徒刑六个月，缓刑一年，罚金人民币十万元。

上诉人金某某诉称：1. 涉案项目不是甲院或乙所的项目，即使是甲院项目也不存在缴纳管理费的问题，即便应当交纳管理费，其仅是对有关管理费的规定理解有误，并无侵吞管理费的主观故意，其无罪；2. 本案已过追诉时效。

北京市第三中级人民法院经审理认为：

1. 一审法院在《最高人民法院、最高人民检察院关于办理贪污贿赂刑事案件适用法律若干问题的解释》（以下简称《贪污贿赂解释》）正式实施后对本案作出实体判决，超过追诉时效，违反《最高人民法院关于适用〈中华人民共和国刑事诉讼法〉的解释》（以下简称《刑诉法解释》）第二百四十一条第一款第八项，“犯罪已过追诉时效期限并且不是必须追诉……应当裁定终止审理”的规定，属于适用法律错误。

2. 关于涉案项目是否属于依照甲院规定应当缴纳管理费的项目，尚未查清，还需进一步调查。

3. 二审期间，金某某提交新证据，需进一步核实。

综上，原判认定金某某犯贪污罪的事实不清，证据不足，且违反追诉时效的规定，裁定撤销原判，发回重审。后北京市朝阳区人民检察院撤回公诉。

【法官后语】

关于本案是否应当因超过追诉时效而裁定终止审理，笔者认为应从以下几方面进行考虑：

1. 追诉时效问题的产生

首先需要厘清的是，在法律规定没有发生变化，案件可能判处的刑罚自始至终确定时，追诉时效对于一个案件来说是一个确定的时间，一个案件一旦于追诉时效内被立案追诉，便产生了追诉的效果，不会在后续起诉和审理过程中产生超过追诉时效的可能。

但如果审理过程中，法律规定发生变化，如贪污贿赂有关司法解释实施，对贪污贿赂案件的量刑档进行了调整，已被追诉的被告人可能判处的刑罚发生变化（主要是刑期变短，变长的话不会产生追诉时效的问题，而且刑期变长属于重法，依照从旧兼从轻的原则也不会适用新法），就产生了追诉时效的问题。此时依照立案追诉时的旧法（重法），该案件可能判处刑期较长，立案追诉时没有超过追诉时效；但审理过程中新法（轻法）实施，法院本着从旧兼从轻的原则应当适用新法，可如果适用新法该案件可能判处的刑期缩短，这样回头倒看侦查机关立案日期，就超过了追诉时效。此时就产生了对《刑诉法解释》第二百四十一条第一款第八项的理解适用的问题。

2. 对《刑诉法解释》第二百四十一条第一款第八项关于终止审理的规定的两种不同理解

《刑诉法解释》第二百四十一条第一款第八项规定，“犯罪已过追诉时效期限且不是必须追诉，或者经特赦令免除刑罚的，应当裁定终止审理”。对于该条规定有两种不同的理解。一种观点认为，虽然审理之时因法律规定发生变化，适用新法导致案件超过追诉时效，但追诉时适用旧法尚没有超过追诉时效的，依然可以做出实体判决。另一种观点认为，即便追诉时依照旧法没有超过追诉时效，但审理之时适用新法超过追诉时效的案件，应当适用该条之规定，裁定终止审理。

两种观点对于该条规定有不同理解，此时我们要看该规定的存在意义：《刑诉法解释》第二百四十一条是针对《刑事诉讼法》第一百九十五条“评议、判决”作出的解释，意在解释法庭在何种情况下应当作出判决（有罪和无罪），何种情况下应当宣告不负刑事责任，何种情况下应当裁定终止审理。该条对于追诉时效的描述是“犯罪已过追诉时效期限且不是必须追诉”，理解这句话的含义至关重要。我们可以从《刑法》第八十七条关于追诉期限的规定及相关解释规定中寻找对这句话的理解方式。

3. 违反“绝对不追诉”规定的案件会被监督撤销

《刑法》第八十七条规定：“犯罪经过下列期限不再追诉：（一）法定最高刑为不满五年有期徒刑的，经过五年；（二）法定最高刑为五年以上不满十年有期徒刑的，经过十年；（三）法定最高刑为十年以上有期徒刑的，经过十五年；（四）法定最高刑为无期徒刑、死刑的，经过二十年。如果二十年以后认为必须追诉的，须报请最高人民检察院核准。”该条规定了两种不再追诉的情况，一种是前三项，超过一定期限绝对不追诉；另一种是第四项，法定最高刑为无期徒刑以上的案件，由于社会危害性巨大，有些案件虽然经过了二十年，但报请最高人民检察院核准后依然可以追诉，即相对不追诉。需要明确的是，只有第四项是相对不追诉，而前三项属于绝对不追诉，一旦超过期限，就不能报请追诉。

对于相对不追诉，《最高人民检察院关于办理核准追诉案件若干问题的规定》（以下简称《追诉规定》）第四条规定："……未经最高人民检察院核准，不得对案件提起公诉。"由此可以看出，《刑诉法解释》第二百四十一条第一款第八项"犯罪已过追诉时效期限且不是必须追诉……应当裁定终止审理"是可以适用于相对不追诉案件的，即相对不追诉的案件超过了追诉时效，侦查机关认为有必要追诉，经报请最高人民检察院核准，依然予以立案追诉了，可是法院经审理认为该案件并不是必须追诉，此时就可以适用该条解释裁定终止审理。

那么对于绝对不追诉案件呢？《追诉规定》第十一条规定："……最高人民检察院决定不予核准追诉，侦查机关未及时撤销案件的，同级人民检察院应当予以监督纠正……"。相对不追诉案件如果未被最高人民检察院核准，侦查机关应当撤销案件，那么可以推论绝对不追诉案件根本不存在立案追诉的可能，如果侦查机关因失误而予以立案追诉了，属于工作错误，是应当监督纠正的。此类案件根本不会出现在法院审理刑事案件的视野中，属于不应当立案侦查、不应当审查起诉、不应当被法院立案的事件。

4.《刑诉法解释》第二百四十一条第一款第八项包含因适用新法而超过追诉时效的情形

由此可见，《刑诉法解释》第二百四十一条第一款第八项的规定一定是针对可以或应当立案追诉的案件的，如果案件自始超过追诉时效期限又不属于可以报请追诉的情形，根本不会出现在该条规定的视野里（不排除因一连串工作失误而被立案审理的案件，此时更应该适用该条规定）。可以或应当立案追诉的案件包括相对不追诉案件因报请最高人民检察院而继续被追诉，以及本应追诉但却由于客观原因导致法庭评判时超过追诉期限的案件两种情形。那么本案讨论的情形符合该条解释蕴含的第二种情形，可以适用该条规定予以裁定终止审理。

5. 裁定终止审理亦符合有利于被告人的原则

当法律没有相应规定，或对法律规定的理解产生分歧，或对适用哪种法律规定产生争议，或新的法律规定的实施导致新问题，适用法律无所适从时，应本着有利于被告人的原则作出裁判。对本案的情形是裁定终止审理还是可以适用新法作出实体判决确实存在争议，那么应当选择有利于被告人的处理方式，即裁定终止审理。

6.《贪污贿赂解释》对本案的具体影响

《贪污贿赂解释》对《刑法修正案（九）》规定的贪污罪的不同量刑档的标准予以了明确。本案被告人金某某被控贪污数额8.25万元，在该解释出台前，因《刑法修正案（九）》对量刑档的数额标准未予规定，如果按照修改前的《刑法》，金某某可能被判处五年以上有期徒刑，那么其追诉时效为十年。金某某的追诉起算时间为收到最后一笔合同款之日，即2006年12月6日，而侦查机关对金某某涉嫌贪污罪立案时间为2013年8月15日，则没有超过追诉时效。但是，一审法院于2016年5月24日作出一审判决，此时《贪污贿赂解释》已于2016年4月18日正式实施，依照该解释第一条第一款之规定，贪污数额在3万元以上不满20万元，属于数额较大，依法判处三年以下有期徒刑或者拘役，并处罚金，那么金某某的追诉时效变成了5年，即至2011年12月5日止，按照该解释，侦查机关于2013年8月15日对金某某立案侦查时，已经超过法定追诉时效近2年。

一审法院在《贪污贿赂解释》于2016年4月18日实施后，虽然适用新法对被告人做了较轻的处罚，但却因此导致案件超过追诉时效，此时仍对本案作出实体判决，违反《刑诉法解释》应当裁定终止审理的规定。

编写人：北京市第三中级人民法院　袁冰　王硕

四、程序与其他

73

法院变更指控罪名的抗诉案件如何处理

——刘磊、周芳故意伤害案

【案件基本信息】

1. 裁判书字号

北京市高级人民法院（2016）京刑终15号刑事判决书

2. 案由：故意伤害罪

【基本案情】

刘磊与周芳系夫妻关系。2014年7月30日15时许，刘磊驾驶白色轿车（车牌号：京N6××××）到北京市朝阳区来广营乡清河营村郊野公园。当日19时许，刘磊在该公园因钓鱼纠纷与该村联防队员何爱某（男，殁年43岁）等人发生冲突。19时40分许，为摆脱何爱某，刘磊指示来到现场的周芳驾车离开。周芳在明知轿车驾驶室门未关，刘磊与何爱某在轿车驾驶室门外纠缠的情况下，强行驾车驶离，何爱某拉着车门随车前行。途中，刘磊将何爱某拉车的手掰开，造成何爱某倒地磕碰头部致颅脑损伤，经抢救无效于同年8月7日死亡。刘磊、周芳作案后于当日向公安机关自动投案。

【案件焦点】

1. 周芳的行为定性，是构成故意伤害罪还是过失致人死亡罪；2. 一审法院改变对周芳指控罪名的认定，程序是否合法，如何保障控辩双方行使相关诉讼权利。

【法院裁判要旨】

北京市第三中级人民法院经审理认为：被告人刘磊、周芳明知其行为会发生危害社会的结果而放任危害后果的发生，共同致一人死亡，其行为均已构成故意伤害罪。北京市人民检察院第三分院指控被告人刘磊、周芳犯罪的事实清楚，证据确实、充分，指控刘磊犯故意伤害罪的罪名成立，但指控周芳犯过失致人死亡罪与审理认定的罪名不一致，在案证据证明，刘磊与周芳的共同行为造成被害人死亡的结果，周芳亦构成故意伤害罪。被告人刘磊曾因故意犯罪被判处有期徒刑，刑罚执行完毕后，在五年以内再犯应当判处有期徒刑以上刑罚之罪，系累犯，依法对其从重处罚。对于被告人刘磊曾被行政拘留、被告人周芳曾因故意犯罪被拘役等情节，在量刑时酌予考虑。鉴于被告人刘磊、周芳经公安机关传唤自行到案，且到案后能够如实供述主要犯罪事实，可认定为自首，结合本案具体情节，依法对二被告人从轻处罚。故以故意伤害罪判处被告人刘磊有期徒刑十四年，剥夺政治权利三年；判处周芳有期徒刑十一年，剥夺政治权利二年。

北京市人民检察院第三分院的抗诉意见为：（1）审判过程严重违反法定诉讼程序，未能保障控辩双方充分行使相关诉讼权利。本案以刘磊涉嫌故意伤害罪、周芳涉嫌过失致人死亡罪提起公诉，原审法院改判周芳犯故意伤害罪，在审判过程中严重违反法定诉讼程序，未就认定周芳的新罪名听取控辩双方的意见，特别是在审理认定罪名明显重于起诉认定罪名的情形下，未能保障周芳及其辩护人充分行使辩护权。（2）对周芳量刑违反罪责刑相适应原则，明显畸重，应对其减轻处罚。

刘磊上诉提出其没有伤害被害人的主观故意，原判量刑过重。周芳上诉提出其没有伤害被害人的故意。

北京市高级人民法院经审理认为：在一审两次开庭过程中，诉讼各方尤其是辩方已就周芳的行为构成过失致人死亡罪而非故意伤害罪进行了充分辩论，所以本案不存在剥夺或限制周芳行使辩护权的问题，亦没有影响公正审判，一审程序符合刑事诉讼法及其司法解释的相关规定。

对刘磊所提其没有伤害被害人的主观故意的上诉理由，经查：刘磊在明知车辆驾驶室门未关，车辆处于行驶过程中，被害人手扒车门的情况下，仍强行掰开被害人拉车的手，最终导致被害人倒地死亡，其放任被害人死亡结果发生的主观故意明显。对周芳所提其主观上没有伤害被害人的故意一节，经查：周芳在刘磊的指示下，在明知驾驶室车门未关、被害人与刘磊在车门处纠缠的情况下，为摆脱被害人，加速驾车驶离，途中刘磊掰开被害人拉车的手的行为并未超出周芳的主观心理；在车辆行进过程中，周芳没有制动或停车行为，事发后亦未对被害人采取任何救治措施，足见其主观上对危害结果的发生持放任态度。周芳的驾车行为与刘磊掰开被害人手的行为共同造成被害人倒地死亡的结果，周芳应对其行为产生的后果承担相应的刑事责任。

本院认为，上诉人刘磊、周芳明知其行为会发生危害社会的结果而放任危害后果的发生，共同致一人死亡，其行为均已构成故意伤害罪。关于二人在共同犯罪中的地位和作用：本案因刘磊钓鱼纠纷引发，前期刘磊与公园保安发生冲突，周芳从中劝阻；在被害人到达现场后，刘磊与被害人在车门处纠缠，发生肢体冲突，双方皆报警。后刘磊指示周芳驾车离开，并在车辆行进途中掰开被害人拉车的手，导致被害人倒地死亡。从故意伤害的实行行为来看，周芳的驾车行为与刘磊掰开被害人手的行为共同造成被害人倒地死亡的结果，二人的行为缺一不可，不分主从，惟周芳在共同犯罪中的作用小于刘磊，本院在量刑时予以体现。鉴于刘磊曾因故意犯罪被判处有期徒刑，刑罚执行完毕后，在五年以内再犯应当判处有期徒刑以上刑罚之罪，系累犯，依法应当从重处罚。刘磊、周芳经公安机关传唤自行到案，且到案后能够如实供述主要犯罪事实，系自首。结合本案具体情节，依法对刘磊所犯罪行予以从轻处罚，对周芳所犯罪行予以减轻处罚。原审法院考虑到刘磊具有自首等具体情节，对其量刑适当。刘磊、周芳的上诉理由不能成立，应予驳回。北京市人民检察院第三分院、北京市人民检察院所提一审审判程序严重违反法律规定，未能充分保障控辩双方充分行使相关诉讼权利，建议发回重审的抗诉意见及支持抗诉的意见，缺乏事实根据和法律依据，本院不予采纳；北京市人民检察院第三分院所提一审判决对周芳量刑错误，违反罪责刑相适应原则，适用刑罚明显不当的抗诉意见，本院酌予采纳。原审人民法院根据刘磊、周芳犯罪的事实、犯罪的性质、情节及对于社会的危害程度所作的判决，定罪正确，审判程序合法，对刘磊量刑适当，惟对周芳的量刑不当，本院依法予以改判，作出如下判决：

一、驳回北京市人民检察院第三分院的抗诉。

二、驳回刘磊的上诉。

三、维持北京市第三中级人民法院（2015）三中刑初字第00440号刑事判决主文第一项，即被告人刘磊犯故意伤害罪，判处有期徒刑十四年，剥夺政治权利三年。

四、撤销北京市第三中级人民法院（2015）三中刑初字第00440号刑事判决主文第二项，即被告人周芳犯故意伤害罪，判处有期徒刑十一年，剥夺政治权利二年。

五、上诉人周芳犯故意伤害罪，判处有期徒刑八年，剥夺政治权利一年。

【法官后语】

关于本案第一个争点。过失致人死亡罪与故意伤害罪区分的关键是考察行为人的主观心理状态。主观心态见之于客观行为。本案中，被害人与刘磊在主驾驶车门处已纠缠七分多钟，周芳知晓刘磊与被害人一直在用手争夺车门；当周芳调正车头，在主驾驶车门未关、被害人仍与刘磊争夺车门的情况下，为尽快摆脱被害人，周芳加速驾车行进，途中刘磊掰被害人手的行为未超出周芳的主观心理。周芳作为一个具有正常判断能力的驾驶员，其主观上对驾车、掰手会造成被害人伤害甚至死亡的结果持放任的态度。过于自信的过失要求行为人已经预见可能发生的危害结果，但基于一定的主客观条件轻信能够避免，一般应采取一定的措施避免危害结果的发生。本案中，周芳驾车行为连贯，在行进过程中始终踩着油门，在被害人脱离车门、刘磊上车后亦未制动或停车，而是径直加速驶离，事发后对被害人未采取任何救治行为，足见其主观上对危害结果的发生持漠不关心的放任态度。从整个行为过程来看，周芳启动汽车、倒车、前进等驾驶动作连贯、熟练；就车速而言，根据监控录像，何爱某并非跟着车走而是小跑出了监控画面，证人王桃某和郭战某证明何爱某腾空摔倒在地且头部先着地，鉴定意见亦显示系减速性损伤（因跌倒头部在运动中突然撞击物体而停止）。故周芳的行为构成故意伤害罪。

关于本案第二个争点。本案中，对周芳以故意伤害罪实施拘留和逮捕，从一审庭审笔录和庭审光盘来看：一审共开过二次庭，第一次庭审（2015年5月26日）比较完整，刘磊、周芳对起诉书指控的事实和罪名均无异议，刘磊、周芳的辩护人均认为二人构成过失致人死亡罪，诉讼代理人则认为周芳构成故意伤害罪。第二次庭审（2015年10月20日）：在法庭调查阶段核实了刘磊、周芳的实际住址，在法庭辩论阶段，法庭提醒公诉人：“有必要就整个案子，包括指控的罪名、整个性质进行法庭辩论，因为一告指控的是故意伤害，二告指控的是过失致人死亡，在法庭辩论阶段，就两名被告人的行为是否有新的意见?”公诉人称：“没有新的公诉意见，在上次开庭时公诉人已将证据、行为定性及量刑情况全部发表完毕。”法庭询问被害人亲属的诉讼代理人，就刘磊、周芳的行为定性，是否有需要发表的意见?诉讼代理人仍坚持上次庭审的意见，强调周芳的行为构成故意伤害罪。

法庭询问刘磊：“对行为性质还有什么意见?”刘磊：我从心理上没有想伤害对方的故意，但确实给对方造成了伤害。法庭询问周芳：“对行为性质有什么意见?”周芳：“我没有想伤害被害人，只是想赶紧离开。”周芳的辩护人：“坚持上次庭审的辩护意见……”。

根据《最高人民法院关于适用〈中华人民共和国刑事诉讼法〉的解释》第二百四十一条的规定，起诉书指控的事实清楚，证据确实、充分，指控的罪名与审理认定的罪名不一致的，应当按照审理认定的罪名作出有罪判决。在此情形下，人民法院应当在判决前听取控辩双方的意见，保障被告人、辩护人充分行使辩护权。必要时，可以重新开庭，组织控辩双方围绕被告人的行为构成何罪进行辩论。从该规定来看，法院审理认定的罪名与指控的罪名不一致时，法院听取控辩双方意见的方式有两种：一是庭下听取控辩双方的意见，如指控的重罪，法院经审理拟改为轻罪，经听取控辩双方意见，如果各方达成一致意见，基于诉讼经济和效率的考量，没有必要再次开庭。二是法院如果认为有必要，可重新开庭组织控辩双方围绕被告人的行为构成何罪进行辩论。如指控的轻罪，法院经审理拟改为重罪，对于被告方不利的结果显然有必要组织开庭听取控辩双方意见，以保障被告方充分行使辩护权。

本案即属于第二种情况，即指控周芳轻罪，法院经审理改为重罪。通过审查一审庭审过程，第一次开庭实际上已明确控辩争议的焦点：刘磊、周芳的行为是构成故意伤害罪还是过失致人死亡罪?控辩双方已围绕二人的行为定性展开法庭辩论。第二次开庭法庭就刘磊、周芳的行为定性再次听取控辩双方的意见，各方均坚持第一次开庭的意见。那么，对司法解释规定的“组织控辩双方围绕被告人的行为构成何罪进行辩论”，如何理解?具体怎么操作?这涉及《刑事诉讼法》的适用问题，具有普遍指导意义。“被告人的行为构成何罪”，应在指控事实的范围内，根据在案证据客观认定案件事实；在此基础上，结合个罪的犯罪构成要件，正确适用法律，准确定罪量刑。关于组织辩论的具体程序，是否需要向控辩双方释明审判拟认定的罪名？是否有泄露审判秘密、未审先定之嫌？如何平衡与保障被告方充分行使辩护权之间的关系？就本案而言，周芳涉及的是（过于自信的）过失致人死亡和（放任的）故意伤害致人死亡，二者的客观表现行为较为相似，主要差别在于犯罪主观方面不同。两次开庭过程中，就周芳的行为定性，公诉方和辩护方均认为构成过失致人死亡罪，诉讼代理人则认为构成故意伤害罪，尽管法庭没有正式、明确地归纳本案争议的焦点，亦没有向控辩双方释明周芳的行为可能构成故意伤害罪，但从开庭（尤其是第二次开庭）的实际效果来看，控辩双方尤其是辩方已就周芳的行为构成过失致人死亡罪而非故意伤害罪进行了充分辩护，所以本案不存在剥夺或限制周芳行使辩护权的问题，亦未影响公正审判，一审程序符合刑事诉讼法及其司法解释的相关规定。

需要说明的是，尽管本案没有认定一审程序违法，但确有值得规范完善之处，这涉及法官的释明权，在变更指控罪名，特别是指控轻罪名变更为重罪名，需要明确释明权的范围、限度，释明的程序等，若一审法院能清晰、完整地归纳本案控辩争议的焦点，充分、透彻的进行释明，则关于一审程序的争议可能就不会发生，原审公诉机关也就不会抗诉。本案的审理对完善和细化罪名变更程序，保障被追诉者的诉讼权利具有重要的指导意义。

编写人：北京市高级人民法院　吴小军

74

有继续危害社会可能性的审查要素及方法

——张某运强制医疗案

【案件基本信息】

1. 决定书字号

新疆生产建设兵团下野地垦区人民法院（2016）兵0801刑医1号强制医疗决定书

2. 案由：强制医疗

【基本案情】

被申请人张某运有精神病史，曾于2014年、2015年先后在石河子绿洲医院救治，待其治疗好转后出院，因其独居，无人监管其按时吃药，导致其尚未痊愈的病情再次复发。2016年5月9日6时至7时许，被申请人张某运先后将被害人孙某面部打伤、将被害人杨某的面部打伤并将其驾驶的面包车前保险杠处踢坏、将被害人梁某面部打伤、将被害人何某驾驶的面包车前挡风玻璃与左后视镜砸坏。公安民警在出警依法处置过程中，被申请人张某运又再次将民警周某打伤。经第八师公安局物证鉴定中心鉴定，被害人孙某的损伤程度为轻伤二级、被害人梁某的损伤程度为轻微伤。2016年6月6日，经新疆绿洲某精神病鉴定所鉴定，被申请人张某运患有偏执型精神分裂症，无刑事责任能力。被申请人张某运的法定代理人张某年逾83岁，无监护能力，且张某运独居，有继续危害社会的可能。

【案件焦点】

被申请人张某运的状况是否有继续危害社会的可能。

【法院裁判要旨】

新疆生产建设兵团下野地垦区人民法院经审理认为：被申请人张某运实施暴力行为，致一人轻伤、一人轻微伤以及他人的财产损失，严重危害公民人身安全和社会公共安全，经法定程序鉴定，被申请人张某运属依法不负刑事责任的精神病人，有继续危害社会的可能，符合强制医疗条件，有必要对其予以强制医疗。新疆生产建设兵团下野地垦区人民检察院申请对张某运强制医疗的事实清楚，证据确实、充分，符合相关法律规定，本院予以准许。指定诉讼代理人关于被申请人张某运符合强制医疗条件的意见，本院予以采纳。

新疆生产建设兵团下野地垦区人民法院依照《中华人民共和国刑法》第十八条第一款，《中华人民共和国刑事诉讼法》第二百八十四条、第二百八十五条第一款，《最高人民法院关于适用〈中华人民共和国刑事诉讼法〉的解释》第五百三十一条第（一）项、第五百三十六条之规定，作出如下决定：

对被申请人张某运强制医疗。

【法官后语】

本案涉及的焦点是对“有继续危害社会可能的”如何认定。

《刑事诉讼法》增设了强制医疗程序，赋予人民法院强制医疗的决定权。对于强制医疗程序启动、决定主体、条件、执行、权利救济均作出相应的规定。但作为启动条件之一“有继续危害社会可能”的审查判断要素和方法，在司法实践中有不同的认识。

有学者提出须有精神病专家进行专业司法鉴定，或在刑事责任能力鉴定过程中附加被鉴定人现实人身危险性作出相应的评估。

笔者认为，在目前法律架构下，“有继续危害社会可能”的审查判断要素和方法，依赖于法官个人审判实践和社会经验，但也必须从以下三个方面考虑：

1. 被申请人（或者被告人，略写，下同）所患精神疾病的类型。第一，阅看刑事责任能力司法鉴定结论，被申请人属于依法不负刑事责任能力的精神病人，其所患精神疾病的类型。第二，学习此类型精神疾病相关医学知识。根据精神病学分类，患者分为冲动攻击型、极度妄想型和社会能力衰退型三种类型，其中冲动攻击型患者社会危害性最大。第三，走访医疗机构和主治医师，深入了解被申请人个体发病史、治疗、当前状况以及今后病发预判情况。第四，会见被申请人，通过与其直接接触、交谈，审查其身体和精神状态。第五，庭审时询问鉴定人。鉴定人出庭作证，接受法庭询问，回答被申请人的法定代理人、诉讼代理人的发问，并对其所使用的鉴定方法和鉴定依据的标准以及鉴定的分析过程进行解释说明。

2. 被申请人实施暴力行为的起因、过程、造成危害结果。第一，阅卷查看被申请人在案发当日事件起因，被申请人行为是主动还是被动；实施暴力行为过程中被申请人言谈举止；行为结果造成危害公共安全和严重危害公民人身安全，其社会危害性已经达到犯罪程度。第二，走访社区了解被申请人案发前的行为表现和家属或者监护人在平时对被申请人医疗、看护情况。案发前的行为与案发当日事件有无必然因果关系。

3. 被申请人家属或者监护人有无能力、条件看护和医疗。第一，实地查看被申请人居住环境，调查日常生活起居、看护条件，治疗用药情况。第二，庭审时再次询问被申请人家属或者监护人有无能力、条件看护和医疗等情形，以及被申请人实施暴力行为后身体状况、送医治疗情况。

编写人：新疆生产建设兵团下野地垦区人民法院　田生军

75

强制医疗案件行为人继续危害社会可能的审查判断应平衡人权保障和社会公共秩序维持的利益

——蒲东某强制医疗案

【案件基本信息】

1. 决定书字号

四川省成都市中级人民法院（2015）成刑特医复字第1号复议决定书

2. 案由：强制医疗

【基本案情】

四川省成都市金牛区人民法院经公开审理查明：2011年，被申请人蒲东某经四川大学华西医院诊断为精神分裂症，并住院治疗。2014年3月13日10时许，蒲东某在成都监狱监狱长办公室内，趁被害人杨某不备，用随身携带的水果刀刺伤其颈部动脉血管。随后，蒲东某被该监狱其他工作人员控制。经鉴定，杨某的伤情为重伤一级，案发时蒲东某处于精神分裂症发作期间，不具有刑事责任能力。2014年8月6日，蒲东某被送至成都市公安局强制医疗所进行临时保护性约束。目前病情尚未得到有效控制，仍有继续危害社会的可能。

【案件焦点】

被申请人是否具有继续危害社会的可能。

【法院裁判要旨】

四川省成都市金牛区人民法院经审理认为：被申请人蒲东某在2011年就被诊断为精神分裂症。2014年3月13日实施故意伤害致人重伤行为，虽经法定程序鉴定为依法不负刑事责任的精神病人，但其行为严重危害他人人身安全，且有继续危害社会可能。成都市金牛区人民检察院申请对蒲东某强制医疗，符合法律规定，应予支持。法定代理人提出的蒲东某现不具有社会危险性，没有必要强制医疗的意见，经查，根据现有证据，其病情并未康复，仍然存在继续危害社会的可能，对法定代理人所提意见不予采纳。

四川省成都市金牛区人民法院依照《中华人民共和国刑法》第十八条第一款，《中华人民共和国刑事诉讼法》第二百八十四条、第二百八十五条第一款及第二款、第二百八十七条，《最高人民法院关于适用〈中华人民共和国刑事诉讼法〉的解释》第五百三十六条之规定，作出如下决定：

对被申请人蒲东某强制医疗。

一审作出决定后，法定代理人吴其某不服，向成都市中级人民法院申请复议。其复议理由为：蒲东某本人和家庭有固定的经济收入来源，有条件和能力进行治疗和监护。2014 年 3 月 14 日至 7 月 30 日，蒲东某经住院治疗，病情得到有效控制。公安机关在已经撤销案件的情况下，于 2014 年 8 月 6 日将蒲东某送强制医疗所约束的行为非法无效。据此，请求二审法院解除对蒲东某的强制医疗。

成都市中级人民法院经审理，确认一审法院认定的事实和证据。

成都市中级人民法院认为，蒲东某实施暴力行为，严重危害公民人身安全，社会危害性已经达到犯罪程度。蒲东某经鉴定为依法不负刑事责任的精神病人。蒲冬某有继续危害社会可能，是强制医疗的适格对象。

针对申请复议人所提蒲东某本人和家庭有固定的经济收入来源，有条件和能力进行治疗和监护的复议理由，经查，决定强制医疗的核心问题是精神病人的人身危险性。其本人和家庭的经济收入、治疗条件和监护能力等，与之无关。此复议理由不能成立，不予采纳。

针对申请复议人所提蒲东某经住院治疗，病情得到有效控制的复议理由，经查，住院病历证明，蒲东某入院时，不承认自己患有精神病，不愿意配合医生检查治疗，自知力缺失。复议期间，申请复议人没有提供蒲东某经住院治疗，病情得到有效控制，已不具有人身危险性和继续危害社会可能，不需要强制医疗的证据。此复议理由缺乏事实依据，不予采纳。

针对申请复议人所提公安机关在已经撤销案件的情况下，将蒲东某送强制医疗所约束的行为非法无效的复议理由，经查，公安机关撤销案件，是由于发现依法不应对蒲东某追究刑事责任；鉴于蒲东某不负刑事责任，且具有《中华人民共和国刑事诉讼法》第二百八十四条规定的行为事实和社会危险性特征，因此启动强制医疗程序。可见，撤销案件是启动强制医疗程序的前提。公安机关依法撤销案件，启动强制医疗程序，并在人民法院决定强制医疗前对蒲东某采取临时的保护性约束措施，并无不当。此复议理由不能成立，不予采纳。

四川省成都市中级人民法院依照《中华人民共和国刑事诉讼法》第二百八十七条第二款、《最高人民法院关于适用〈中华人民共和国刑事诉讼法〉的解释》第五百三十七条之规定，决定如下：

驳回申请，维持原决定。

【法官后语】

本案是成都市第一例强制医疗复议案件，笔者审理总结了如下问题。

1. 强制医疗的刑法地位问题

依法不负刑事责任的精神病人的强制医疗，规定在2012年新增的《刑事诉讼法》特别程序中。尽管强制医疗的适用条件随其决定、审理、救济、解除程序规定在《刑事诉讼法》中，但这并不影响它的实体意义。换言之，强制医疗的适用条件，更多的是实体法判断，而不仅仅是程序法判断。

从立法进程看，强制医疗出现在实体法上较在程序法上早15年。1997年修改后的《刑法》第十八条第一款规定："精神病人在不能辨认或者不能控制自己行为的时候造成危害结果，经法定程序鉴定确定的，不负刑事责任，但是应当责令他的家属或者监护人严加看管和医疗；在必要的时候，由政府强制医疗。"

上述规定既是强制医疗的实体法依据，也明证强制医疗是一个刑法总则问题。

2. 强制医疗案件审查判断的重点

一般而言，强制医疗案件的审查判断存在三大重点，即被申请人（在复议期间称为被决定强制医疗的人）的行为事实、责任能力和社会危险性（在复议决定书中称为人身危险性）。实践中，强制医疗案件的审理，时有偏重责任能力的查明，而弱化行为事实和社会危险性的查明的倾向。此一情况正是理解出现偏差，将强制医疗当作了纯粹的程序问题所致。应当说，行为事实、责任能力和社会危险性的审查判断，不仅带有显著的实体法特征，还在顺序上存有先后，逻辑上依次递进。

（1）行为事实。其判断有三个层次：第一层次是《刑事诉讼法》规定的“实施暴力行为，危害公共安全或者严重危害公民人身安全”，即可以适用强制医疗的不负刑事责任的行为，仅对应刑法分则第二、四、五、六章规定的部分犯罪行为，不得任意扩张。第二层次是《最高人民法院关于适用〈中华人民共和国刑事诉讼法〉的解释》第五百二十四条规定的“社会危害性已经达到犯罪程度”，要义在于强制医疗作为一种具有保安处分性质的非刑罚处罚措施，以限制人身自由为主要内容，当然存在侵犯人权的风险，有必要通过语词限制阐明立法本意，预防“被精神病”等侵犯人权的现象发生。第三层次是证明精神病人行为事实的证据应当达到确实、充分的证明标准，这一点没有写明，而是体现在《刑事诉讼法》特别程序与一般规定的逻辑关系中。

（2）责任能力。着重考察两点：鉴定“经法定程序”；鉴定意见为“不负刑事责任”。方法上依照《最高人民法院关于适用〈中华人民共和国刑事诉讼法〉的解释》第四章第五节的要求办理。

（3）社会危险性。精神病人具有继续危害社会的可能性是适用强制医疗的最关键条件。实践中，社会危险性的认定已渐成庭审的争议焦点。《刑事诉讼法》及其司法解释对此均采概略性表述，而对社会危险性的一般评价标准、具体什么情形可以反映社会危险性等付诸阙如。同时鲜有专业机构具备对继续危害社会的可能性进行鉴定的资质，也没有其他的评估机制，当下只能由审判组织综合判断、自由裁量。进行判断、裁量前，可以从五方面开展工作，增强内心确信：一是调查精神病人的病史和治疗、康复情况。二是询问主治医师、看护人员和已被采取临时性约束措施的精神病人的管教人员。三是询问精神病人的法定代理人和其他关系密切的人，听取被害人或其近亲属意见。四是询问鉴定人。五是咨询专家意见。

本案中，由于蒲东某的行为事实清楚，鉴定程序合法、意见亦无不妥，二审法院面临的主要问题正是蒲东某的社会危险性是否已经消除。申请复议人提出，蒲东某事发后经过三个半月的住院治疗，病情得到有效控制；出院后至被采取保护性约束措施前的一周，也没有危害社会和他人的行为。据此认为其社会危险性已经消除；更表示蒲东某之所以出院，是主治医生告知可以出院。为了正确认识蒲东某的社会危险性，二审法院除阅卷、听取申请复议人意见外，先后询问了蒲东某近亲属、住院治疗期间的主治医生、在强制医疗所的主治医生和蒲东某本人，核实蒲东某出院系其近亲属要求、申请复议的动因之一是其所生小孩照顾乏人、其自知力尚未恢复。在此基础上，二审法院全面贯彻证据裁判规则，认真平衡人权保障和社会公共秩序维持的利益，依法作出驳回复议申请、维持强制医疗的决定。

3. 强制医疗程序需要注意的问题

（1）程序特点。强制医疗程序虽然采用了类似行政复议的“决定—复议”模式，具体制度安排却有许多不同，如无论是决定还是复议，《刑事诉讼法》及司法解释在描述动作时都使用了“审理”的表述；作出决定和复议决定的主体是合议庭，作出的同时还可能进行判决和裁定。《最高人民法院关于适用〈中华人民共和国刑事诉讼法〉的解释》第五百三十九条更明确规定：“审理强制医疗案件，本章没有规定的，参照适用公诉案件第一审普通程序和第二审程序的有关规定。”审理强制医疗案件时，对这种兼有刑事审判和行政复议特点的程序设置，要尤加注意。

（2）提供法律帮助的问题。《最高人民法院关于适用〈中华人民共和国刑事诉讼法〉的解释》第五百二十八条要求在审理强制医疗案件时为被申请人或者被告人指派律师担任诉讼代理人，提供法律帮助。由于决定和复议都需要经过审理，是否在这两个阶段都提供法律帮助，成为一个值得探讨的问题。从制度设计出发，“决定—复议”模式的要点在于先交付执行、后受理复议，复议期间不停止执行，当事人前后的地位不完全等同于通常的上诉前后。从文义解释出发，接受法律帮助的对象是被申请人、被告人，而《刑事诉讼法》及司法解释在程序流向作出强制医疗决定后，将当事人由被申请人改称被决定强制医疗的人。对这一类人，没有提供法律帮助的明文规定。从权利保障出发，列明法定代理人是受理强制医疗案件的前提之一，这也意味着法定代理人的作用发挥贯穿程序始终。有法定代理人的参与，被决定强制医疗的人的权利保障在复议期间也不会出现真空。综上三条，实践中仅由一审法院提供法律帮助并无不当，二审法院指派律师担任诉讼代理人反有不妥。

编写人：四川省成都市中级人民法院　曾执

76

对强制医疗程序中“有继续危害社会可能的”认定

——吴某强制医疗案

【案件基本信息】

1. 决定书字号

北京市东城区人民法院（2016）京0101刑医2号强制医疗决定书

2. 案由：强制医疗

【基本案情】

被申请人吴某于2016年3月12日7时许，在北京市东城区朝阳门内南小街某饭店西门处，因发病挥刀砍向执勤民警，造成民警刘玉某右手皮肤挫伤、保安贾秀某右手背皮肤擦伤。经法定程序鉴定，刘玉某的伤情构成轻微伤，被申请人吴某被诊断为急性短暂性精神病，无刑事责任能力，有继续危害社会的可能。

【案件焦点】

1. 强制医疗程序中“有继续危害社会可能的”证明标准是否与定罪量刑的证明标准保持一致；2. 如何对“有继续危害社会可能”进行判定。

【法院裁判要旨】

北京市东城区人民法院经审理认为：“有继续危害社会可能的”证明标准应区别于定罪量刑的证明标准：

首先，从行为的预测来看。刑法对精神病人是否具有继续危害社会可能的认定，是对将来行为的一种预测，依赖现有的证据、技术、经验对其判断，本质上是一种估量，其中包含太多的不可预测性，对此需要结合精神病人的病史、暴力行为的性质、前科劣迹等进行判断，不可能完全排除合理怀疑。并且在强制医疗程序中，被申请人、鉴定人甚至被害人并不必然到案，庭审缺乏有效的质证，如果还采用“事实清楚，证据确实、充分”的证明标准，则众多案件难以惩处，亦与防范精神病人再次实施危害行为的立法意图相悖。

其次，从立法的宗旨、功效来看。强制医疗具有的治疗性、预防性不同于刑罚的惩治性。对被申请人进行强制医疗，除了具有限制其人身自由、维护公共安全的想法外，还具有保障被申请人权益、对其进行救治的功效，尤其是对那些家庭经济困难、家人无力承担医疗费用的家庭而言，如放任被申请人流落社会，其将成为社会的隐患，危及不特定人的人身安全，对其强制医疗，无论是对一般预防，还是特殊预防，均有必要。因此，其证明标准应区别于定罪量刑的证明标准。

再次，从域外立法的角度来看。我国的强制医疗程序是在借鉴英、美等国有关法律制度的基础上设立的，这些国家法律中规定的强制医疗程序采用的证明标准亦区别于定罪量刑的证明标准，此可以更快、更有效地进行审判，减轻公诉机关的压力，从而在作出裁决的基础上实现对被申请人的医疗，这也是世界立法的一个趋势。

第四，从精神医学诊断的角度来看。精神医学诊断具有不确定性和主观性。首先，精神医学鉴定的内容本身具有较强的主观性和不确定性。其次，精神医学诊断是在鉴定人科学认识基础上的价值判断，而科学知识本身不具有绝对的客观性。鉴于精神疾病本身的复杂性，目前人们对主要精神疾病的病因、本质及精神病理表现与大脑结构、生理生化机理之间的关系还缺乏全面的了解。因此，在判断被鉴定人是否有精神障碍的过程中，因相对缺少客观的检测指标，致使我们不得不更多地依赖鉴定人的价值判断，而价值判断具有主观性，加剧了证明的难度以及结果的错误性。

第五，从文义解释的角度来看。“有继续危害社会可能的”证明标准与刑事诉讼法第五十三条规定的“综合全案证据，对所认定事实已排除合理怀疑”的标准相去甚远，根据文义解释方法，也不应适用相同的证明标准。

被申请人吴某患有急性短暂性精神病，持刀在市区任意砍伤他人，对公共安全及他人人身、财产安全均构成严重威胁，并具有继续危害社会的可能。北京市东城区人民检察院申请对被申请人吴某强制医疗的意见本院予以采纳。诉讼代理人的代理意见，本院予以采纳。本院依照《中华人民共和国刑法》第十八条第一款，《中华人民共和国刑事诉讼法》第二百八十四条、第二百八十五条第一款和《最高人民法院关于适用〈中华人民共和国刑事诉讼法〉的解释》第五百三十一条第（一）项的规定，决定如下：

对被申请人吴某强制医疗。

【法官后语】

对“有继续危害社会可能的”判定，我们认为可通过以下要素来予以认定：

1. 被申请人目前的精神状态及精神病史，被申请人目前的精神状态是判断其是否具有继续危害社会可能的基础。首先，需要从病理方面考察涉案精神病人是否具有现实的和潜在的暴力倾向。强制医疗程序中精神疾病的重要特征即精神病人缺乏自知力、无行为能力，精神疾病与行为能力存在直接的联系，行为能力的逐渐恢复与稳定需要一定期限的治疗过程，如果被申请人精神状况不太稳定，缺乏自知力，则其继续危害社会的可能性就较大；其次，要结合患病时间长短、病态思想顽固与否等考察其潜在的危险性。如果被申请人有多次精神病的发作史，不能主动地进行治疗，或在药物医疗情况下效果并不明显，则其危害性相对较大。

2. 被申请人的人身危险性。人身危险性是行为人的基本属性，是行为人对社会、对他人的危险状态，其针对的是未然之罪。对人身危险性的考察因素，既包括主观因素，也包括客观因素，是多方面、全方位因素的综合。被申请人的人身危险性包括病理和经验两个层面。病理层面是指涉案精神病人的病情尚未得到有效控制，正在继续发病甚至病情正在恶化，导致其实施暴力行为的病理基础仍然存在甚至加强。经验层面是指被申请人频繁实施暴力行为或者案发后实施了新的暴力行为，以致根据经验常识判断其具有继续实施暴力行为的可能性。

3. 家庭监管的条件等。由于对被申请人进行严加看管和治疗，需要一定的经济基础和时间条件，需要监护人花费大量的金钱和时间，如果监护人的经济条件较差，且不愿意对被申请人进行监管，则被申请人进入社会再次实施危害社会行为的可能就较大。

4. 被申请人的犯罪行为、严重程度。行为是犯罪的核心，也是对被申请人进行强制医疗的先决条件。要考察被申请人的平时表现、罪中表现、罪后表现，结合被申请人的人格、智力、躯体疾病及精神疾病的诊断，确认案发时被申请人的辨认能力和控制能力有无受损。如有受损，是处于辨认障碍还是控制障碍，进而判断刑事责任能力的等级。如果被申请人实施的是侵犯不特定多数人的严重危害社会的暴力行为，则要比仅仅侵害个人或者重大财产的行为危害更大。另外，被申请人上次实施暴力行为距离这一次暴力行为的间隔越短，其危险性越大。

5. 主观恶性。主观恶性是社会危害性的基本内容之一，其与客观危害两者的结合反映行为的社会危害性大小，主观恶性针对的是已然之罪，注重的是对过去的评价，其通过行为人的行为表现出来，其中认识因素决定着主观恶性的有无，而意志因素决定着主观恶性的程度，被申请人在故意的心态下实施的暴力行为危害性要大于过失心态下实施的危害行为。

6. 被申请人与被害人之间的关系。一些精神病人暴力攻击的对象属于与自己有积怨的人，对自己的亲人、朋友或其他陌生人并没有攻击性。在此种情况下，如果监护人对其严加监管，其继续危害社会的可能性不大，对其可以不适用强制医疗。相反，如果被申请人对任何人都具有攻击性，与被害人之间没有任何利害关系，则被申请人继续危害社会的可能性就比较大，一般应予以强制医疗。

本案中，被申请人吴某持刀砍伤多人，暴力程度高、主观恶性大，虽经北京市安康医院治疗后，仍具有妄想表现，对所患疾病无认识，危害极大；从其症状看，有严重的暴力倾向，且无悔改表现；从被申请人患精神病的历史来看，其患精神病已有年头，虽未反复发作，但案发时及当前均处于发病期，无自知力；从被申请人和被害人的关系来看，吴某与民警素昧平生、无冤无仇，其针对的是不特定的人，危害更加严重；故被申请人吴某具有继续危害社会的现实可能。

综上，“有继续危害社会可能的”证明标准应区别于定罪量刑的证明标准。综合考虑被申请人吴某目前的精神状态、患精神病的历史、暴力程度、主观恶性以及被申请人与被害人之间的关系等，法院对其予以强制医疗是适当的。

编写人：北京市东城区人民法院 石魏

77

对强制医疗机构提出解除强制医疗意见的被强制医疗人，其是否当然地被认定为不具有人身危险性

——孝建某申请解除强制医疗案

【案件基本信息】

1. 决定书字号

北京市朝阳区人民法院（2016）京0105刑医解2号继续强制医疗决定书

2. 案由：申请解除强制医疗

【基本案情】

2013年7月17日17时许，孝建某在北京市朝阳区四季星河西路西侧人行便道上，持刀刺切被害人李德某（男，殁年66岁，北京市人）颈部、胸部，造成李德某“急性失血性休克死亡”。尔后，孝建某又行至朝阳区某银行南侧，持刀刺切NAZGUL WILLIAM（女，殁年44岁，美利坚合众国公民）颈部、头部等，造成NAZGUL WILLIAM“急性失血性休克合并颅脑损伤死亡”。后孝建某被当场抓获。经法定程序鉴定，孝建某诊断为精神分裂症，在精神病性症状的支配下实施杀人行为，辨认及控制能力丧失，评为无刑事责任能力，有继续危害社会的可能。法院于2013年10月25日对孝建某作出强制医疗决定，现孝建某在北京市安康医院治疗。2016年2月12日，北京市安康医院作出强制医疗解除意见书（编号：2015－29），认为：经诊断评估，孝建某已不具有人身危险性，不需要继续执行强制医疗，建议法院依法对孝建某解除强制医疗。北京市安康医院出具的诊断评估报告书的评估结论为：孝建某经临床评估，病情痊愈，目前不存在人身危险性。监护医疗意见为：坚持服药、加强监护。

上述事实有下列证据证明：

1. 强制医疗解除意见书证明：2016年2月12日，北京市安康医院作出强制医疗解除意见书（编号：2015－29），认为：经诊断评估，孝建某已不具有人身危险

性，不需要继续执行强制医疗，建议法院依法对孝建某解除强制医疗。

2. 北京市安康医院诊断评估报告书证明：北京市安康医院出具的诊断评估报告书的评估结论为：孝建某经临床评估，病情痊愈，目前不存在人身危险性。监护医疗意见为：坚持服药、加强监护。

【案件焦点】

对强制医疗机构提出解除强制医疗意见的被强制医疗人，其是否当然地被认定为不具有人身危险性。

【法院裁判要旨】

北京市朝阳区人民法院经审理认为：被强制医疗人孝建某虽经北京市安康医院治疗，病情痊愈，目前不具有人身危险性。但北京市安康医院监护医疗意见同时指出，孝建某需要坚持服药，并加强监护。根据孝建某的家庭状况，其家属不足以承担起监护职责，结合孝建某所患疾病的性质及患病时所实施的暴力行为的严重程度，本院认为其人身危险性仍然存在，继续对其强制医疗更为妥当。北京市安康医院提出对孝建某解除强制医疗的意见，本院不予支持。其法定代理人及诉讼代理人的相关意见，本院亦不予采纳。

北京市朝阳区人民法院依照《中华人民共和国刑事诉讼法》第二百八十八条第一款以及《最高人民法院关于适用〈中华人民共和国刑事诉讼法〉的解释》第五百四十二条第一款第（二）项之规定，决定如下：

继续对被强制医疗人孝建某强制医疗。

【法官后语】

强制医疗程序涉及干涉他人人身自由权这一基本权利，需要依法严格予以规范。从法律规范层面看，强制医疗程序涉及决定强制医疗和解除强制医疗两个层面。在决定强制医疗层面，我国《刑事诉讼法》及相关司法解释有较为明确的条件要求。但在解除强制医疗方面，我国《刑事诉讼法》及相关司法解释的规定较为模糊，仅规定：被强制医疗的人已不具有人身危险性，不需要继续强制医疗的，应当作出解除强制医疗的决定。被强制医疗的人仍具有人身危险性，需要继续强制医疗的，应当作出继续强制医疗的决定。实践中，如何判断被强制医疗的人是否仍然具有人身危险性，需要进一步明确。

本案中，强制医疗机构出具了被强制医疗人已不具有人身危险性的诊断评估报告，并建议解除强制医疗，法院如何决定，存有争议。笔者认为，强制医疗的解除由法院根据法定程序和相关材料依法作出，在此过程中，强制医疗机构出具的诊断评估报告只是认定被强制医疗人是否具有人身危险性的一个依据或证据材料，并不具有当然的决定效力，即便强制医疗机构出具了已经不具有人身危险性的评估报告，法院仍然要根据具体情况决定是否解除强制医疗。对被强制医疗人“人身危险性”的判断标准应当综合考虑被强制医疗人先前行为的社会危害性、有无监管人、监管机构以及监管人、监管机构能否做到有效的监管、被强制医疗人的病情及治疗时间等因素进行综合判断。

在本案中，北京安康医院向法院提出解除孝建某强制医疗的意见，但是孝建某所患的精神疾病为精神分裂症，病情较严重，其在安康医院治疗的时间为一年半左右，综合孝建某先前的危害行为是故意杀人的行为，暴力程度严重，社会危害性较大。同时，孝建某的家属虽然同意对孝建某解除强制医疗，但根据其家庭情况，其家属并不能承担监护职责，所以法院认为孝建某的人身危险性仍然存在。综合以上因素，法院作出继续对被强制医疗人孝建某强制医疗的决定。

编写人：北京市朝阳区人民法院　李晓　肖圣雷

78

解除强制医疗的判断标准

——程某申请解除强制医疗案

【案件基本信息】

1. 决定书字号

北京市房山区人民法院（2016）京 0111 刑医解 1 号解除强制医疗决定书

2. 案由：申请解除强制医疗

【基本案情】

2013 年 8 月 21 日 11 时许，被强制医疗人程某在家中持械殴打保姆翟淑某，造成翟淑某重型开放性颅脑损伤，左顶枕骨开放性粉碎性骨折等损伤。经北京市公安司法鉴定中心鉴定，翟淑某身体所受损伤程度为重伤二级。经北京市公安局强制治疗管理处司法鉴定中心鉴定，被强制医疗人程某存在精神分裂症，实施违法行为时辨认、控制能力丧失，评定为无刑事责任能力人。

经北京市房山区人民检察院申请，法院于 2014 年 7 月 4 日对程某作出强制医疗决定，并由北京市安康医院强制医疗。2016 年 1 月 15 日，北京市安康医院作出诊断评估报告，该报告的评估结论为：程某经临床评估，病情已痊愈，目前不存在人身危险性。同年 1 月 26 日，北京市安康医院作出强制医疗解除意见书，认为被强制医疗人程某经诊断评估已不具有人身危险性，不需要继续执行强制医疗，建议对其依法解除强制医疗。

被强制医疗人程某的法定代理人程淑某表示，其不愿意对程某进行监管和治疗，不希望法院对程某解除强制医疗。

被强制医疗人程某本人表示目前恢复良好，希望回归家庭和社会生活，请法院对其解除强制医疗。

北京市房山区人民检察院出庭履行法律监督职责的检察员的意见为，程某经鉴定，病情已痊愈，目前不存在人身危险性，但程某的法定代理人不愿对其进行监管和治疗，建议法院根据本案情况依法作出决定。

【案件焦点】

在被强制医疗人的法定代理人不愿意承担监管和治疗责任的情况下，能否对被强制医疗人解除强制医疗。

【法院裁判要旨】

北京市房山区人民法院经审理认为：是否对被强制医疗人解除强制医疗，关键要看其精神疾病状况、是否有人身危险性和再危害性社会的可能性。本案中，从在案证据来看，北京市安康医院出具的诊断评估报告等证据可证明程某精神疾病已痊愈，目前不存在人身危险性，而程某本人亦表示愿意回归家庭和社会，再结合其身体健康状况及年龄情况等，应对其解除强制医疗为宜。被强制医疗人程某的法定代理人不愿意对其进行监管和治疗，并不能成为不对程某解除强制医疗的理由；相反，程某的法定代理人及其家属应当承担起对程某解除强制医疗后的继续治疗和看管责任，以确保程某在解除强制医疗后得到妥善的处置。综上，依照《中华人民共和国刑事诉讼法》第二百八十八条第一款以及《最高人民法院关于适用〈中华人民共和国刑事诉讼法〉的解释》第五百四十二条第一款第（一）项之规定，决定如下：

一、对被强制医疗人程某解除强制医疗。

二、责令被强制医疗人程某的家属对其严加看管和医疗。

【法官后语】

本案争议的问题主要是，在被强制医疗人的法定代理人不愿意履行解除强制医疗后的监管和治疗责任的情况下，法院能否对被强制医疗人作出解除强制医疗的决定?

第一种意见认为应对其继续强制医疗。主要理由在于，就程某目前的身体状况来看，因其生活不能自理，如对其解除强制医疗，必须有家属对其进行必要的监管、照顾和治疗，否则，难免会发生意外。而且，如果对其解除强制医疗，必须有家属到安康医院将程某接出来，如果没有人接，解除强制医疗也将难以具体实施。即便责令其家属严加看管和医疗，因其家属不配合，也无法具体落实。而不对其解除强制医疗，则在北京市安康医院的监管和治疗之下，发生意外的概率也较小。

第二种意见认为，从在案证据来看，北京市安康医院的评估结论，主管医生的意见等证据，可证明程某目前恢复良好，精神疾病已痊愈，且其患有老年痴呆症，加之其岁数较大，应当不具有人身危险性，对其解除强制医疗后再危害社会的可能性较小，应当对其解除强制医疗为宜。

我们认为，第二种意见更为妥当。是否需要对被强制医疗人解除强制医疗，关键要看其精神疾病恢复状况、是否有人身危险性和社会危害性。就本案而言，被强制医疗人程某基本上齐备了对其解除强制医疗的关键条件，其家属不愿意承担对其解除强医疗后的监管和治疗责任，并不能否定其病情已经痊愈，不具有人身危险性的事实。而且，根据安康医院出具的诊断评估报告，程某的精神疾病已经痊愈，那其就不再是精神病人，有没有人愿意担当其法定代理人不影响本案决定的作出，反而是其本人的意见应当起决定性作用。而程某本人希望法院对其解除强制医疗，其还有退休工资，能够满足其基本生活需要。此外，强制医疗机构的主要职责在于对精神病人进行治疗和监管，而并非养老机构，如果仅因被强制医疗人的家属逃避责任即由强制医疗机构来接管，显然不当。因此，应当对程某解除强制医疗，同时责令其家属对其严加看管和医疗。

然而，在具体实施过程中，如果对不具备独立生活能力、没有收入来源、没有家属进行监管和继续治疗等问题的人解除强制治疗，确实存在如何执行和安置的问题。毕竟，精神病人不同于罪犯，不能仅将其释放即放任不管。这就需要被强制医疗人户籍所在地的民政部门、派出所、村委会和居委会等机构和组织确实担负起相应的责任，我们也希望有关社会公益组织也能在此类案件中发挥积极作用。当然，我们更希望的是，上级法院能够会同有关部门联合出台规范性文件，做好此类人员的妥善安置工作，确实维护其合法权益，保障其基本人权。

编写人：北京市房山区人民法院　陈艳飞

79

贩卖毒品过程中驾驶的出租车是否属于犯罪工具

——蒋华贩卖毒品案

【案件基本信息】

1. 裁判书字号

云南省大理白族自治州宾川县人民法院（2016）云2924刑初95号刑事判决书

2. 案由：贩卖毒品罪

【基本案情】

2011年1月，被告人蒋华出资购买云LT××××号轿车挂靠于宾川县甲有限责任公司从事出租车客运。2015年7月至2016年3月，被告人蒋华除自己吸食毒品甲基苯丙胺外，多次驾驶云LT××××号出租车向吸毒人员杨某贩卖甲基苯丙胺。2016年3月28日21时许，被告人蒋华驾驶云LT××××号出租车在宾川县力角镇华福新区祥宁公路边再次向杨某贩卖毒品时，被宾川县公安局民警当场抓获，从蒋华身上缴获毒品可疑物片剂两管 6 片、粉末两管，经称量净重 0.99 克，扣押蒋华持有的白色、棕色直板手机各一部、涉案现金 1970 元、云 LT××××号轿车 1 辆；从杨某身上缴获毒品可疑物片剂两管 10 片，经称量净重 1.05 克。经大理州公安司法鉴定中心鉴定：查获的毒品可疑物系甲基苯丙胺。

【案件焦点】

被告人出资购买的轿车是否属于犯罪工具应予以没收。

【法院裁判要旨】

云南省大理白族自治州宾川县人民法院经审理认为：被告人蒋华违反国家毒品管理规定，多次向他人贩卖毒品甲基苯丙胺，情节严重，其行为已构成贩卖毒品罪，应当判处三年以上七年以下有期徒刑，并处罚金。被告人蒋华归案后如实供述犯罪事实，自愿认罪，可以从轻处罚。扣押在案的毒品、手机、轿车，应当予以没收；扣押现金应依法处理。公诉机关的指控成立，予以支持；量刑建议适当，予以采纳。被告人蒋华提出请求减轻处罚的辩解意见，无事实和法律依据，不予以采纳。被告人蒋华的辩护人提出蒋华如实供述犯罪事实，当庭自愿认罪，可以从轻处罚的辩护意见，有事实和法律依据，予以采纳；其余辩护意见和量刑建议，无法律依据，不予采纳。

云南省大理白族自治州宾川县人民法院依据《中华人民共和国刑法》第三百四十七条第一款及第四款、第六十七条第三款、第四十七条、第六十四条、第五十二条、第五十三条之规定，判决如下：

一、被告人蒋华犯贩卖毒品罪，判处有期徒刑三年零六个月，并处罚金人民币 6000 元。罚金限期于判决生效后一个月内缴清。

二、扣押在案的毒品甲基苯丙胺 0.84 克（已送检 1.2 克）、白色直板手机 1 部、棕色直板手机 1 部、云 LT××××号轿车 1 辆，予以没收，由宾川县公安局处理；扣押在案的人民币 1970 元，其中 400 元由宾川县公安局处理，1570 元抵缴罚金由宾川县公安局上缴国库。

【法官后语】

蒋华违反国家毒品管理规定，多次向他人贩卖毒品甲基苯丙胺，情节严重，其行为已构成贩卖毒品罪，对于该犯罪事实，蒋华不予否认。对于蒋华在贩卖毒品过程中驾驶的云LT××××号轿车1辆是否定性为蒋华为贩卖毒品便利而利用的犯罪工具予以没收为本案的争议焦点。

我国《刑法》第六十四条规定，犯罪分子所得的一切财物，应当予以追缴或者责令退赔，对被害人的合法财产，应当及时返还；违禁品和供犯罪所用的本人财物，应当予以没收。没收的财物和罚金，一律上缴国库，不得挪用和自行处理。因我国现行法律规范当中没有直接使用“犯罪工具”一词，该条规定成了指导审判工作的重要依据。

具体到本案中，蒋华于2015年7月至2016年3月，除自己吸食毒品甲基苯丙胺外，多次驾驶出租车向吸毒人员杨某贩卖甲基苯丙胺，查获时扣押在案轿车（出租车）1辆，所有权人登记为宾川县甲有限责任公司，系挂靠宾川县甲有限责任公司的客运出租车，该车落户于宾川县甲有限责任公司，宾川县甲有限责任公司对云LT××××号轿车（出租车）享有管理权，该轿车（出租车）属于驾驶员蒋华本人所有。

蒋华利用相关部门核发的本人所有的营运出租车，并将毒品藏匿于出租车内向他人售卖，具有隐蔽性特征，且被抓获时在车内发现了毒品，符合犯罪工具定性主客观相统一的原则。且该出租车为蒋华贩毒提供了有利条件，对其藏匿毒品提供了有利场所，对蒋华贩卖毒品起到积极推动性的作用。故法院依据我国《刑法》第六十四条之规定，认定出租车系供蒋华为犯罪所用的本人财物，应当予以没收。

编写人：云南省大理白族自治州宾川县人民法院　张晓英

80

夫妻打架一方实施伤害行为构成犯罪，另一方是否有权提起附带民事诉讼请求赔偿损失

——杨代某故意伤害案

【案件基本信息】

1. 裁判书字号

四川省简阳市人民法院（2016）川2081刑初196号刑事判决书

2. 案由：故意伤害罪

【基本案情】

被告人杨代某与被害人刘超某系夫妻关系，并育有二子，其间刘超某提出离婚被杨代某拒绝。2016 年 1 月 12 日上午，杨代某在简阳市养马镇汽车站附近找到刘超某，因刘超某再次提出离婚而发生争吵。杨代某要求刘超某跟其回家，刘超某提出先去养马镇上租住房拿东西，路上二人再次发生争执，杨代某用一把小刀将刘超某左大腿后侧割伤。后杨代某骑摩托车将刘超某送往养马镇中心卫生院治疗。刘超某就医后，与杨代某走到医院大门口附近，因刘超某坚称要离婚，杨代某劝阻未果，便声称要“废了”刘超某，并用小刀再次割刘超某腿部。刘超某的养父周良某及周围群众阻止并报警。在与周围群众争抢过程中小刀的刀柄被弄断，杨代某又从其摩托车后备箱中拿出一把尖刀，再次割刘超某腿部，致刘超某的左腿膝盖后侧、左大腿、左小腿、左踝关节及右手掌受伤。民警接警赶到现场将杨代某抓获，并扣押了用于作案的尖刀 2 把。刘超某在简阳市人民医院住院治疗 10 天，共花费医疗费 20245. 74 元。经鉴定，刘超某肢体损伤属于轻伤一级，左踝关节功能障碍属于重伤二级；左下肢刀砍伤后遗有左膝关节、左踝关节活动障碍，属九级伤残。

公诉机关简阳市人民检察院指控杨代某的行为构成了故意伤害罪，刘超某提起附带民事诉讼，请求判令杨代某赔偿医药费、伤残费、误工费、护理费、子女抚养费等共计 181549. 74 元。

【案件焦点】

被害人能否在不请求离婚的基础上提起附带民事诉讼要求赔偿。

【法院裁判要旨】

四川省简阳市人民法院经审理认为：被告人杨代某因婚姻家庭纠纷，持刀故意伤害刘超某身体致其重伤的行为，已经构成了故意伤害罪。杨代某具有坦白情节依法予以从轻处罚。杨代某取得了被害人的谅解，酌情予以从轻处罚。杨代某的犯罪行为给附带民事诉讼原告人刘超某造成了经济损失，依法应承担赔偿责任。但根据《最高人民法院关于适用〈中华人民共和国刑事诉讼法〉的解释》第一百六十三条的规定：“人民法院审理附带民事诉讼案件，除刑法、刑事诉讼法以及刑事司法解释已有规定的以外，适用民事法律的有关规定”。本案发生在杨代某和刘超某夫妻关系存续期间，根据《中华人民共和国婚姻法》第四十六条第（三）项之规定，实施家庭暴力导致离婚的，无过错方有权请求损害赔偿。该案系发生在夫妻间的故意伤害案件，属于“实施家庭暴力”的范畴，而请求赔偿的前提须为“导致离婚的”。同时，《最高人民法院关于适用〈中华人民共和国婚姻法〉若干问题的解释（一）》第二十九条第一款、第三款之规定：“承担婚姻法第四十六条规定的损害赔偿责任的主体，为离婚诉讼当事人中无过错方的配偶。在婚姻关系存续期间，当事人不起诉离婚而单独依据该条规定提起损害赔偿请求的，人民法院不予受理。”况且杨代某无婚前个人财产，二人也未对现有财产进行约定或者划分，杨代某的财产无法从夫妻共同财产中区分出来，本案不宜处理。故刘超某可另行提起诉讼，主张权利。

依照《中华人民共和国婚姻法》第四十六条，《最高人民法院关于适用〈中华人民共和国婚姻法〉若干问题的解释（一）》第二十九条，《中华人民共和国刑事诉讼法》第九十九条，《最高人民法院关于适用〈中华人民共和国刑事诉讼法〉的解释》第一百三十八条、第一百六十三条，作出如下判决：

一、被告人杨代某犯故意伤害罪，判处有期徒刑三年；

二、对扣押在案的作案工具予以没收；

三、驳回附带民事诉讼原告人刘超某的诉讼请求。

【法官后语】

该案的审理中，关于被害人刘超某能否在不请求离婚的基础上提起附带民事诉讼要求赔偿，也即其是否具有诉讼主体资格存在不同的观点。

有观点认为，被害人刘超某具有诉讼主体资格。其一，根据《刑事诉讼法》第九十九条第一款“被害人由于被告人的犯罪行为而遭受物质损失的，在刑事诉讼过程中，有权提起附带民事诉讼”的规定，其对提起附带民事诉讼的主体没有特别的要求与限制，未将被害人与被告人存在特殊关系的情形排除在外。刘超某作为完全民事行为能力人，在法律意义上和社会意义上都属于独立的民事主体，只要侵权事实存在，其就有权提起附带民事诉讼，要求侵权人赔偿损失。其二，婚姻关系存续期间发生的故意伤害案，实施伤害一方应以个人财产进行赔偿。但一般情况下，婚内伤害发生后，夫妻往往没有离婚，未对共同共有的财产进行划分，被告可能没有个人财产或者个人财产不足以支付赔偿，只能待离婚后，以被告人应分得的共同财产中的份额进行赔偿，该份额不是一种现实给予，而是一种期待权，该期待权可以待婚姻关系解除后实现。

笔者以为，本案中丈夫用刀将妻子割成重伤，本质上属于家庭暴力，只是该家庭暴力的后果已经构成了刑事犯罪。在附带民事诉讼中，虽然丈夫有过错，但缺少“离婚”这个前提条件，对被害人单独提起损害赔偿的应不予支持。

1. 附带民事诉讼应适用民事法律的有关规定

附带民事诉讼本质上仍然是由被告人的犯罪行为引起的民事诉讼。被告人既要承担刑事责任，也要承担民事责任，只是为了减轻当事人的诉累，在刑事诉讼过程中一并加以审理。根据《最高人民法院关于适用〈中华人民共和国刑事诉讼法〉的解释》第一百六十三条的规定：“人民法院审理附带民事诉讼案件，除刑法、刑事诉讼法以及刑事司法解释已有规定的以外，适用民事法律的有关规定。”即附带民事诉讼的程序进行和实体处理应依据民事法律的相关规定。根据《最高人民法院关于适用〈中华人民共和国婚姻法〉若干问题的解释（一）》第二十九条第三款的规定：“在婚姻关系存续期间，当事人不起诉离婚而单独依据该条规定提起损害赔偿请求的，人民法院不予受理。”据此，因刘超某与杨代某处于婚姻关系存续期间，且刘超某没有单独提出离婚诉讼，故其不能提起损害赔偿的诉讼请求。

2. 损害赔偿诉讼应具备诉的利益

一方面，夫妻婚前或婚内约定，将财产进行区分，确定了属于个人财产的部分，若一方反悔或否认的，须经过法定确认程序确定，才能执行。但确认程序不是本案的审理范围。另一方面，在未离婚之前，夫妻关系存续期间的财产归夫妻共同所有，在离婚并进行财产划分之前，无法区分出双方的份额，二人均享有平等的所有权和处分权。若法院判决杨代某承担民事赔偿责任，因二人婚姻关系未解除，财产未分割，杨代某用以赔偿刘超某损失的财产必然是他们的共有财产，出现用自己的钱赔偿自己的情形。以此，刘超某提起附带民事诉讼没有实际意义，在现阶段没有必要通过诉讼来解决纠纷。

3. 本案不具备赔偿的前提条件

根据《婚姻法》第四十六条第（三）项之规定，实施家庭暴力导致离婚的，

“无过错方有权请求损害赔偿”，过错方实施家庭暴力的后果，必须导致离婚的，无过错方才有权请求损害赔偿，即离婚是赔偿的前提条件，赔偿是过错方对其过错必然承当的法律后果。在经法院释明无果的情况下，若双方不离婚，刘超某可用共有财产进行治疗；若离婚，刘超某可在离婚诉讼中依照《婚姻法》第四十六条的规定，请求损害赔偿。

编写人：四川省简阳市人民法院　陈曾

81

单位作为附带民事被告人资格及责任的认定

——黄宝君故意杀人案

【案件基本信息】

1. 裁判书字号

北京市第二中级人民法院（2016）京02刑初字23号刑事附带民事判决书

2. 案由：故意杀人罪

【基本案情】

北京甲装饰有限责任公司（以下简称甲公司）委托北京乙物业管理有限公司（以下简称乙公司）于2015年7月1日至2015年9月30日，代为对卫生部心血管病防治研究中心及阜外心血管病医院（以下简称阜外医院）扩建工程装修工程二标段施工现场内进行成品保护工作。被告人黄宝君及被害人李东某（男，殁年39岁）均系乙公司员工并被派往北京市西城区北营房中街阜外医院工地工作，乙公司安排位于该工地的房间作为员工宿舍。2015年9月22日23时许，李东某在该工地地下一层黄宝君所住宿舍内与黄发生争吵，二人厮打起来并被他人劝开，黄宝君遂从宿舍外拿一根木棍返回，持木棍打击李东某头部数下，致李东某头部流血，后现场人员将黄宝君控制住，随即报警并拨打急救电话。民警于2015年9月23日凌晨到达现场并将黄宝君抓获。急救车将李东某送至中国人民解放军海军总医院抢救，

2015年10月1日，李东某因抢救无效死亡。经鉴定，李东某符合被他人持钝器击打头面部，致重度颅脑损伤死亡。

另查明，因被告人黄宝君的行为给附带民事诉讼原告人造成的经济损失为：丧葬费人民币42516元，交通费人民币3000元，住宿费人民币3000元，以上共计人民币48516元。乙公司先期支付人民币4000元用于丧葬事宜。

【案件焦点】

甲公司、乙公司是否应承担民事赔偿责任。

【法院裁判要旨】

北京市第二中级人民法院经审理认为：被告人黄宝君的行为已构成故意伤害罪，依法应予惩处。被告人黄宝君的犯罪行为给附带民事诉讼原告人李振某、李浩某、李孝某、倪玉某造成的丧葬费、交通费、住宿费等经济损失，依法均应予合理赔偿；附带民事诉讼被告乙公司亦应因其自身过错程度对上述损失按百分之二十的比例承担共同赔偿责任。四附带民事诉讼原告人所提交通费、住宿费的诉讼请求中过高部分及要求附带民事诉讼被告甲公司承担赔偿责任的诉讼请求，无证据证明，不予支持；另提死亡赔偿金、被扶养人生活费、精神损害抚慰金的诉讼请求，不属于刑事附带民事诉讼的受理范围，不予支持。依照《中华人民共和国刑法》第二百三十四条、第四十五条、第四十七条、第五十五条第一款、第五十六条第一款、第六十七条第三款、第六十一条、第六十四条、第三十六条，《最高人民法院关于适用〈中华人民共和国刑事诉讼法〉的解释》第一百五十五条第一款和第二款，《中华人民共和国民法通则》第一百零六条，《中华人民共和国侵权责任法》第六条第一款之规定，作出如下判决：

一、被告人黄宝君犯故意伤害罪，判处有期徒刑十四年六个月，剥夺政治权利三年。

二、被告人黄宝君赔偿附带民事诉讼原告人李振某、李浩某、李孝某、倪玉某丧葬费人民币四万二千五百一十六元，交通费人民币三千元，住宿费人民币三千元，共计人民币四万八千五百一十六元；附带民事诉讼被告北京乙物业管理有限公司对其中人民币九千七百零三元二角承担共同赔偿责任。

三、驳回附带民事诉讼原告人李振某、李浩某、李孝某、倪玉某的其他诉讼请求。

四、在案扣押物品裤子二条、木棍一根由扣押机关予以没收。

【法官后语】

本案争议的焦点在于附带民事赔偿的责任划分。

黄宝君作为侵权人，承担民事责任没有任何争议，但二被告公司北京乙物业管理有限公司（以下简称乙）及北京甲装饰有限责任公司（以下简称甲）是否应承担赔偿责任，则需要逐一进行分析。

首先，梳理一下现有证据。根据乙与甲签订的物业管理合同、被害人李东某与乙签订的劳务合同、员工入职表、乙出具的证明及被告人供述及相关证人证言等证据，可认定以下三点事实：第一，甲委托乙负责案发地的成品保护工作；第二，李东某、黄宝君均系乙所雇员工，均住在案发地；第三，案发时系下班期间，本案发生与二人的职务行为无关。

根据以上三点，可确定本案附带民事部分不能适用民法关于职务行为侵权赔偿的相关规定。那么乙公司所提其对于员工下班后的行为无法律上的强制看管义务，不存在过错，不应承担赔偿责任的主张是否成立呢？

笔者分析如下：公司是否承担赔偿责任，首先取决于是否承担相应的法定义务。本案的赔偿责任基于侵权事实发生，根据《侵权责任法》的规定，宾馆、商场、银行、车站、娱乐场所等公共场所的管理人或者群众性活动的组织者，未尽到安全保障义务，造成他人损害的，应当承担侵权责任。因第三人的行为造成他人损害的，由第三人承担侵权责任；管理人或者组织者未尽到安全保障义务的，承担相应的补充责任。根据上述规定，负有安全保障义务的主体是各类公共场所的管理人或者群众性活动的组织者。在本案中，乙为员工提供的集体宿舍即案发地并非公共场所或者从事群众性活动的特定场所，故不能认定乙是《侵权责任法》所规定的承担安全保障义务的主体，其无须承担《侵权责任法》所规定的安全保障义务。

但是，乙与被告人、被害人之间均成立劳动关系，二人所居住的宿舍及案发地是乙提供的，乙对其员工宿舍应负有安全、卫生、秩序等管理方面的职责和义务；且按照甲与乙的合同，乙负责对其派到现场的人员进行培训和其他日常管理，故日常工作及生活的管理责任也是乙应履行的合同义务。反过来说，如果乙在事发当时配备有现场管理人员值勤，在被害人受到侵害后，能够及时制止进一步侵害，报警并及时施救，最大限度避免损害后果的进一步升级，则可视为其履行了相关义务，不具有过错。但现有证据证明，第一，案发当时，乙并没能第一时间予以制止，避免严重后果的出现，而且第一个到达现场进行报警、拨打急救电话、取钱将被害人送医院的主管人员是甲的职工，显见乙没有正确、全面履行管理职责，存在过错。

第二，案发地其时也是乙与甲所签合同的履行地，其安排员工在此居住有利于履行职责和节约开支，故可认定乙在安排员工住在此处获得了利益，当然也就负有相应的责任。

第三，案发时虽系黄宝君及李东某的下班时间，但宿舍与履职场所为同一地址，设想一下，一旦发生突发情况，在宿舍休息的员工是否也可能立即出勤？能否以未在上班时间为由拒绝参与应对突发情况？故本案中，所谓的上岗排班时间表不能严格界定本案中当事人的作息时间。

综上，乙对于在其职工宿舍内发生的员工之间的故意伤害行为应承担相应的赔偿责任。

接下来我们再看甲是否应承担民事赔偿责任。原告方认为甲应承担相应的赔偿责任，理由是被害人是为了甲的利益才在此上班，甲有所受益。

经查，黄宝君、李东某均未与甲签署过合同，故可认定甲对上述二人不存在合同义务。按照甲与乙的合同，甲对乙派遣人员的职务行为仅有检查职责及要求更换不具备相应资质的人员的权利，而无管理职责，故可认定甲对被害人的死亡无法定义务，亦不存在过错。另，原告方所提甲有受益，应给予相应补偿的请求，经查，甲在成品保护上的受益是以支付与乙签署的合同所列费用为对价的，不能认定本案中甲获得了什么利益，而且原告方亦没有提出相应的证据来支持其上述观点。故原告方要求甲承担赔偿责任无充分依据，不应予以支持。

小结：普通刑事案件附带民事诉讼案件责任的认定及划分，在涉及单位主体的时候，往往比较复杂，此时应参考民事案件的具体处理办法，以做到同案同判。

编写人：北京市第二中级人民法院　韩绍鹏

图书在版编目（CIP）数据

中国法院2018年度案例·刑事案例．一，犯罪、刑罚的具体运用、证据、程序及其他／国家法官学院案例开发研究中心编．—北京：中国法制出版社，2018.3

ISBN 978-7-5093-9137-2

Ⅰ.①中… Ⅱ.①国… Ⅲ.①刑事犯罪-案例-汇编-中国 Ⅳ.①D920.5

中国版本图书馆CIP数据核字（2017）第296913号

策划编辑：李小草（lixiaocao2008@sina.cn）　　责任编辑：王　熹　　封面设计：温培英、李　宁

中国法院2018年度案例·刑事案例一

ZHONGGUO FAYUAN 2018 NIANDU ANLI · XINGSHI ANLI YI

编者/国家法官学院案例开发研究中心

经销/新华书店

印刷/三河市紫恒印装有限公司

开本/730毫米×1030毫米　16开　　印张/18　字数/238千

版次/2018年3月第1版　　2018年3月第1次印刷

中国法制出版社出版

书号 ISBN 978-7-5093-9137-2　　定价：56.00元

北京西单横二条2号

邮政编码 100031　　传真：66031119

网址：http：//www.zgfzs.com　　**编辑部电话：66010493**

市场营销部电话：66033393　　**邮购部电话：66033288**

（如有印装质量问题，请与本社编务印务管理部联系调换。电话：010-66032926）

最高人民法院指导性案例裁判规则理解与适用系列

公司卷二	98 元	物权卷	88 元
公司卷（第二版）（上下册）	139 元	婚姻家庭卷（第二版）	68 元
民事诉讼卷（第二版）（上下册）	145 元	合同卷四（第二版）	98 元
侵权赔偿卷二	69 元	合同卷三（第二版）	98 元
侵权赔偿卷一	69 元	合同卷二（第二版）	108 元
房地产卷	98 元	合同卷一（第二版）	108 元
劳动争议卷	58 元	担保卷（第二版）（上下册）	139 元

最高人民法院知识产权审判实务系列

商标法适用的基本问题（增订版）	78 元
反不正当竞争法的创新性适用【精装】	68 元
知识产权保护的新思维——知识产权司法前沿问题	98 元
最高人民法院知识产权审判案例指导（第 9 辑）	88 元
最高人民法院知识产权审判案例指导（第 8 辑）	88 元
最高人民法院知识产权审判案例指导（第 7 辑）	98 元
最高人民法院知识产权审判案例指导（第 6 辑）	78 元
最高人民法院知识产权审判案例指导（第 5 辑）	88 元
最高人民法院知识产权审判案例指导（第 4 辑）	78 元
最高人民法院知识产权审判案例指导（第 3 辑）	78 元
最高人民法院知识产权审判案例指导（第 2 辑）	78 元
最高人民法院知识产权审判案例指导（第 1 辑）	48 元
中国知识产权指导案例评注（第 8 辑）	98 元
中国知识产权指导案例评注（第 7 辑）	118 元
中国知识产权指导案例评注（第 6 辑）	128 元
中国知识产权指导案例评注（第 5 辑）	118 元
中国知识产权指导案例评注（第 4 辑）	98 元
中国知识产权指导案例评注（第 3 辑）	98 元
中国知识产权指导案例评注（上、下卷）	188 元
知识产权法律适用的基本问题——司法哲学、司法政策与裁判方法	168 元
最高人民法院知识产权司法解释理解与适用（最新增订版）	69 元
最高人民法院知识产权案件年度报告（2008～2015）（中英文版）	198 元
知识产权司法实务新型疑难问题：专利、商标与著作权热点问题	138 元
知识产权司法实务新型疑难问题：知识产权司法保护与产业发展	120 元
商业特许经营合同原理解读与审判实务	58 元
赢在 IP：知识产权诉讼实战策略	49 元
网络游戏知识产权司法保护	68 元

最高人民法院审判指导书系

执行规范理解与适用——最新民事诉讼法与民诉法解释保全、执行条文关联解读	139 元
最高人民法院民事立案业务指导	108 元
最高人民法院审判监督业务指导	128 元
最高人民法院执行业务指导	128 元